法的人間

ホモ・ジュリディクス

Homo juridicus

Essai sur la fonction anthropologique du Droit

by Alain Supiot

アラン・シュピオ

橋本一径・嵩 さやか＝訳

勁草書房

法的人間　ホモ・ジュリディクス

法の人類学的機能

目次

目　次

目次

凡例

・原著者による補足は［　］で、訳注を〔　〕で示した。
・本書の引用文献に既訳がある場合は既訳を参考にした。ただし、本書にあわせて適宜表記訳語等を修整した。
・原文で大文字の単語は、必要に応じて〈　〉で示した。
・引用されている条文番号は、原著による。

プロローグ

滑るのだ死すべき者たちよ、踏ん張ってはいけない。
足元の氷は壊れやすいのだから。
ピエール＝イヴ・ナルヴォール

人間とは形而上学的な動物である。生物学的な存在としては、まず感覚器官によって世界に存在している。しかし人間の生は単に事物の世界だけではなく、記号の世界でも繰り広げられる。この世界は言語を超えて、理念を具体化するもの全体にまで拡がり、物理的には不在のものを、精神に対して顕現させる。このようにして自らのうちに意味を書き込まれた事物すべて、とりわけ作り出されたオブジェは、もっとも卑近なもの（石器やハンカチ）からもっとも神聖なもの（モナリザやパンテオン）までが、それらの製造を指揮した理念と一体化し、自然物の世界から区別されるようになる。刻印（衣服や化粧、タトゥーなど）や規律（身ぶりや儀式、ダンスなど）が人体そのものを記号にするのも同じことである。感覚的な生は人間存在において人生の意味と混ざり合い、その意味のためならば自らを犠牲に捧げることのできる人間存在は、こうして自らの死にさえも意味を与えるのである。自らに、そして世界に意味作用をつけ加えることは、ナンセンスに陥ってしまわないために、すなわち理性的存在となるために、またそうであり続けるために、不可欠なことなのだ。

つまりすべての人間存在は、意味という債権を背負って世界に到来するのであり、すでにあった世界の意味が、人間存在に意味作用を授けてくれるのである。このような意味への到達には、一人ひとりの子供が話すことを学ぶのが、つまり「言語の立法者」に従うことが前提である。プラトンが記すように、この立法者が「人間世界に稀にしか出現しない者」[1]であるのは、彼が通常は私たちの母の顔の背後に隠れているからである。意味の最初の源泉たる母語は、主体の構築に欠かせないドグマ的な素材の第一のものでもあるのだ。母語によって各人に与えられる、望むままに思考し、説明する自由は、母語に含まれる諸々の単語に意味を与える諸限界に、誰もが従っていることが前提である。このような根源的な他律性がなければ、自律性も可能とはなるまい。だがあらゆる新生児は、このように言葉によって自己の存在の認識に到達するよりも前に、名づけられ、親子関係の中に書き込まれる。系譜的連鎖の中に一つの場所が割り当てられるのだ。なぜなら法が私たち一人ひとりを法主体にするのは、私たちが「私」と言うことができるようになるよりも前だからである。自由であるためには、主体（sujet）はまず、他者と主体をつなぐ言葉によって結びつけられて（sub-jectum: 下に置かれて）いなければならない。〈法〉の絆と言葉の絆はこうして絡まり合い、それぞれの新生児を人類にたどり着かせる、すなわち新生児の生命に意味作用（signification）――一般的かつ法的というこの語の二重の意味での――を付与する。[2] 自らに似たものたちとの絆をすべて断たれれば、愚かさ（idiotie）――この語の語源的な意味での――を定めづけられる（ギリシア語の idios とは、「自分だけに限られた者」という意味である）。同様に愚かさに脅かされているのは、自分だけの世界観に閉じ込められて、他の可能性があることを理解できない者、つまり各自がそれぞれふさわしい場所にいる世界の表象について、似たものたちと同意することができない者である。したがって〈正義〉の希求とは前科学的思考の名残などではなく、根源的な人類学的所与を、よくも悪くも代表しているのだ。人間は自らが正しいとみなす大義（自らの自由、自らの祖国、自らの神、自らの尊厳など）のためになら殺すことも死ぬこともできるのであり、この意味で私たちは一人ひとりが爆弾を抱えているのである。

人間は理性的に生まれるのではなく、他の人間たちと分かち合う一つの意味に到達することにより、理性的になるのである。人間社会はいずれも、それぞれの流儀を持った、理性の導き手である。私たちが「社会」と呼ぶものの組成をなしているのは、諸々の言葉の絆であり、それらの絆によって人間たちは他の人間たちに結びつけられるのであるから、この観点からすると動物の社会というのは不可能である。[3] 日常フランス語においては、法と契約が語られることによって、私たちを支え、私たちを互いに結びつける〈法権利（Droit）〉の絆の二種類が区別されている。法の側にあるのは、私たちの意志からは独立して立ちはだかる書き言葉と話し言葉であり、契約の側にあるのは、他人との自由な合意に由来する絆である。あらゆる人格は、自らが結んだ契約によって縛られるよりも前に、法によって割り当てられた民籍によって縛られているのである。私たちの言葉のすべてが、私たち同士を結びつけているわけではないし、語の字義通りかつ語源的な意味において、私たちを「義務づける(obliger)」(ob-ligare:「〜に結びつける」)わけでもない。たとえば目下私が書いているものによって私が縛られることはまったくないし、前言を翻す権利も、矛盾することを述べる権利も私は保持している。さらには私を義務づけ、私を他人に結びつける話し言葉や書き言葉のうちでも、私のうちから出たものと、他人に由来するものとを区別しなければならない。なぜなら私が発話したり受け入れたりしたわけではないのに、私に権限をふるう話し言葉とは、私の人生の初期の言葉であることが必然的だからだ。法と契約という私たちの概念は、このように互いに結びついており、どちらも神的な〈立法者〉への信に由来している。この〈立法者〉は、それに信を置く者たち、つまり〈立法者〉に忠実で、したがって自分たちの言葉にも忠実な者たちによってなされた約束の保証人でもある。これらの概念が、他の諸文明、たとえば中国や日本では、これほどまで一般的かつ抽象的な形態をしていないのは当然だ。聖典の文明に共通の、〈法（Loi）〉と契約という理念は、人間たちのうちに正義を制定し、人間たちを理性の支配に従わせるための、諸々の方法のうちの一つを表しているにすぎないのである。

私たち一人ひとりを「法的人間《ホモ・ジュリディクス》」にすることが、人間存在を構成する生物学的な側面と象徴的な側面を結びつける西洋的なやり方である。〈法権利〉は私たちの内面的世界の無限性と物理的経験の有限性とを結び合わせ、そのことによって、私たちのうちに理性を制定するという人類学的な役割を果たすのである。人間存在のこの二つの側面のいずれかが否定されるやいなや、狂気がその隙をうかがい、自分で自分に与えた限界のほかはあらゆる限界から解放された、動物もしくは純粋な精神として人間を扱おうとする。このことを述べるための、パスカルが見出したもっともわかりやすい表現はこうだ。人間は天使でも獣でもない。だがこのような単純な理念が、私たちには理解の難しいものにとどまり続けているのは、私たちの思考のカテゴリーが、身体と精神を、「唯物論」と「唯心論」を対立させているからである。科学と技術の進歩に活気を得たこの二項対立は、一方では人間が他のあらゆる自然物と同様に説明されるようになるし、自然科学がやがて解明して操作できるようにしてくれるもの以外には、人間について知るべきことなどないと、私たちを信じ込ませようとしている。他方では、こうしてすっかり解明された人間は、いつの日かあらゆる自然の制約から解放されるとも信じ込まされようとしている。つまり性別を選び、もはや年齢に脅かされることなく、病に打ち勝ち、死にさえも打ち勝つというのだ。人間を純粋な物体、あるいは純粋な精神とみなすことは、同じ錯乱の二つの側面である。

全体主義の経験からハンナ・アーレントが引き出した教訓の一つは、「全体的支配への道の決定的な第一歩は、人間の法人格を殺すことだ」[4]だった。生物学的、政治的あるいは経済的な現実主義なるものの名のもとに、〈法権利〉の人類学的な機能を否定するのは、すべての全体主義的な企みに共通する点である。今日ではこの教訓は、法人格とは純粋な人工物であって、具体的な人間存在とは関係がないと考える法学者たちからは忘れ去られてしまっているようだ。法人格が人工物であることは疑いようのないことだ。だが人間に固有の象徴的世界においては、すべてが人工物なのである。確かに法人格は自然的な事実ではない。それは肉体と精神との融合を要請し、人間を生物学的存在や精神的存在に還元することを禁止する、人間表象の一種である。だからこそナチスの恐怖を経た後には、あらゆる人間に、あらゆる場所で、法人格を保証する必要が痛感されることになったのだ[5]。実際のところ今日において法主体を失効させようと目論んでいる者たちにより狙われているのはこの禁止であり、彼らは人間存在を単なる会計の単位とみなして、家畜のように、あるいは同じことだが、純粋な抽象のように取り扱おうとしているのである[6]。

　このような人間の還元とセットになっているのが、資本主義と近代科学を支えてきた、計算の力学である。たとえば今日では法的な平等原則もこのやり方で解釈されがちである。代数的な平等によって未分化にお墨付きが与えられる。私が「ａ＝ｂ」と述べれば、ａのある場所にはどこでも、区別なくｂを置くことができ、したがって「ａ＋ｂ＝ａ＋ａ＝ｂ＋ｂ」ということになる。これが両性の平等に応用されれば、男性は女性であり、逆もまたしかりとなる。だが男性と女性の平等とは、男性が女性であることを意味するわけではない、時にそれを男性たちが夢見ることはできるにしても。男性と女性の平等原則は、西洋のもっとも貴重かつもっとも脆弱な達成の一つである。この平等が数学的な方式で理解されるのであれば、つまり人間存在を純粋に量的なやり方で取り扱うのであれば、この平等原則は持続的に根づくことはできないだろう。近代社会のあらゆる困難はまさしく、差異を否定することなく平等を思考し、それを生きねばならないということなのだ。これは男女の間の関係ばかりでなく、異なる国籍、習慣、文化、宗教や世代の男あるいは女の間の関係でも同様である。資本主義に特有の商標とは、物質的な富の追求ではなく、人々や物事の多様性の上に君臨する量の支配である。量の支配のもとで、数え上げられた諸存在の質とは無関係に、数による抽象を信奉するように私たちが導かれれば、平等は狂った解釈の餌食となる。[7]

　計算することは思考することではない、そして資本主義を支えてきた計算による合理化が、計算不可能なものを無として扱うようになれば、この合理化は錯乱的になる。計算能力が理性の本質的な属性であることは明らかだが[8]、それが理性のすべてであるわけではない。このような精神の能力の論理的な形式化が、コンピューターの発明を可能にした。このような人間の精神を物体に投企する歩みが、最初の石器以来、技術の進歩と人間による事物の統御の原動力であり続けてきた。だが今日において精神科学の代役となっている「認知主義」は、正反対の動きに由来している。認知主義は計算機モデルを人間精神に投影し、ナノテクノロジーの力を借りながら、いつの日か思考の物質的な統御に到達することを目指しているのだ。はやりの経済イデオロギーと同様に、認知主義が依拠するのは、理性的な存在とは純粋な計算の存在であり、その行動自体も計算したりプログラミングしたりできるのだという信仰である。だが計算するためには、事物や存在の多様性を忘れ去り、それらの基数である基本的な特徴だけを取り上げることができなければならない。利益計算や科学的計算に必要なこの忘却は、数による抽象に抵抗するものすべてを引き受ける人間理性のもう一つの側面の存在によって可能となっている。数学が存在するためには、諸々の証明不可能な公準が、精神の足場となる諸々の公理がなくてはならない。ナメクジと雲を足すことはできない、なぜなら共通の性質を見出すことのできる同定可能な対象しか数え上げることはできないからだ。そして私たちが自然物を同定し、分類するための思考の諸カテゴリーは、それ自体は数学的な存在ではないが、それはこうした同定や分類が合理的ではないということを意味はしない。計算に意味を与え、計測された量と節度の感覚とを関係づけるのが、思考の仕事である。このような節度の感覚の定義にドグマ的な側面が伴うのは不可避的である、なぜなら私たちの思考の諸カテゴリーは自然から与えられたものではないからだ。それらは自然を理解するために私たちが自らに与えた方法である。

Sapere aude!〔あえて賢こかれ！〕「自らの悟性を用いる勇気をもて！」[9]。カントの有名な格言は、啓蒙が拠って立つ信仰の業を私たちに思い起こしてくれる。つまり理性的存在としての人間への信である。啓蒙への忠誠とは、自由に思考できる人間に信を置くことからなるものである。この信仰の業は、人間がこうして理性に到達できる条件について問いただすことを禁じてはいない。しかし人間を動物や機械と同一視したり、外的な諸要因の作用によって人間を説明し尽くしたと嘯いたりすることは、禁じられているのである。人間についての科学が、ハード・サイエンスの猿真似をして、人間を説明可能でプログラム可能な対象に還元しようと努めれば、それは西洋のドグマ的なものの残滓でしかなくなる。それは解明すべき問いを消し去ることだけに血道を上げる、崩壊途上の科学的思考の、惨めな痕跡である。人間社会を工学や生物学に借り受けたモデルに加えようと頑張っても無駄である。生物学的な組織は自らのうちに自分の規範を備えているが、人間社会を基礎づけ、私たちに社会の中での居場所を保証してくれる規範は、社会の外部に探し求められなければならないのだ。ジョルジュ・カンギレムによれば、そこにこそ「人間存在の根本的な問題の一つがあり、また理性が提起する根源的な問題の一つがある」[10]。これはつまり生命の意味は私たちの器官の中には宿っておらず、私たちの外部の〈準拠〉に由来することが必然的だということである。これを理解するのを拒み、理性を科学的な説明と同一視したり、あるいは〈法権利〉を生物学的な調整と同一視したりすれば、狂気と殺人をせき止める水門を全開にすることにしかならない。理性の制定という問題に盲目になれば、社会とはそれぞれの個体的な有用性の計算によって、あるいは物理化学的な組成の計算によって動かされる素粒子の群れであるとの見方に導かれることになる。その結果あらゆる人間存在は自己充足した存在として振る舞うよう促されることになるが、誰一人として他者なしで済ますことなどできはしないのだ。各人に意味と場所を保証する共通の〈準拠〉を失えば、各人はセルフ準拠の罠に陥ることになり、孤独か暴力か、という選択肢しかなくなる。こうして人間は人間にとっての狼となり、崩壊途上の人民の「政治的病」とヴィーコが名づけたものに罹患することになる。[11]

科学と技術が、市場経済と同様に、歴史的には西洋文明の果実であり、この文明と深く結びついているとすれば、それは西洋文明が自らの足場としている諸々の信仰のためである。科学的・技術的な営みは、神が人間に地上を委譲し、自然は神によって不変の法則に従い組織され、これらの法則を知ることで人間はその主人となることが可能になったのだという信仰に由来している。このように西洋は自らの物質的な力の多くをキリスト教に負っているのであり、西洋の同一性を形作ったのはキリスト教なのである。[12] 西洋諸社会が宗教の呪縛から解放されたのは過去のことだと、私たちは考えがちである。「世界の脱魔術化」や「宗教からの脱出」は、社会科学によって喧伝される紋切り型となり、西洋人の多くは、他の民族が自分たちの社会の宗教的基盤に執着するのを見て、消え去るべき懐古主義だとしか思わない。だが「宗教」という語が、私たちの社会の世俗化とともにその意味を逆転させたのだということを思い起こせば、事態は別様な姿を呈するだろう。つまり宗教と〈宗教〉は異なるのだ。かつては社会のドグマ的な基盤だった宗教は、今日では個人の自由の問題となっている。宗教は公共物から私物に変わったのであり、宗教を語ることが今日では尽きせぬ誤解の源となっているのはこのためである。中世ヨーロッパにおいて〈宗教〉は私的な問題ではなく、このため今日において私たちがこの語に与えている意味における宗教は存在しなかった。[13] 中世の〈宗教〉は君主の法的な状態と臣下たちのそれとを同時に基礎づけていた。この時期に発達した商人たちの法（lex mercatoria）は、共通の信仰で結ばれた良きキリスト教徒たちによる達成だったのだ。信託《トラスト》――やがて資本主義の見事な道具となる――とは、財の受贈者でありながら所有権を受け入れようとしなかったフランシスコ会修道士にとっての必要から発明されたものである。[14] 決して死ぬことのない国家という理念の源泉が見出されるのは、神秘体の理念と、王の二つの身体の理論の中である。[15] 確かに近代西洋はこれらの概念を世俗化し、国家を諸人格の同一性および約束の最終的な保証人とした。だがおおよそ信仰の領域および計算の領域と呼ぶことのできる、二つの領域の間の区別は残されたのだ。信仰の領域は質の領域であり、証明不可能なものの領域である。それは主に法と公共討議の問題であった。計算の領域、すなわち量の領域は、契約と交渉の問題であった。

今日においてキリスト教が一部の西洋国家ではあらゆる憲法上の地位を失っているという事実は、これらの国家がドグマ的な基盤を持たないということを意味はしない。国家は人格と同様に証明不可能な確信によって、偽りなき信仰によって支えられ続けており、そうした信仰が自由選択からは生じえないのは、それが国家や人格の同一性の一部をなしているからだ。イギリス人に「女王を信じるか」（国家と英国教会の長。「女王陛下万歳！（God save the Queen）」）と尋ねたり、フランス人に「共和国を信じるか」（「不可分にして世俗的、民主的かつ社会的な」〔フランス共和国憲法第一条より〕）と尋ねたりするのは、中世ヨーロッパにおいて「教皇を信じるか」という質問がそうだったのと同じくらい突拍子もないことだろう。確かに西洋人の最新の信仰とは、何ものも信じないということである。このような信仰はとりわけ古いカトリック諸国で広まっているが、国家がもっとも明白に教会と離縁しているのもそれらの国である。だが今日において自分は無信仰であると語る者でも、自らの胸の上で握りしめているドルの価値を信じていることはすぐに認めるだろう、単なる紙切れでしかないというのに。ドル紙幣の上に「私たちは神を信じる（In God we trust）」という言葉が書かれているのは確かであるし、聖書にかけて誓いを立てなければならない合衆国大統領が、このような国と神との特別な関係を想起させずにはおかないのも確かであり、[16] この関係はまた「神はアメリカを祝福する」という標語にも表れている。だが円にしてもユーロにしても、宗教的な準拠はすべて取り除こうという配慮がなされているものの、ドルと同じような信頼を掻き立てる点は同じである。

私たちの時代を特徴づける、計算による合理性の核心にはいつも、〈法権利〉によって制定され、保証された諸々の信仰が控えているのである。経済は、それが交換〔貿易〕に訴えかけるやいなや、何よりもまず信用（crédit）の問題となる（信用の語源のcredereは「信じる」である）。自由貿易の一般化は、経済全体を、法人、あるいは債権の流通つまり信用の流通のような、法的擬制の上に据え置く。このような市場のドグマ的な諸基盤は、[17] 経済の担い手たちの信仰がぐらついたときに顔を覗かせる。会計の法則を通して企業のイコンとなっている、数値化したイメージの真理に、彼らは疑いを持ち始めたのだろうか。途端に顔を出すのは、古びた宣誓のテクニックと、誓約違反の重い処罰であり、この処罰はアメリカの法が、会計的イメージの真正さにおいて揺らいだ信仰を立て直すために、世界中に拡大しようとしているものである。[18] つまるところいかなる国家も、絶対に世俗的であることを自任していようと、いくらかの定礎的な信を動員することなしには持ちこたえないのであり、こうした信はあらゆる実験的な証明を逃れたところにあって、国家のあり方と振る舞い方を定めているのである。それは言葉の自由とコミュニケーションの可能性が、言語のドグマ性なしには不可能であることや、〈法権利〉のドグマ性なしには、人間たちがそこで自由かつ友好的に暮らせないことと同様である。

残りの世界を支配するという西洋の企図は、自らが真実を手にしており、他のあらゆる人間社会の上をいくのだという確信を拠り所としていた。このような確信は私たちのうちに手付かずで残っているのである、それが歴史の流れの中で様々に表情を変えてきたのは確かであるにしても。この確信はまずローマ・キリスト教のドグマによって支えられていた。西洋という概念自体がそこから、東の帝国のキリスト教との対比において生じたのであり、非キリスト教世界の征服と改宗という企図を正当化するのに最初に役立ったのが、それらのドグマなのである。他民族の支配の正当化として、宗教の後を受け継いだのが科学だった。こうして第二次大戦までは、人々の間の生物学的な不平等という理念が、ダーウィン以後の〈科学〉によって、とりわけプロテスタントの地に盛大にばらまかれた「科学的真理」に組み込まれることになった。[19] フランスのようなカトリック文化の諸国では、むしろ西洋の歴史的な任務という理念が、未だ蒙昧と迷信のもとに生きる諸民族を啓蒙に改宗させることを目指した「文明化の任務」たる、植民地事業を正当化するのに役立った。人種の不平等はナチスの実験の後を生き延びることはなく、文明化の任務も植民地帝国の崩壊以後を生き延びることはなかった。だが西洋的な歴史の法則は、わずかな修正を加えられた形で、効力を持ち続けている。こうして人類は先進国と、最近では「発展途上国」と呼ばれる低開発国とに分けられている。悪気のない経済学者たちは「人間開発指数」さえも作り上げ、西洋人と比べての一部の人間たちの遅れがどれくらいであるのかを測ろうとしている。[20] 歴史の終わりを吹聴する者たちは、西洋諸国による経済の法則の観察の中に、これらの諸国による残りの世界の支配の客観的な理由を見出している。この信条は諸々の国際機関や共同体機関によって引き継がれ、こうした機関は、規制緩和した経済によってもたらされるはずの恩恵を世界全体に広げようと画策している。西洋諸国は何が起ころうと歴史の流れの中にあることを確信しており、しかもこの流れを信じているのは西洋諸国だけなのだ。[21]

理性的存在としての人間という着想を、はるか遠くにまで送り届けた、西洋の法的秩序もまた、ドグマ的な様式の言表の上に成り立っている。たとえば一九四六年のフランス憲法の前文の冒頭に掲げられ、一九五八年の憲法にも取り入れられた宣言はこうだ。「フランス人民は、すべての人間が、人種、宗教、信条の区別なく、神聖にして不可侵の権利を保持することを、あらためて宣言する」。このように「神聖な権利」を宣言する〈主体〉（フランス人民）が、死すべきものであるという私たちの条件を免れているのは当然であり、だからこそこの主体は、自らが一七八九年にすでに述べた何かを、世界に対して再び喚起することが許されるのである。そしてこの何かとは人間の神聖さだ。同様に合衆国独立宣言は、「自明の真理」と呼ばれるものに依拠している（「すべての人は平等に造られ、創造主によって一定の譲ることができない権利を賦与されている……ことを、私たちは自明の真理として信じる」）。

つまり語の語源的な意味におけるドグマ的なものの上に成り立っているのである（真であるもの、見えるもの、そのままで讃えられるもの）。私たちがここで直面しているのは、語の歴史的な第一義での宗教的な様式の言表、つまり各人の自由な評価には属さない、誰の前にも絶対的かつ時間を超えて立ちはだかる言表である。事実に対する〈法権利〉の遅延性という、いつまでも繰り返される紋切り型は、司法システムに特有のこうした時間性が理解できていない。あらゆるドグマ的なシステムと同様に、〈法権利〉は通時的時間の連続体の中ではなく、逐次的時間の中に位置しているのであり、新たな法は創設的言説を繰り返すと同時に、新しい認識論的カテゴリーを付け加えてもいるのである。[22]

このドグマ的なものという概念を近代性の分析の核心に置き直したのは、ピエール・ルジャンドルの功績である。[23] 科学史（とりわけ医学史[24]）における重要な概念であるドグマ的なものは、今日の通俗的な語彙では、理性の対極にあるものとして理解されている。ところが人間の理性とは、かつても今も同様に、また西洋でもどこでも同じく、ドグマ的な基盤の上に成り立っているのである。それはつまり「公準として要請され、そのまま社会的に上演される、法的な真理の場所[25]」の上に成り立っているということである。言葉への到達は人類にとって固有のものだが、それはあらゆる錯乱への入り口でもあるのだ。この入り口を塞ぐためにあるのがドグマ的なものである。人間の理性のこのようなドグマ的な側面は、人間科学の創設の父たちとも無縁ではない。トクヴィルによれば、「ドグマ的信仰の形式や対象は変わりうる。だが、ドグマ的信仰、すなわち人々が信じきって議論なしに受け入れる意見が存在しないということはありえまい[26]」。科学的実証主義と人類教とを同時に打ち立てることに邁進したオーギュスト・コントは、さらにはっきりと次のように述べる。「ドグマ主義とは人間の知性の正常な状態である。人間の知性は、それがこの状態からもっとも離れているように見えるときですら、その性質上、絶え間なくあらゆる領域でこの正常な状態を目指そうとする。なぜなら、懐疑主義とは危機の状態であるにすぎず、人間精神が教義の変更を迫られるたびに必ず引き起こされる知性の空位状態の避けがたい帰結であると同時に、あるドグマ主義から別のドグマ主義に乗り換えるために、個人あるいは人類よって用いられる、不可欠の道具なのであって、それこそが懐疑の唯一にして根本的な用益なのである［…］。近代の諸国民は、その革命の時代に至るまでこの人間本性の絶対的法則に従った。というのも、たとえ単なる破壊のためでも、実際に行動を起こす必要があるたびに、彼らは、その本質上、純批判的な思想にドグマ的な形式を与えるよう不可避的に導かれたからである」[27]。そしてまたデュルケームやヴェーバーの社会学、あるいはマルセル・モースやルイ・デュモンの人類学において、宗教的事実が中心的な位置を占めていることは周知のとおりであり、これらの偉大な著者たちは、人間社会を結びつけている信仰を決して見失うことがなかったのだ。ところが今日ではドグマ的なものという理念は理性の裏面とみなされ、取り除くべき卑猥な何かと思われているのである。

〈法権利〉はドグマ的なものが未だに明白に作用をもたらしている最後の場所なので、それを〈科学〉の法則に解消してしまおうという努力がなされている。かつてならば歴史の法則や種の法則、今日ならば経済の法則や遺伝学の法則である。こうした企図は〈法権利〉の理論家たちによって引き継がれており、彼らは〈法権利〉の中に政治や経済の力学の産物をしか見ようとしないのだ。それこそが唯物論的批判のそもそもの意味であり、それによれば〈法権利〉は強者たちに役立つ権力の技術であるにすぎず、ただ科学によって明らかにされた法則のみが人間に立ちはだかるのである。ロシア革命に際してパシュカーニスが見事に展開してみせたように[28]、こうした主張は、〈法権利〉の「科学的」分析において正義の理念自体に何らの妥当性を認めようとしない者たち――彼らは概して実定的な法秩序の現実的な不正義に敏感である[29]――すべてによって、新たな定式を与えられてきた。しかし〈法権利〉を権力の役に立つ単なる道具という身分に還元することは、あらゆる全体主義の顕著な特徴でもあり、法的形態が全体主義によってあっさりと消し去られてしまわなかったにしても、権力の保有者にとっての束縛的な効果は、すべて取り除かれてしまったのだ。こうした企図が最終的にはいつも失敗だったという事実は、今日において〈法権利〉を正義という理念なしで説明すると嘯く諸理論の傲慢さを浮かび上がらせる。こうした理論は一般的に、明晰さに心から惚れ込んだ精神の産物である[30]（これらの理論が唱えられる大学という居心地のよい立場自体が、法的形態に負っているものは、すべて忘れ去られているものの）。だが燃え盛る全体主義の只中でこれらの問題を考えなければならなかった者たちは、別の明晰さを証し立てていたのだ。たとえばシモーヌ・ヴェイユは一九四三年に以下のように記している。「もしも権力が絶対的に主権者ならば、正義は絶対的に非現実である。だが正義は非現実ではない。私たちはこのことを経験的に知っている。正義は人間の心の深奥にひそむ現実である。人間の心の構造は、恒星の軌道と同じ意味合いにおいて、この宇宙を構成する現実の一つに数えられる。おのれの行動がめざす目的からあらゆる種類の正義を一つ残らず閉めだすことは、人間の力のおよぶところではない。ナチス党員にもできなかった。およそ人間にできることで彼らにできないことはないのだから［…］。正義が人間の心から抹消できないのであるなら、正義はこの世界の中に実在性を有する。つまり間違っているのは科学の方だ[31]」。

〈法権利〉の分析から正義についての考察を取り除くことが現実的だと信じる法学者たちの、根本的な誤り、そして根深い非現実主義とは、人間が二次元的な存在であり、その社会的な生が存在の次元と同時に存在としての義務の次元においても繰り広げられるということを忘れている点である。〈法権利〉は神によって明らかにされたわけでも、科学によって発見されたわけでもなく、全面的に人間の作品である。それを研究することを生業とする者たちは、この作品の一部なのであり、彼らが〈法権利〉を解釈することができるのは、それの背負っている価値を考慮に入れているからである。法的な作品は、あらゆる社会にとって死活的な必要、つまり同じ一つの存在としての義務を分かちあうという必要に応えているのであり、この義務が内戦を食い止めているのである。正義についての考え方は、時代や場所によって変化をするのはもちろんであるが、ある時代のある国において、正義についての共通の表象が必要であることに、変わりはないのである。〈法権利〉とはこの表象の場であり、この表象は事実によって否定されうるが、人々の行動に共通の意味を与えもするのである。これは第二次大戦の恐怖の経験が人々の記憶に据え直した、きわめて単純な真実であるが、今日ではそれを忘れた法学者たちが、戦前の実証主義的な理想と仲直りをして[32]、〈科学〉の名のもとに[33]、あらゆる「価値の選択」は個人の道徳に属するので、法の支配圏の外部にとどまるべきだと嘯いている。〈法権利〉の研究が必要としているのは、法技術に意味を与える道徳的・経済的・社会的な争点を理解することのできる知識人や碩学であり、「真の科学者」の地位を渇望するディアフォワリュス医師〔モリエール『病は気から』の登場人物〕のライバルたちではないのだ。

〈法権利〉が正義と関係することを否定しない法学者たちもいるが、すぐにその正義は個人の有用性の最大化と同一視されてしまう。[34]「法と経済学」の学説もまた、すべての規則を、その合法性の源泉であり尺度でもある有用性の計算に結びつけることに意義を見出している。[35]我が国の大学でも大ブームとなったこの学説の援軍と化したフランス破毀院は、その熱烈な布教者を決め込んでいる。[36]こうして法学者たちもまた計算の熱病にかかり、人間たちの社会を個人の有用性の総計に還元しようとしている。[37]このような視角からすれば、法権利には個人的なものしかないということになる。あらゆる規則は軽減されて主観的な権利となる。すなわち、安全への権利、情報への権利、私生活の尊重に対する権利、尊厳への権利、子供への権利、公平な裁判への権利、起源を知る権利、など。武器を配布するように権利を配布し、あとは優れた者が勝つのみ！　こうして個人の諸権利として切り売りされた〈法権利〉は、共通の財としては姿を消している。というのも法権利には主観的な側面と客観的な側面の二面があり、これらは一枚のメダルの表と裏なのである。各人が権利を享受できるためには、これらの小文字の権利が大文字の〈法権利〉のうちに書き込まれている、すなわちあらゆる者に認められた共通の枠組みの中に書き込まれている必要があるのだ。個人の諸権利が入居する規範的な建造物としての〈法権利〉は、国家に、すなわち君主もしくは国民という立法の主権に由来している。今日においてはこの客観的な〈法権利〉という理念が消滅しかけており、そもそも主観的な権利と区別するために用いられてきた大文字の使用が廃れているのと同様である。[38] 個人は権利を保持するためには〈法権利〉など必要としなくなり、むしろその逆に、個人の諸権利の堆積と衝突から、〈法権利〉の全体が、足し算や引き算により帰結するというのだろう。

コモン・ローは今日の法文化を支配し、〈法権利〉の経済分析もそこから私たちのもとまで届いているのだが、このコモン・ローは、客観的な〈法権利〉を名指す言葉を持たないからこそ、さらに容易にこの坂道を転げ落ちることができる。〈法権利（Droit）〉はLawと訳されるが、その過程においては、〈法権利〉が directum[39] から引き継いだ、方向や共通の意味という理念ばかりか、大陸ヨーロッパ諸国のすべてに共通する、法（legge, Gesetz, ley など）と〈法権利〉（Diritto, Recht, Derecho）の区別も失われる。この区別の起源であるローマ法においては、[40] lex は法秩序の基盤の場所を示し（Gesetz すなわち「置かれたもの」というドイツ語はこれをうまく翻訳している）、ius はこの秩序の機能のための諸秩序を示している。この区別はローマ・カノン法の伝統において近代的な意味を帯びることになったのであり、そこにおいては国家が、教皇権力の似姿として、すなわち〈法権利〉（つまり諸規則のシステム）の源泉であると同時に諸権利（つまり諸個人に保証された特権）の源泉でもある、立法者たる国家として構想されることになった。英語が ius から受け継いだのは、judge〔判事〕や Justice〔正義〕という形象、つまり諸個人の権利（rights）の係争的な認知という形象だけだった。コモン・ローの文化においては、合法性の究極の源、つまり法（Law）のトーテム的形象を体現するのは、王冠（国家）ではなく判事であり、個人の諸権利がその意味や射程をそこから引き出すべき、規範性の総体を名指す言葉が存在しないのだ。[41] このような意味論上の困難はもちろん強調しすぎるべきではないのであって、コモン・ローの地にも、この総体という理念は存在しないわけでないのである。だがその存在の仕方は慎ましい、というのもそこでは〈法権利〉が諸権利に由来するのであって、その逆ではないからだ。たとえばグローバル化を法的にコントロールすることが、大陸の法学者にとってはまず共通の規則を設置できる国際機関の創設を意味するのに対して、コモン・ローの法学者は、地球上の住人すべてに同じ個人としての権利を認めるという理念を想起するのはこのためである。コモン・ローが広まったのは、信者と聖書との直接的で個人的な関係という理念をとことんまで押し進めたプロテスタント諸国においてだった。法文化と宗教文化との相互的な影響をここで解きほぐしておく必要はないが、〈法〉と個人の間に何もないということを考えるにあたっては、こうした背景を念頭に置いておかなければならない。このような分析は現代世界において、国家なしの〈法〉について考えさせてくれるという強みを持つ。経済分析によって人間全体は、同じ権利（選挙権、所有権、人権）を装備した個人の一集団とみなされ、彼らは市場の法則、すなわち万人の万人に対する戦いの法則のもとで、競争に身を投じているのである。事態をこのように捉えることによって、国家と〈法権利〉は省略可能となり、それぞれの土地の主権は、「グローバル化」の仮面を被って回帰した帝国モデルの中で、出番を失うのだ。

だがこうして法的思考を、徹頭徹尾、個人で満たしてしまえば、〈法権利〉の研究によってもたらされうる唯一の確かなことが忘れられてしまう。それはつまり、限界なき同一性は存在しないということ、そして自らのうちに限界を見出せない者は、それを自らの外部に見出すということである。ヨーロッパ化やグローバル化を、差異の解消と信用の統一のプロセスだと考えるのなら、待ち構えているのは致命的な将来である。自らの思考のカテゴリーを普遍的だと思い込み、それを世界に押しつけようとするのは、災厄へと至るもっとも確実な道である。この道を何度も通ってきた古きヨーロッパは、それについていくらかは知るところがあるはずだ。ワーテルローの戦いからディエンビエンフーの戦いまで、普遍主義という自らの思い上がりの限界をいつも思い知らされてきたフランスはなおさらである。市場と人権という価値をピジン英語で分かち合うような、グローバル化した世界というユートピアには、同じような落胆があふれている。法思想を掌握したラディカルな個人主義は、〈法権利〉を成り立たせた信を不可侵の〈法〉にまで持ち上げ、この〈法〉を世界全体に君臨させることに行き着く。その先に待ち構えるのは西洋的な原理主義であり、他の信のシステムに起因する様々な原理主義が、その反動で生み出されることにしかならない。世界を画一化しようという思い上がりは、世界を統一するあらゆる可能性の芽を摘むことになる。客観的な〈法権利〉を、普遍的だとみなされた〈法〉に守られた諸個人の権利の集成のうちに解消すれば、私たちは確実に、「文明の衝突」、つまり武器を携えた信と信との衝突に導かれるのだ。

〈法権利〉の最大の特異性が生み出したものに立ち返ってみるに如くはあるまい。西洋の繁栄の基盤となった信のことではなく、西洋が隠し持っている解釈の源泉のことである。他のあらゆる規範システムと同じように、〈法権利〉は禁止の機能を果たしている。〈法権利〉とは、あらゆる者の前に立ちはだかり、また各人と世界表象との間を取り持つ、一つの〈言葉〉である。他のあらゆる場所では、この人類学的な機能が諸宗教を束ねており、それらの宗教は、人生に共通の意味を与えることで、言語への通り道に待ち構える個別の錯乱の中に、各人が陥るリスクを抑制してきた。古代ギリシア＝ローマにおけるその登場以来の、〈法権利〉の特異性とは、それが徐々にこの宗教的な起源から離脱して、ルイ・ジェルネが「言葉の世俗化[42]」と呼びえたものを成し遂げたことである。こうして〈法権利〉は〈禁止〉の技術となった。それが技術であるのは、その意味が不動の聖典の〈文字〉の中に封印されておらず、他のあらゆる技術用の道具と同じように、人間によって外から与えられた目的、神的ではない人間的な目的に由来しているからである。しかしそれは〈禁止〉の技術であり、この〈禁止〉は、各人と他者および世界との関係の間に、共通の意味を介在させる。各人を超越し、各人に強制されるこの意味は、各人を人間の連鎖の単なる輪の一つに変える。つまるところ〈法権利〉は、多様で変化する目的に仕えることができるのであり、様々な政治システムの歴史においても、科学技術の歴史においても同じようにそうなのであるが、ただし権力や技術を人間的な理性に従属させることによって、そうしているのである。したがって今日そうされがちなように、意味作用を欠いた「純粋技術」に〈法権利〉を還元することは、かつてそうされていたように、〈自然法〉なるものの不動とされる諸規則にそれを還元するのと同じくらい誤りである。どちらの場合にも本質を取り逃がしているのである。本質とはすなわち、政治権力や技術力のきわめて多様な実践形態を、理に適ったものにするという、〈法権利〉の能力だ。

この能力こそ、今日において思い起こし、また擁護するに値するものである。〈法権利〉を私たちの信の拡散の道具にするのは狂気じみたことであろう。しかし解釈の素材が法的技術に特有のものであることに気づいた私たちが、〈正義〉を他者の視線で見ることを強いられて、自閉症の苦難から解放されると望むのは、理に適ったことである。〈テキスト〉の文字の中やフェティッシュ化した〈科学〉の確信の中に、永遠に封印された信条には依拠していないので、〈法権利〉のドグマ的な素材の土台となる均衡は脆弱であり、原理主義の誘惑に常に脅かされている。法的な虚無主義と宗教的な狂信主義は、同じこの誘惑の二面であるにすぎず、今日では両者は互いを養い、来るべき世代にとっての意味という債権を弁済しないまま放置し、このため暴力をせき止められずにいる。〈法権利〉とは神が明らかにした〈真理〉でもなければ、科学によって発見された〈真理〉でもない。ましてやそれは効率（誰にとって効率的なのか？）という尺度によって評価されるような、単なる道具ではないのだ。デューラーの《メレンコリア》の中に描かれた計測器のように、それは世界の正しい表象に近づくのに役立ちはするが、決してそこには到達できないのである。

I

法的ドグマ——私たちを基礎づける信条

第一章

人間存在の意味づけ——神の似姿《イマーゴ・デイ》

ある現象が人間精神にとって意味を持つようになる、ということこそが、目覚めた人間精神の特徴である。

L・ウィトゲンシュタイン[1]

だから私たちの能力の及ぶ範囲を見極めよう。私たちは何ものかであり、全体ではない。私たちにはいくばくかの存在があるが、それが私たちにとって、虚無から発する第一原理を認識する妨げとなる。そしてその存在がわずかばかりなので、無限の姿が私たちから隠されている。

パスカル[2]

ギルガメシュ叙事詩は、文字で残された物語としては、知られている限りではもっとも古いものである[3]。そこで語られているのは、半神半人の若き王の東奔西走である。自らに似せて創られた相棒のエンキドゥを失った彼は[4]、世界を遍歴しながら、次の問いに対する答えを追い求める。「なぜ死ぬのか？　どうすれば死なずにすむのか？」。人類とともに生まれたこの問いは、今もって私たちを悩ませ続けている。遺伝子工学やバイオテクノロジーに莫大な予算がつき、多くの情熱が傾けられているのも、いつの日かこの問いに答えがもたらされるはずだからだ。人間の成り立ちの秘密を暴き、完璧な子供を持ち、病と老いの究極的な原因を突き止めてコントロールし、自らの分身を介して死後も生き延びること。これらの古色蒼然たる夢を今日において託されているのが、生物学なのである。科学と技術によって呼び覚まされるこの希望と恐怖の入り混じった感情が、数世紀前には大聖堂の建設へと人々を駆り立てていたのだ。いずれの大都市も自らのテクノポリスやサイクロトロンを欲しがり、巨大な科学施設を誘致するためなら、気前のよさを競い合う。シンクロトロンや遺伝子研究拠点が、来るべき世代にとって、ゴシック芸術ほどの見事な遺跡となるかどうかは疑わしいものの、世界の謎を見つけ出し、暴き出すためなら、昔も今も金に糸目がつけられないのは、驚くには値しない。しかしながら、宗教においては人間の条件を超えるものは彼岸へと送り出されていたのに対し、科学技術は、現世においてそれを私たちに垣間見せるのだ。不死という秘めた期待に突き動かされる現代人もまた、あらゆる人間存在に内在する規範的構成を免れているわけではない。だが科学の進歩に対する現代人の信仰と危惧は、この規範的構成が、西洋においては独特のものであったことを物語ってもいる。西洋では、人が神の似姿をしていると考えられたのである。宗教的な土壌から切り離され、このような神への同一化は、あらゆる限界から解放されたいと望むように、私たちを仕向ける。しかしこうした無限性への夢は、解体の予兆でもある。限界が消滅するのは、人間存在が解体するときでしかないからだ。

人間存在の規範的構成

私たちを基礎づけているものを理解することほど、容易ならざることもない。私たちの誰もが信じている世界人権宣言の第一条によれば、人間存在は生まれながらにして自由で、理性を授けられているとされているが、理性と自由が諸制度の上に立つ脆弱な構築物であるとは、私たちには認めがたいことである。自己に立ち返り、私たち自身の理性の脆弱さに立ち戻ることによってのみ、精神の精神自身に対する主権の限界を垣間見ることができる。認知主義の気楽な確信に鞍替えして、精神とは人間の顔をしたコンピューターであり、無数の情報を扱うことができるのだと考えるような者でも、自らが何を知るのかを自問してみれば、以下のようなアウグスティヌスの言明に導かれることもあるはずだ。「神よ、この記憶の力は大である、きわめて大である。それは測り知れないほど奥深い内室である。だれかその奥の院の奥を究めたものがあろうか。この力はもちろん私の能力であって、私の精神に属している。しかも私は、この私というものの全体をとらえることができないのである。それでは、精神はあまりに狭小であってそれ自身を捉えることができないのであるか。それでは、精神がそれ自身のうちに捉えることのできないものはどこにあるのであろうか。いわば精神の外にあって精神の内にないのであろうか。どうしてそれを捉えることができないのであるか。このように考えるとき、私は強い驚異の念にうたれて驚愕するのである」[5]。

このような驚愕が私たちすべてを脅かしているとすれば、それは私たちの精神が、アウグスティヌスのものと同様に、自らを掌握するには小さすぎるので、自らの存在の理由を自らの外に見出さなければならないからである。あらゆる動物と同じく、人間はまず感覚を通して世界と向き合うが、他のあらゆる動物と異なるのは、人間が言語によって、このような感覚的経験の「今」と「ここ」を超越する世界に達するということである。有機的・臓器的な生の有限性の上に、精神的な表象の無限の世界が付け加わる。子供が砂山を作るとき、彼が建てているのは城壁であり、彼はそこに君臨して、自らの作り出した生き物たちをそこに住まわせているのである。彼がいるのはその砂浜だが、自らの語る物語によって、彼は騎士たちの時代にいたり、森の奥深くにいたり、はたまたロケットによって別の惑星に運ばれたりしているのだ。自らにつぶやく言葉や、遊び仲間と交わす言葉によって、彼は他のいかなる動物も知ることのなかった自由の酩酊を味わっているのである。その自由とはすなわち、もう一つの可能世界を好きなように作り直す自由であり、その世界で彼は空中を飛んだり、分身の術を用いたり、透明人間や鬼や巨人になったりすることができる。彼自身の手で作られたオブジェや、彼の描いた絵は、この世界で彼により意味を与えられて、彼の精神の可視的な痕跡となるのだ。

　このような象徴的世界にひとたび足を踏み入れるや、私たちは脳死に至るまでその中にとどまり続ける。こうして私たちの実存は、生物学的存在と自然環境からなる物理的な世界においてと同時に、言葉、そして人間の精神によって意味を付与されたオブジェからなる象徴的世界においても展開していくことになる。切り取られたこの木片は確かに木であり、その意味では私を取りまく自然界に属しているのだが、同時にそれは棒であり、現れるかもしれないすべての敵対者にとっての、多くの意味であふれた技術的なオブジェである。[6]この「ノン」は確かに鼻音であり、音声学によって分析されうるものであるか、あるいは紙の上に残されたインクの文字、つまりは物理的なオブジェであるが、同時にそれは単語であって、叫び声とは異なり、フランス語を構成する諸々の記号からなる構造の総体においてそれが占める位置から、自らの意味を引き出しているのだ[7]。事物を形作る身ぶりと、それらの事物を名指す言葉により、目も眩まんばかりの自由へと、人間は到達する。つまり世界を自らのイメージに合わせて作り直し、事物に意味を与えることで、それらの事物の重みから解き放たれるという自由だ。

とはいえ意味の世界に入るのは風車小屋の中に入るのとはわけが違う。そこに到達するためには、世界を自分だけのイメージで形作ろうとするのをやめなければならないのだ。世界に自らの場を持つためには、私たちの誰もが、自らの主観性を区切る限界を学びとらなければならない。人間という形而上学的な動物は、自らの想像の幻惑に前後不覚になる危険性を常に抱えている。したがって人間は自らの精神的能力の中に事物への配慮を加えることを学ばなければならない、すなわち人間を物理的な世界に結びつけると同時に切り離す諸々の象徴の世界において、想像界に属するものと現実に属するものとの区別を学ばなければならないのだ。そのときに初めて人間は、自らの精神の印を事物の上に残すことができるようになるだろう。語の本来の意味での錯乱者〔疎外された者〕とは、自分自身の世界観という檻の中に囚われているために、他人が世界に与える意味に対して門外漢であり、そのため自らの世界観を伝達することができない者のことだ。意味の世界に立ち入るために、あらゆる人間は、世界の意味を自ら定めるという思い上がりを断念し、この意味は自分一人の了解を超えるものであることを認めなければならない。

近代科学は、世界に一つの意味を与えるという思い上がりの断念の、もっともラディカルな形態である。というのも近代科学の対象とは、諸々の感覚の世界であり、一つの意味の世界ではないからだ。真の科学的な手順とは、事物の「なぜ」についての問いを放棄し、「いかにして」を理解しようと努めることである。近代科学においては、研究対象となる事物を、ただ一つの仮定される合目的性によってや、そこに組み込まれているかもしれない一つの「機知」によって説明することが禁じられている。事物を説明するのは、物質を統御する諸々の法則の作用のみである。事物の最終的な起源が語られる際にも、この姿勢に変わりはない。ビッグバンの仮説は、世界が「いかにして」到来したかを説明するのであって、「なぜ」を説明するわけではないのだ。したがってこの仮説は、あらゆる宗教において人間の条件に意味を与える、諸々の起源の説話とは、根本的に異なる。科学者が〈科学〉の名のもとに人間の生の意味を説明すると嘯いた瞬間から、彼は科学的な手順の対極に位置し、科学主義に陥ることになる。科学主義者の大文字の〈科学〉と、真の科学とを混同せぬよう気をつけなければならない。真の科学は、客体と向き合う主体が消滅することを目指す以上、主体を基礎づけるものを説明することができないのだ。[8] 感覚的な生と矛盾しないような、一つの世界表象について、人間たちに合意ができているということが、真の科学の前提である。このような能力こそが人間の理性であり、それは科学的な手順の効果ではなく、条件なのである。

人間の理性とは常に獲得されるものである。つまりは共有された一つの意味の、かろうじての獲得である。各人がその意味に信をおくことができるのは、それが感覚的な経験の説明になっているからだ。理性が依拠する諸々の確信とは、証明不可能なものであり、そのようなドグマ的な素材が、意味の世界と感覚の世界との橋渡しをしている。この確信は社会や時代によって変化するが、こうした確信の必要性自体に変化はない[9]。自然界には発見されるべき客観的な意味が存在するわけではなく、意味とは常に設定されるべきものである。理性を備えた主体になるためには、人間存在は象徴の世界に足を踏み入れなくてはならず、人間自身も、彼を取り巻く事物も、その世界の中で意味づけられるのだ。人間存在は、自分が受け取った生命の借り手とみなされる前に、この生命の意味の貸し手として生まれてくる。あらゆる子供に話し方を教えるのは、この貸しに対する最初の支払いである。しかしこのような習得を通して子供は、言語を構成する諸々の規則に従うことを要請される。自由に意見を述べたり、新たな考えを表明したりできるようになるのは、こうした条件のもとにおいてのみである。ソシュールによれば、「哲学者や心理学者が、自らの考察の後に［…］、それまでの概念すべてを一新するシステムを携えて登場したとしても、その新たな理念は、どれほど革命的であれ、現行の言語の用語で分類されうることに変わりはない。いずれにしても、どんな理念でも既存の語のもとに無差別に分類されるわけではない［…］。他の用語よりも新たな区別によく対応する用語が、〈あらかじめ〉存在するのである」[10]。こうして誰しもが言語の他律性に直面するのである。それは議論の前提であるため、それ自体を議論することはできない。各人が言語を発明し直さなければならないような、あるいは発明し直せると嘯くような世界は、錯乱者の世界であろう。意味を共有するための前提は、ネコをネコと呼び、なぜ「ネコ」なのかと自問したりはしないことである。それは自動車の運転者が左側ではなく右側を走行するのと同じくらい理由のないことだが、各人が自分で気ままに通行の方向を決めたとしたら、交通死亡事故は数え切れなくなるだろう。言語、慣習、宗教、法、儀礼は、いずれも人間存在を基礎づける規範であり、こうして既存の秩序の後ろ盾を得た人間存在は、自らの行為――たとえその規範に異議を申し立てるようなものであっても――をそこに書き加えることができるのだ。

つまるところ理性を制定するとは、あらゆる人間存在に、自らの物理的実存の有限性と、自らの精神的世界の無限性との折り合いをつけさせることである。私たちの誰もが、自らの生物学的実存を限定づける次の三つの限界を、意味の世界に書き加えることを学ばなければならない。すなわち、誕生、性、そして死である。これらの限界の習得は、理性の習得でもある。私たち自身の誕生、そして子供たちの誕生に意味を与えることとは、私たちが世代的な連鎖の中に組み込まれており、生命を借り受けているのだということを理解し[11]、それによって因果性の理念そのものを理解することである。私たちの性質が性で分けられていることを認めるのは、私たちが人間性の半分しか体現しておらず、他者を必要としているのだということを理解し、それによって差異化という理念をも理解して、さらには部分を全体のもとに持ち寄るのを学ぶことである。私たちが自らの死の予習をすることは、世界が私たちよりも長生きすること、そして私たちの生が、私たちを超える拘束に服していることを認め、そうすることによって、規範の理念を理解することである[12]。どんな社会でも、われら類人猿を人間化する工程には、これら三つの限界に意味と形を与え、それによって構成員たちを理性に到達せしめることが含まれている。これが広い意味で宗教的感情と呼びうるものの目的であり、人間性を特徴づけるこの印は、人間を超える意味作用の中に、各人を書き入れることで成り立っている[13]。現代西洋もこの規則を免れているわけではなく、西洋が「脱魔術化」したといえども、あらゆる葬送儀礼を廃し、死体をごみ扱いするというところにまでは達していない[14]。あるいはより正確に言えば、そのような扱いをするのは――それがナチス強制収容所の経験である――、科学主義の錯乱に陥り、人間を事物の状態におとしめるときだけである。このように集合的な不条理は、人間の実存の意味の否定と対をなしているのだ。

性差、誕生、死に意味を与えるということは、人間がこれらの限界の取り払われた世界を想像できないということを意味するわけではもちろんない。ヴェーダの世界の神々にあっては、親子関係は相互的かつ可逆的で、父たちは自分の息子の息子であり、時には自分自身の息子でさえある[15]。聖典を持つ諸宗教の想像界においては、天使とは性や死を免れる者の形象である。妊娠する男性というテーマは、聖書においてと同様に（アダムの肋骨から取り出されたイヴの誕生の物語）[16]、ギリシア神話においても見出され（ユピテルの腿から生まれたディオニュソス）[17]、単為生殖という望みは、近年の生物学の歴史の中の忘れられた数章をなしている[18]。ヒト・クローンという仮説が今日において盛んに議論されているのは、それが超人の世界という想像に連なるものだからだ。分身できるという展望の内には、人間の条件の三つの限界を一挙に取り除くという望みが含まれている。つまり私たちを系譜的な連鎖から解き放ち、他方の性への依存から解放し、自分自身を超えていつまでも生き延びるという望みである。分身という夢は今日に始まったものではない。様々な文明に無数の分身譚があり、多くの場合は双子とその特有の危険性に結びつけられている[19]。分身というテーマは多くのフィクション作品にも着想を与えている。これらの物語に確かに共通する点は、オリジナル（映画で例をあげれば『二つの顔(Copie conforme)』[20]や『王と鳥』[21]など）やクローン（モーティマー教授〔エドガール・ジャコブの漫画作品の主人公〉の最後の冒険におけるそれのように[22]〉にとって、いつも不幸な終わり方をしているということである。このように人間の分身が常に不幸な日のもとに現れるのは、絶対的なナンセンスを体現する分身が、想像力にとってあまりにも強力な源泉となっているため、オリジナルやコピーの死でもって結末とせざるをえないからだ。だが人々は天使のように空中を舞うことも、しばしば夢見てきたではないかと言われるかもしれない。そしてこのイカロスの夢は、航空機によって実現されるまでは、同じく禍々しいものとみなされてきたのである。クローンの場合も同じようになるのではないか。自らの想像を世界の改造の原動力にするのは、人間の本性そのものであり、こうして人間はいつも自らの条件の限界を遠くに押しやっているのではないか。科学が分身の技術的な可能性を私たちに垣間見せているのに、なぜそれを禁じなければならないのだろうか。可能なことや考えうることは、すべて実現されうるものであるべきなのではないだろうか[23]。

しかしながら、ヒト・クローンは他の技術的な企図と同列に扱えるものではない。ヒト・クローンが目指すのは、自然に対する人間の行為を制限する限界を動かすことではなく、人間存在を構成する限界を消し去ることだからだ。歴史的に先立つものを探す必要があるとすれば、飛行よりも優生学を思い起こしておかなければならないだろう。というのも飛行機は、最初の石器と同じように、人間の意志を、人間の外側にある対象に刻み込むものだからだ。ところが優生学やクローン技術は、一部の人間の意志を、他の人間の組成の中に刻み込むことを目指す。そのときに人類は、「科学の掟」の庇護のもと、人間の製造者と製造される人間とに分断される[24]。自らの似姿に合わせて人間を製造することで、ついに人間はもっとも狂った夢を実現するに至るだろう。つまり〈父なる神〉の場所、誰の息子でも夫でもない絶対的な〈父〉の場所を占めることによって、人間の条件を定めるあらゆる限界を免れるという夢である。創世記を自腹で再演することで、人間は子を産む者、つまり系譜的な連鎖――その意味は人知を超えたところにある――の単なる環の一つであることをやめ、自らがプログラムした諸存在の最終的な〈起源〉たる〈創造主〉として、自らを制定する。繁殖可能なヒト・クローン技術のプロジェクトによって、人間は全能の創造者かつ純粋な技術的対象として取り扱われるようになり、こうして西洋的な人間観の限界は乗り越えられる。そもそもこの技術は、人間を神の似姿とみなす西洋の人類学的な文脈においてのみ花開くことができたのであり、それは科学的な合理性が科学主義的な錯乱に反転するという、より古典的でより根深い動きの一環をなすものである。このことを理解するためには、西洋に固有の人間観に立ち返り、何がそれを他のすべてとは異なるものにしているのかを再考しなければならない。

人の法的な基盤

他のあらゆる社会と同じように、私たちの社会も、人生に意味を与える何らかの人間観に拠って立っている。法的な観点からすれば、私たちにとって人間とは主体であり、この主体には理性が備わっているとみなされ、また譲渡不能で神聖な諸権利を有する者と考えられている。しかし科学的な観点からすれば、私たちにとって人間とは知識の対象〔客体〕であり、生物学、経済学、諸々の社会学、等々のおかげで、その行動の諸法則が見出され、説明される。人間存在についてのこのような主観と客観の二側面は、同じコインの裏と表である。身体を一つの物とみなすためには、あらかじめ精神を考えておかなければならないからだ[25]。主体と客体、人と物、精神と物質という概念は、二項対立によって定義されるのである。他方がなくては一方は考えられず、実証科学もこれらの概念なくしては決して日の目を見ることがなかっただろう。科学が可能になるためには、人間が理性を備えうる主体であると仮定する必要があるのである。そしてこのような人間存在の定義は、科学的な証明によって導き出されるものではなく、ドグマ的な断定から帰結するものである。つまりそれは法制史の産物であり、科学史の産物ではないのだ。こうした二分法を知らない思考のシステムにおいては、今日においてたとえば「唯物論的」神経学者と「唯心論的」哲学者を対立させている衒学的論争などは、端的に言って無意味となるだろう。主体の観念を持たなかった帝政中国のような文化システムが[26]、帝政ローマとは異なり、ある種の人間を客体とみなすことができなかったのは当然であり、したがって語の厳密な意味での奴隷は存在しえなかったのだ。医学が科学の一分野であり、労働が譲渡可能な財であると了解するためには、人間を物質的客体とみなせなければならなかった。人格という、西洋に固有の法的な案配がなければ、近代の科学や経済も日の目を見ることはなかったであろう。

生まれながらにして自由であり、理性を備え、他のすべての人間に対して平等であるという[27]、抽象的で普遍的な〈人間〉なる西洋の概念が確固たるものとなるためには、ローマ法に始まり諸々の近代的な権利宣言に至る、長い歴史的な道のりが必要であった。主体と客体、精神と物質の関係が、世界の了解可能性や領有の一般的な原則となったのは、近代に入ってからのことでしかない[28]。このような新たな世界の理解の仕方は、スコラ学者や注釈者の人文主義的批判を経て、一六世紀から一七世紀にかけて、デカルト的コギトに基づいた科学の理念と、「帝国の大義に依拠するのではなく、理性の支配に依拠する（non ratione imperii, sed imperio rationis）」[29]普通法（ius commune）の理念に助けられて、確立したものである。続いて啓蒙とともに幕を開けた現代という時代は、制度的な場面から神が姿を消したことによって特徴づけられ、このために宗教の撤退や「世界の脱魔術化[30]」として解釈されてきた。しかしそこには〈科学〉（世界規模の〈真〉の審級として〈宗教〉のお株を奪った）、〈国家〉（諸々の法の生きた源泉・最高の源泉たる〈全能の主体〉の地位にのし上がった）、そして〈人間〉という三者の魔術化を見て取ることもできるだろう。あらゆる神的な参照項から独立した人間は、自分ただ一人で自らの目的となるに至ったのである（ホッブズ、ルソーからロールズに至る、人間の起源の物語の書き換え、そして科学的実証主義[31]と結びついた〈人類教〉の創設。この〈人類教〉には『世界人権宣言』という自らの十戒も備わっている）。

　生命倫理をめぐる今日の議論が、このような人間存在についての私たちの着想の歴史にも関心を向けたならば、益するところは大きいはずだ。この歴史はキリスト教西洋の歴史の一部をなしている。私たちの継承するこの着想とは、「神の似姿《イマーゴ・デイ》」の着想、すなわち人間は神のイメージとして思い描かれ、そのような者として自然の主となることを命じられたという着想である。神と同様に、一にして不可分である。神と同様に、御言葉の力を備えた、至高なる主体である。さらには神と同様に、一つの人格であり、受肉した精神である。だが神の似姿として思い描かれてはいても、人間は神ではない。人間に固有の尊厳とは人間自身に由来するのではなく、創造主に由来するのであり、その尊厳は他のすべての人間たちとともに分かち合われている。個体性、主体性および人格という、人類の三つの属性の両義性《アンビヴァレンス》はここに由来する。個としての各人は唯一であるが、同時に他のすべての者と似た存在である。主体としての人は至高であるが、同時に共通法に従属している。人格としての人は精神であるが、同時に物質でもある。このような人類学的な組立《モンタージュ》は、西洋の諸制度の世俗化を生き延び、この人類の三属性は、人権宣言の〈人間〉のうちに、両義的なままとどめおかれている。人権からは、神への準拠は姿を消したが、人間の同一性を保証し、人間を物として扱うことの禁止を象徴化する審級にすべての人間を依拠させることの論理的な必然性は、消えることはないのである。

唯一にして同一の個人

私たちの個人主義が独特であることを理解するには、異邦の眼差しによるのが一番である。たとえばアマドゥ・ハンパテ・バというアフリカの叡智による、以下の指摘ほど明快なものはない。人間のアイデンティティとは何を意味するのかを問われた彼は、次のような逸話で応じた。「私の実の母は、私に話がある時はいつも、まず私の妻か姉を呼んで、こう言ったものだ。「息子のアマドゥに話があるのだが、今そこにいるのは、息子に宿る数々のアマドゥのうちのどのアマドゥなのかを、あらかじめ知っておきたいのです」[32]。私たちがこの返答のうちにある深い真理を直観しながらも、それに拍子抜けさせられてしまうのは、私たちにとっての人間のアイデンティティの刻印である不可分性が、そこで不意打ちを食らわされているからだ。私たちの法的な文化によれば、人格とは生まれてから死ぬまで一にして不可分である。それは分割不能な個体性であり、諸人格の複数性がそこで共存するような場所ではない。メラネシア人にとって、人間存在とは空っぽの場所として定義されうるもので、他の諸々の場所（父、叔父、夫、氏族《クラン》など）との結びつきの総体によって区画づけられると知ったときにも、私たちは同様の違和感を味わわされる。[33] 私たちにとって人間存在とは逆に、十全たる自我《エゴ》として定義されるものであり、この自我は社会関係を自由に紡いでゆきこそすれ、それらの関係によって紡ぎ出されるものではないのだ。他の文明の大半では、人間とは、自らを包み込み、自らを超え出るような〈全体〉、自らに先立ち、自らの後にも続く〈全体〉の一部とみなされているのに対して、[34] 私たちの法的な文化は逆に、人間を社会全体の素粒子として、質的かつ量的という二つの意味における個としてみなすように、私たちを促している。質的には、個人とは、一神教の神のイメージとしての、唯一の存在であり、ほかの誰とも比較不可能で、自分だけが自分の目的であるような存在である。量的には、分割不能で、安定した存在である。自分自身と、そして他のすべてと同一な存在とは、きわめて優れた計算の単位である。このように想定された人間が、平等であるのは必然的である。各人が神の似姿として作られているからには、女だろうと、奴隷だろうと、異端者であろうと、唯一であり、同時に他のすべての者と似た人間である。平等の原則は、そのもっとも現代的で世俗的な定式においても、こうした個の同一性の二側面の間の緊張関係によって貫かれていることに変わりはない。つまり私たちは誰もが似たものであり、したがって同一であるが、同時に私たちは、誰もが唯一であるからには、みな違っているのである。

誰もが同一の諸個人とは、神の形象から等距離にある数多くの鏡のようなもの、あるいはフランス憲法前文の「世俗的」な用語で言えば、誰もが同様に「譲渡不能にして神聖な権利」の保有者である。私たちの同一性とは、他のすべての人間のそれと根本的に同じであり、性や種、宗教や国籍、年齢その他に由来する差異はいずれも、禁じられた差別として否定されるべき運命にある。聖パウロが力説するように、「ユダヤ人もギリシア人もない。奴隷も自由人もない。男も女もない」[35]。私たちの法的・政治的な文化における平等の原理は、ここから原動力を得ている[36]。それぞれ同じ権利と義務を持ち合わせた私たちは、誰もが同一であり、これは誰もが他の人間といつでも交換可能であることを意味する。誰もが社会のあらゆる場所を占めるよう定めづけられており、いずれか一つに特定されることがないのはこのためである[37]。たとえばカースト制、つまり各人には現世における一つの役割が与えられ、社会の可動性とは生まれ変わりのサイクルの中だけのことであるような制度とは、遠く隔たった考え方である[38]。交換可能であるとはつまり、数量化可能であるということであり、各人は計算の単位とみなしうる存在である。このような数量化は、私たちの政治制度の歴史の中にも結実しており、〈数の法則〉がすべての質的な考察に勝るようになった結果、多数決の原理という、純粋に算術的な発想が生まれるに至っている[39]。経済統計や社会統計が盛んになったのもその帰結であり、そこからまったく新しい規範の形が姿を現してもいる。つまり人格や事物の質的な評価に基づくとされる法的規範が想定する自由裁量に代わって、数量化に基づく技術的な規範が想定する確実性が選び取られる傾向にあるのだ[40]。個人が計算の単位であるということは、安定した実体でもあるということであり、その存在は誕生から死まで変化することがない。M・オーリウによれば、「個としての法人格は、継続的で、自分自身に一致しているように見受けられる。それは個とともに生まれ、即座に構成される。存在している間は常に同一である。それは不変の法的な諸条件を完璧に下支えし、人が寝ている間も寝ずの番をしている。そして人が理性を失っている間も、それは健全であり続けるのである」[41]。このような擬制《フィクション》は、経済理論のすべてがその上に成り立っているような点であるが、偉大な文化の中にはこうした擬制と無縁のものもあることは言うまでもない。たとえば仏教では、むしろ人間存在の肉体的・精神的な状態の不確かさや揮発性が強調されるのである[42]。つまるところ、いずれも同じように〈父なる神〉の似姿として着想された私たちは、二親等の傍系親族、すなわち兄弟であり、このために相互の救援や扶助という義務を負わされている。このような普遍的な友愛の精神は、世界人権宣言の第一条で早くも確認されているものである。この精神こそが、連帯の原則の源であり、また福祉国家の組立《モンタージュ》を導き出したのである。

しかしながら、唯一の神の似姿として着想された各個人は、それぞれが他の諸個人とは異なる、唯一の存在でもある。このような個人の根源的な特異性は、客観的な諸要因から導き出されているわけではない。そうした諸要因ならば、個人の誕生と同時に自明のものとなっているはずだ。そうではなく、個人の自由の行使を通して明らかになっていくのが、この特異性なのである。生まれながらにして自由で、他のすべての人間と平等な個人は、他人との競争においてこそ、自分自身や他人に対して頭角を現すことになる。市場経済の原動力であるこうした選別という発想は、プロテスタンティズムとともに影響力をつけてきた[43]。私たちの行いは、天上への到達には何ら結びつくものではなく、この世で私たちが何者であるのかを明らかにするものであり、したがって物質的な成功とは、救済の外面的な徴である[44]。こうした特性を見事に言い表したルイ・デュモンは、プロテスタント世界では各個人が自らのうちに僧侶を宿していると述べた[45]。この僧侶は戦う僧侶だと付け加えることもできるだろう。なぜなら、形式的には平等な諸個人同士の自由な競争のみが、正しい秩序のための唯一のカギとなるからだ。私生活（婚姻の自由や習慣の自由）、政治生活（指導者の自由選挙）、行政生活（公職の選抜試験への出願の自由）、そして経済生活（競争の自由）の組織の原則にまで高められた競争は、社会生活の原動力そのものとなり、致死的で危険な何かとして社会生活の片隅にしまいこまれることはなくなった[46]。

「法人」の発明によって、あらゆる形態の共同体や人間社会も、このような個人主義的な着想に組み込まれることが可能になった。法人のおかげで、あらゆる形態の諸個人連合は、事物の共有に基づくものであれ、思想の共感に基づくものであれ、それを個人として成立させることができるようになった[47]。こうして法的人間《ホモ・ジュリディクス》は、単数と同様に複数を、「私」と同様に「私たち」を、平等という基盤の上に立って他のあらゆる個人と取引をすることができるものとして扱うことができるようになった。ひたすら個人のみによって満たされた、このような人間的な秩序の要をなしているのは、ある一人の至高な個人であり、その一体性と個体性のモデルとなっているのは、ここでもまた神の似姿《イマーゴ・デイ》である。一にして不可分のフランス共和国は、あらゆる種の宗教的な準拠から切り離されたこの国家という形象の最初のものの一つであり、それは構成員の役に立つ道具のような同業者組合とは異なる、個人の利害を超越した不死の〈存在〉なのである。

従属した君主、主体

主体とは、causerという動詞が持つ二重の意味において、おしゃべり《コーズ》をする者／原因《コーズ》となる者である。つまり主体は他人と言葉を交わし、そしてその言葉が法をなすのだ。キリスト教の典範によれば、世界を言葉で秩序づけるというこのような権力は、神の第一の属性である。「初めに言葉ありき。言葉は神とともにあり、言葉は神であった。言葉は初めに神とともにあった。すべては言葉によってなされ、言葉なしにはなにもなかった」。形而上学と言語を同一視し、言語こそが世界の意味の究極的な源であるとした、この有名なヨハネによる福音書のプロローグに明白に表明されている一つの知は、形こそ異なれども、どのような文明においても見出すことのできるものである。アフリカの賢人オゴテメリが言うように、「裸であるということは、言葉がないということである」、そして〈言葉〉とは神が世界に秩序を授けるために投げ与えた最初の衣服である。[48] 儒教の伝統にあっては、良き秩序は言葉遣いが正しいかどうかに丸ごと依存している、なぜなら物事は名指されることによって、物事としての個別性を与えられているからだ。[49] プラトンが『クラテュロス』で示しているのは、言語の立法者の姿であり、「人間世界に出現することのもっとも稀少な者」であるというこの立法者は、それぞれの場合にふさわしい形を、それぞれの名に再現することのできる織物職人に喩えられている。[50] コーランによれば、神はアダムに対して、物事を包んでいる「名のヴェール」の秘密を授け、そのことによって人間を神のカリフすなわち地上における神の代理人に仕立てあげた。[51] そしてローマ法においてregulaつまり規則とは、definitio〔定義〕の同義語として用いられていたことが知られている。[52] これらは一つの人類学的な知の様々な表れであり、新約聖書はこの知の嚆矢でもなければ占有者でもない。この知によれば、優れた規範の力とは名づけの力、思考の諸範疇を定礎する力であり、このような言語の他律性こそが、人間の生の前提であるのだ。

キリスト教西洋に固有であるのは、神が自らの法を〈自然〉の中に定めたとする考え方である。御言葉は聖書や戒律の中のみに述べられているのではなく、神が「大いなる自然の書」（とりわけ今日では科学者たちが「大いなるゲノムの書」と呼んだもの）に書き記した諸々の法則の中にも述べられているのだ。つまりキリスト教文化において〈法〉は一つだが、二つの〈書物〉があるのである。〈神の啓示〉という書物と、〈科学的発見〉という書物の二つだ[53]。私たちが継承しているこのような二元論は、たとえばイスラーム文化とは無縁である。イスラームにおいては、神は〈自然〉の秩序の中の諸々の慣習の起源であるにすぎず、神は自らの〈全能性〉によってそれらの慣習の転覆を許されている[54]。それに対してキリスト教の神は言わば自らの手を縛っているのであり、自分が定めた法に従わなければならない。御言葉の〈全能性〉は、神の前でも怯むことがないのだ。このような発想は人間の関心事の次元にも見出せるものであり、とりわけ自らが自らの法に縛られる法治国家とは、神的な立法者の姿を受け継ぐ存在である。というのも、人間が御言葉の立法的な力を自由に用いて、それにより文字通りの意味での主体を作り出すことができるとみなしてきたことこそが、キリスト教世界、少なくとも西方のキリスト教世界に固有のもう一つの特徴だからだ。文字通りの意味での主体とはつまり、何らかの原因の効果ではなく、諸効果の第一原因であるということである。

言葉の規範的な力の、語る主体によるこのような我有化は、キリスト教の根本にある諸文明には見られなかった。古代ギリシアは市民法の理念を生み出した最初の文明の一つでありながら[55]、こうした我有化を禁止することが、民主主義の前提とされていたのである。だからこそ（紀元前四〇三年に）民主主義が回復しアテネの法の書体が取り入れられた際には、アルファベットから有気音hが取り除かれたのである。なぜなら有気音《プネウマ》は生の息吹や神的な霊感、人間と都市を結びつける精霊の象徴であったからだ。都市国家の精霊である息吹を記号として私有化することは、民主主義の発案者たちからすると、法の他律性と相容れないことだったのである[56]。またヘブライ語のアルファベットには母音がないので、モーセの家系に属し、聖書に神の息吹を取り戻させてそれを生きたものにできる者にしか、〈法〉は読解できなくなった[57]。個人が立法の主体として自立することの不可能性は、イスラームの教えにおいても強調されている。その教えによれば、神の全能性を前にしたとき、人間とは何ものでもない。人間は自らの法を命じていると思っているときですら、自分ではどうにもならない筋道の手先となっているにすぎないのだ[58]。三つの聖典宗教のうちで、西方のキリスト教だけが、諸個人に〈主体〉の資格を丸ごと与えてきたのである。イスラームの伝統ではこの資格は神にのみ属するものであるし、ユダヤの伝統では、地上でこの資格を有するのは、「普遍的な意義をになう聖なる一民族[59]」であることを自らもって任じたイスラエルの民だけである。

このような西洋的な法の支配は、人間同士の関係についての考え方の中にも、人間と事物との関係の中にも、同じように見出せるものである。人間同士の関係は、〈法〉の人間界における化身すなわち〈法権利〉に従属している。〈法権利〉によって人間は自分で自分の法を作る職人となったのであり、それは至高なる人民に拠って立つ民主主義体制下における普通法でも、個人の主権に拠って立つリベラルな体制における契約法でも同様である。至高なる主体には言葉によって関係を結ぶ力があるのであり、主体はその言葉に責任を持たなければならない。主体の責任の源は原則として主体の自由意思に存しているのであり、それは主体が行為に及ぶ以前にあるのであって、たとえば日本文化において見られるように、行為の後、行為がもたらした結果のうちにあるのではない。[60] 人間と事物の関係とは、技術による自然の「推理」という関係であり、それは他の諸文化におけるような効果的な手仕事《ブリコラージュ》とは違って、[61] 人間が世界の法則から学んだ科学的な知識の実践である。世界の主人たれという任務を人間に課した神の指令は、その論理的な帰結にまで行き着いたことになる。それはつまり神自身の罷免と、人間による主体の資格の独占である。このような人間によって支配される世界は、人間の似姿に象《かたど》られた客体で満ちているのだ。

　しかしながら、このような主体の完全な世俗化によっても、その根本的な両義性が姿を消したわけではない。権利の主体は確かに至高なる主体、すなわち生まれながらに「理性を備えた自由な」存在であって、それゆえに自らを統率することができ、客体の世界を自らに従わせることができる。主体は諸効果の原因であり、それらの諸効果の責任は主体が負わなければならず、このような主体は自らの外部にある何らかの原因の効果ではない。しかし主体がこのような自由に到達するのは、語の本来かつ第一の意味で「主体（sujet）」である限りにおいてのことである。すなわち都市国家の法律であれ、科学の法則であれ、諸々の法の尊重に従属した（assujetti）存在（sub-jectum: 投下された）であるということだ。このような二面性のある主体を推奨することが、人間を制定し、法の他律性から自分の自律性を引き出すような法主体を作り出すための、私たちのやり方なのである[62]。私たちの場所でも他所と同じように、「私」を保証する審級がなければ「私」はありえない。あるいは法学の用語を用いるなら、人格という身分を保証する審級がなければ、「私」はありえない。つまり自分の家系や性、年齢を独断で決めてしまうことは、誰にもできないのだ。こうした審級は長らくの間、そして多くの国では今でも、宗教的性質を持っていた[63]。今日の西洋では人格という身分の保証人は国家であり、この身分は自由に処分できない、すなわち個人の主権には属していないのである。民籍をめぐる諸規則や、胎児の法人格をめぐってのドグマ的な論争は[64]、洗礼の秘跡の授与をめぐる宗教的な決疑論に取って代わったが、死すべき人間存在の承認が、不死の超人間的主体の庇護のもとになされていることに変わりはない。人間存在は、言語の他律性により話し言葉の自律性に到達するのにすら先立って、法の他律性により法主体という身分に到達しているのである。

受肉した精神としての人格

私たちの眼差しは、明確に切り離された二つの集合に、世界を秩序づけている。一方にあるのは諸々の事物、他方にあるのは諸人格である。この大分類（summa divisio）には由緒があり、私たちの法文化に深く根をはっている。ユスティニアヌス法典において最初に体系化したこの分類は、今日の民法典の構成の中にも見出すことができる。だがローマ法においては相対的なものにとどまっていた物と人格の分離は、やがて規範的な価値を持つようになった。人格を物として扱うことは冒瀆であり、また物を人格として扱うことは不合理であるということになったのである。こうしてこの分割はドグマ的な価値を獲得することになった。つまりそれは私たちの世界観の全体を照らしだす明白さとしての力を手に入れたのである。科学的な企てにとっての温床である、文化／自然、精神／物質、霊魂（psyché）／身体（soma）、人文科学／精密科学のような対義語の組み合わせも、こうしたドグマ的な力を帯びている。

私たちの人格概念の起源にあるのは、ペルソネ（personæ）、すなわち先祖たちのデスマスクである。[65]古代ローマにおいては、人格を備えていたのは、これらのイマギネス〔デスマスク〕と祖先の名を所有する者、つまり家父（pater familias）であった。[66]ローマ法においては、すべての人間存在が十全たる人格を備えていたわけではなかった。法的には物として扱われうる者もいれば、[67]家父の人格に参加しているだけの者もいた。つまり存在するのは総称的な概念としての「人」ではなく、奴隷から家父に至る様々な段階の人格であり、この両極の間にいるのは、解放奴隷、息子、自由女性、外国人などである。[68]人格がすべての人間存在に認められる属性となったのは、キリスト教とともに始まったことである。他の二つの聖典宗教にあっては、神は輪郭を定めることのできない存在、すなわち表象できない存在であり続けた。定めることのできない（aperigraphtos）存在としての神性は、人格を定義づけるものの中に閉じ込めることができない。人格を定義づけるものとはすなわち、人格に区画（perigraphê）、形、限界を与える名と顔のことである。これに対して息子の姿に受肉したキリスト教徒の神は、顔（prosopon）を持つがゆえに、人格を備えている。[69] 最初の数世紀の教会の神学論争の大半は、神性かつ人性というキリストの二重の性質をめぐる問題をめぐってなされており、三位一体のドグマにしか解決を見出すことはできなかった。これらの議論こそが、キリスト教的な人間存在の考え方を培ったのであり、この人間存在は、神の似姿として、精神的かつ地上的という、二つの性質を備えるに至った。人間の死すべき身体は、不死の魂の聖堂である。この考え方は中世の法学者たちによって体系化された。すべての人間存在は例外なく肉体と魂によって構成された自然人（homo naturalis）であり、洗礼によって教会で人格となることが定めづけられている。[70] そして教会自体もキリストの神秘体として考えられており、教会を構成する信者たちからは切り離されている。この教会をモデルとして同時期に構想されたのが、現代の政治的・経済的生活の要となった存在、すなわち法人である。この法的な存在は人間たちと結びつきながらも、彼らの死すべき境遇を超越している。[71]

マルセル・モースが記したように、「人格というわれわれの概念は、根本的にキリスト教的な概念であり続けている」。[72] とりわけこの概念は、世界人権宣言（第一条）や生命倫理法（民法典第十六条）によって謳われているような、尊厳という原則の起源にあたる。尊厳とは中世の用語では継承により結びついた共同体という意味であり、これは空間ではなく時間を越えて広がるものであった。前任者と可能性としての後任者——いずれも現任者のうちに存在しており、現任者と一体化している——との間の擬制的な一体性を実現させるこの尊厳は、当然ながら決して死ぬことがない。[73] 初めは王の役職に対して用いられたこの概念は、ルネサンスの初期人文主義者たちによって「民主化」された。その嚆矢はダンテであり、彼にとっては死すべき存在としての人間一人ひとりが、フマニタス（humanitas）としての不死の尊厳を宿している。[74] 語源を裏切ることなく、人格は仮面であり続けているが、この仮面は各人がそれのおかげで人間の尊厳の仲間入りを果たすことのできるような仮面であり、また各人はそのおかげで、自らの精神あるいはコギト（cogito）の力により、自然の科学的な認識へと到達できるのである。「世界という舞台に登場しようとするに際して、今までは観客として過ごして来たのだが、これからは仮面を被って進み出る」。後に名高いものとなる自らの思索の序文において、デカルトはこう記している。[75]

つまり人格とは、身体と精神の全体をまとめることを可能にする、総称的な概念である。人格は各人の死すべき性質を超越して、各人を人間精神の不死性に加わるよう促す。しかし他の諸文明においては、このような不死性への参加は、私たちの人格が精神の絶対性の前に徐々に消滅することを必要とするが、西洋人においては、受肉の経験において精神が発露することでなされる。世界人権宣言（第六条）によって、すべての人間に対してあらゆる場所において認められている法人格とは、言わば白いページであり、各人が自らの責任でそこに自分の精神の印を捺印するのだ。世界人権宣言における人間の展望とは、「その人格の自由にして十全な発展」であり、諸権利が人間に属することが正当化されるのも、そうした諸権利なくしては、このような発展が妨げられかねないからである（第二二、二六、二九条）。したがって法人格とは、法が各人に保証する手段にすぎないのであり、現世に生きる各人はその手段によって自らに固有の人格を実現させ、またその人格が各人を同時代人や来るべき世代の者たちの眼差しに同一化させる。ギリシア語で役者の仮面という意味だったペルソナの語源を思い起こしながら、ハインリッヒ・ツィンマーは以下のような見解を述べている。「西洋的な着想

――それはギリシア人自身のうちで生まれ、キリスト教哲学において発達した――は、この〔ペルソナという〕言葉が前提としていた、仮面と、それによって顔を隠される役者との間の区別を消し去ってしまった。仮面と役者は互いに同じものとなったのである。演技が終わっても、あなたからペルソナを外すことはできない。ペルソナはあなたの肌に貼りつき、死の向こうの、彼岸の生においても外れない。西洋の役者は、世界という劇場で繰り広げられる舞台上の人物とすっかり同一化してしまって、退場の時が来てもそれを脱ぎ捨てることができないのだ。つまり役者は、スペクタクルが終わっても、いつまでも、いや永遠にそれを守りぬくのである[76]」。

これに対してインド思想が様々な時代を通じて主に努力してきたことの一つは、役者と役柄との間に明確な区別を設けることだった。「外面的なパーソナリティのすべての層を乗り越え、侵食することで、絶え間なく内に向かう意識が貫いているのは仮面である。意識はあらゆる階層においてこの仮面を取り払うことによって初めて、われわれの生の役者にまでたどり着く。この無名の役者は、奇妙にも無関心だ[77]」。このような態度を産み落としているのは、輪廻という運命、そして生きることの意欲につきまとう憂鬱な倦怠である。「果てしない来し方と行く末に直面し、突如として自らの仕事にやる気を無くしてしまう役者[78]」のそれのような倦怠だ。精神は世界の中で盲目の生の力に囚えられ、その力は生き物たちを終わりのない円環的な渦に巻き込む。この文明においては、諦める者、断念する者の姿が威信を持つのもこのためである。生という終わりなき一座で役柄に次ぐ役柄を演じ続けることに疲れた、変節漢の役者のような彼は、劇から身を引くことに決める。「舞台の上で趣味の悪い茶番を繰り広げている狂人は誰だ」と問われれば、それは人間だと答えるのがインドの知だからだ。脳や言語や運動器官が何かをする必要に救いがたく取り憑かれ、またそれをしてしまうのが人間なのである。[79] インド文明においてパーソナリティとは取り払われるべき仮面だが、西洋においてそれは形作られるべき仮面である。この違いが明らかになるのが葬送儀礼である。インドでは、故人のパーソナリティの記憶を永続させるために肉体の残存物を保管するどころか、[80] それらを消し去ろうとするのだ。[81]

インド文明が豊穣なものである一方で、人類の歴史には無関心であり続けてきたのはなぜなのかも、これで理解できる。インド文明にとってその歴史は繰り返される面倒なやり直しにすぎないが、西洋はむしろ歴史を、自らについて理解するための原動力としたのである。人格の精神はその個人史において花開くのと同じように、人類の歴史とは西洋人にとって常に何らかの意味を持っていた。その意味が救済への歩みであれ、人間精神の自らへの開示であれ、科学技術の進歩であれ。私たちからすれば歴史には予言的な側面があり、私たちはそこから教訓を引き出すことを望んでいる。つまり進歩のイデオロギーは、キリスト教的な人格概念とともに私たちに伝えられた神学的な諸前提を土台にしているのだ。[82] 初期の人類学者たちが、自らの研究する諸社会を人類の一種の先史時代に放り込まずにおくことが難しかったのはこのためである。結局彼らはそれらの社会の深い意味を取り逃していたのだ。ウィトゲンシュタインが次のように記しているとおりである。「フレーザーの方が彼の問題にしている大多数の野蛮人よりもはるかに野蛮である、なぜならば、彼らは二〇世紀の一人のイギリス人ほどひどく精神的問題に無理解ではないからである。原始的慣習に対する彼の説明の方がこの慣習の意義自体よりはるかに粗野である。歴史的説明、進歩という仮説としての説明は、データをまとめ、その概観を提示する一つの仕方にすぎない。諸々のデータをそれらの相互関係という点で観察し、一つの普遍的表象にまとめてみることを、時間的進歩の仮説とは別の形で行うことも可能なのである[83]」。

受肉の経験において明らかとなる、人格を精神とみなす私たちの考え方もまた、西洋諸法の原則であり続けている。この考え方が如実に現れるのは、身体の法的なステータスや、精神の刻印を受けている事物のステータスだ。教会が人体を不死の魂を収めた聖堂とみなしたように、私たちは人体を人格の台座とみなし続けており、誕生前から死後に至るまで、それは聖なる対象として扱われるのだ。法は精神の作品もまた庇護下においている。つまり著者のパーソナリティが刻印された作品である。だからこそ著作者人格権は、作品が著者の手を離れてからも、さらには作品の「親権」が属するとされる者の死後にも、事物につきまとうのである[84]。作品とは人間精神の尊厳をまざまざと浮かび上がらせるものであるので、それは商取引からも部分的もしくは全面的に除外され、フランス法では文化遺産と呼ばれるものに加えられるのだ[85]。こうして作品は公共物の仲間入りをし、コンセクラチオという語の第一の意味において、つまり俗界から聖界への移行という意味において、作品として法的に聖別《コンサクレ》されるのだ。そして精神と事物の融合点である人間の労働は、特別な仕組みの中で扱われることになり、そこから交換価値は生み出せても、労働者の身体を商取引における事物として扱うことは禁じられた[86]。このように人格の概念を通して考えてみるならば、精神と物質は一体をなしているのであり、それらは完全に切り離された二つの世界ではないのである。こうした一体性からすれば、人格と事物の境界に、聖なる諸事物（身体、精神の作品）の存在を認めざるをえない。これらの事物は人間の手で自由になる純粋な物体として扱うことができないのである。自らに固有の意味を持つそれらの事物は、人間によって逆の意味を付与されることがあってはならない。それらに課された禁止から生まれるのが、侵犯の誘惑である。たとえば身体を、他者の精神の全能に従属した事物としてしか見ない、サディズム的誘惑。あるいは人体から人間精神の作品を作り出そうという、技術的な誘惑。パーソナリティとはゲノムやRh血液因子のような生物学的データではなく、諸人格が自在に操れば崩壊してしまうような、ドグマ的な構築物である[87]。民籍の譲渡不能性の原則は、この禁止を説明すると同時に、アイデンティティを保証する〈第三項〉の存在を想定してもいるのである。

アイデンティティを保証する〈第三項〉

個人、主体、人格。この西洋的な人間存在の構成の三本柱は、いずれも根深い両義性を抱えている。個人は唯一であると同時に似た者である。主体は主権者であると同時に従属者である。人格は肉であると同時に精神である。ここにあるのは、一見したところ矛盾した人間の経験の所与を、論理的な一貫性において掌握し、諸々の意味の世界と私たちが求める意味とを調和させるための、無数の思考のカテゴリーである。唯一にして分割不能な個人として、また平等でありながら他のすべての者とは断じて異なる個人として、人間を思い描くということは、一つの信仰告白であり、どんな実験科学にも収まりきらないものであることは言うまでもない。主体性（他律と自律を包括する）やパーソナリティ（身体と精神を包括する）をめぐる私たちの諸概念にしても同様である。このような人類学的モンタージュを科学に依拠させることはできない、なぜなら人間とは自らを知の客体として観察することのできる知悉の主体であるとみなすような科学は、自らもまたこのモンタージュの落とし子だからである。こうした人間観に寄せる私たちの信頼は、今日の宗教的な信がそうなってしまったような私的な問題ではなく、私たちすべてが分かち合う信仰である。このような信仰の前提となるのが、究極的な〈準拠〉の存在であり、この〈準拠〉が、アメリカ独立宣言が「自明の真理」と呼ぶものを象徴化し、保証して、それらの真理にドグマ的な価値を付与するのだ。

フランス共和国のように、根本的に世俗化した法秩序においては、国家がこの〈準拠〉の位置を占めている。[88] 国家は教会の後を継いだが、それは諸個人の表象の上にのみ拠って立つ、「形を変えた教会」である。[89] 私たちの制度的な建造物の要である国家とは、否定性を取り除かれた人間存在の諸属性の、不死身の表象である。すなわち唯一である国家は、人間たちとは同等ではない。また至高である国家は、自ら以外の誰にも従属していない。そして公共精神たる国家は決して死ぬことがない、なぜならその物理的な身体とは、絶えず生まれてくる国民だからだ。超越的な人格にして、並外れた普通法の特権の持ち主である国家は、自らを準拠とする現実もしくは擬制的な存在の法的パーソナリティの、究極的な保証人である。このような要がなければ、私たちの人類学的なモンタージュは崩れ落ちる。国家にのみ限定された、諸人格が同一性を得るためのこの準拠は、規則であるというよりもむしろ例外である。西洋を含めた多くの国において、民籍の問題は、全面的もしくは部分的に宗教の領域に属し続けている。たとえば英国では夫婦となる者たちは、民事婚もしくはいくつかの宗教婚の（限定的な）リストのどちらかを選ぶ。これはヨーロッパ諸国の多くにおいても同様であり、[90] そこにおいて国家は、諸人格の同一性の究極的な保証人としての役割を、付随的に担っているにすぎないのだ。というのも人間の同一性とはつまるところ、信の問題であることに変わりがないからだ。それはこの信という語の、信用と信仰という二つの意味においてである。共和国やその諸価値に対する市民たちの同一化の退行が進むといつも、フランスのようなもっとも世俗化の進んだように見える国においてすら、宗教的な基盤が再び顔を出すことになるのはこのためである。

全面的解放の先にあるもの――解体した人間

テクノサイエンスとは、西洋に固有の人類学的なモンタージュの直接的な産物であると同時に、西洋が残りの世界を支配するための原動力でもある。しかしながら科学の歩みは、その歩みを可能にする信用を忘却し、さらにはそれ自体の歴史をも忘却することを求める。事物の世界にくぎづけとなり、コギト〔我思う〕の全能性に突き動かされたこの歩みは、人間を客体とみなすことに心血を注いでいる。たとえば社会学が、科学として認められることを切望して、諸個人を「ちょうど磁界の中と同じように引力や斥力などの支配下にある「粒子」のような[91]」ものとみなそうとするときがそうである。生物を物理化学的なものに還元することを基本的姿勢として、あらゆる形態の「生気論[92]」を拒絶する現代生物学にいたってはなおさらである。目的原因説を遺伝子プログラムという概念にまで追い詰めた、今日の卓越した生物学者たちが認めているのは、「生命それ自体が科学の対象として存在しているわけではない、なぜならそのメカニズムとはつまるところ化学的な相互作用だから」[93]ということである。生命科学が科学の対象としての生命の存在を否定するに至るということは、科学の歩みにはいかほどの禁欲が必要であるのかを示している。この種の断言が生命科学としての生物学のパラダイムの重みに疑いを生じさせてしまうにしても、方法論的な観点からするなら、生物学者が「生命はそれ自体としては存在しない」と考えるに至るのは確かに理解できる。ましてや「人間それ自体が科学の対象として存在しているわけではない」[94]という考えは、もしそれが一部の経済学者や社会学者、言語学者の、科学的であるという思い上がりに、少しばかりの謙虚さ（humilité）[95]をもたらしてくれるのであるならば、認めるのもやぶさかではない。生命や人間や世界の存在を疑うことは、デカルト的空虚の経験と高慢なコギトの孤独を、自ずと再発見することにしかならない。しかし生命も人間もそれ自体が科学の対象として存在しているのではないとすれば、人生に意味を与えうる「目的」に対して、何であれ承認を与えることには、科学は根本的に不向きであるということになる。[96]科学が専門的な活動として、人間と社会に意味を与えるドグマ的なモンタージュに従属し続けているのなら、このような不向きさのために支障が生じることはない。だがこれらのモンタージュを科学に従属させて、諸々の法則の究極的な根拠を科学の中に見出そうとすれば、それは致命的となる。[97]自らが妥当性を持つ領域から足を踏み外して、科学は科学主義に堕するのだ。

科学主義が到来するのは、河が氾濫するように、科学が自らの床《とこ》を離れるときである。科学的な領域とは、永遠に掌握不可能な真理の過渡的で近似的な表象のみが見出されるべき、懐疑の領域であるが、そうした領域を離れた科学主義は、人生の解釈学の土壌に、フェティッシュ化した〈科学〉の確かさを撒き散らす。このような行き過ぎは自然科学の専売特許というわけではまったくない。確かにもっとも目立つのは、人間存在を説明しようとする生物学者たちだが、自然科学に紛れ込もうとして、人間を物としてのみ扱うことに血道を上げる社会科学の研究者たちの多くにもまた見られるものである。その出自がハード・サイエンスであれソフト・サイエンスであれ、科学主義者の特徴は、人間が完全に説明可能な対象であると信じ、また自然科学がやがて明らかにし、コントロールできるようにしてくれることとしか、人間については知るべきことはないと信じている点である。ヒトゲノム解読の完了を告げる『ルモンド』紙の一面を飾った、「人が丸裸に」[98]という大見出しこそが、そのスローガンにふさわしいのかもしれない。このような観点で人間を知ることは、ポルノグラフィで愛を知るようなものである。だとすればポルノグラフィに対してと同じような寛容を、こうした観点に対しても示しておくべきなのかもしれない。耳障りな繰り言に背を向けるのは自由であるからだ。結局のところ科学主義とは、近代西洋の人類学的モンタージュの直系に連なって、人間とは、世界を統率する諸法則を認識しコントロールできる精神であると同時に、これらの法則に従う物でもあると理解しているだけなのだ。ただアイデンティティの保証人たる〈第三項〉の姿、つまり人間の制度的な側面だけが、途中でどこかに行ってしまっただけのことである。何を恐れる必要があろうか？

恐れる必要があるのは、ピエール・ルジャンドルが（親子関係についての研究に関して）人類の「肉処理的概念」と呼びえたものが、こうした基盤の上でこそ繁茂しているからだ[99]。人間を生物学的存在に還元することがどのような帰結をもたらすのかは、近年の歴史が示しているとおりである。その主たる効果は、人間存在のあらゆる定礎的信仰を、フェティッシュ化した〈科学〉のドグマで置き換えることだ[100]。他者たちの信仰、つまりインドやアフリカやアジアやイスラームのアントロポイ〔ギリシア語で人を意味するアントロポスの複数形〕の信仰は、西洋によって早くから人類学的《アントロポロジック》な知の対象という状態に還元され、理性の先史時代に片付けられたのは言うまでもない[101]。だが私たち自身の信仰、つまり神の似姿《イマーゴ・デイ》に由来し、西洋的な〈人間〉の理念を打ち立てた信仰も同様である。〈科学〉を究極的な準拠に仕立て上げる世界にあっては、人間の尊厳に対する信仰は、諸宗教と並んで私的な領域に片付けられ、公的な領域は生存競争の「現実主義」だけにあてがわれる。こうして現実主義と想定されるこの科学主義が信仰の位置を占め、その上に経済や社会の秩序が打ち立てられようとしているのだ。

人間を定礎するための、自らに固有の諸範疇において、西洋がこのように信仰を喪失したことは、二〇世紀の特徴である。これには理由がないわけではない。というのも、第一次世界大戦において技術の殺人的な全能性が明らかになってしまった後で、人間の人間性になおも信を置くことが、どうすればできるというのだろうか。自らを「砲弾の餌食」と呼び習わした第一次大戦の兵士たちは、この産業的な虐殺の根源的な新しさと、人間存在の食肉状態への還元を、誰よりも見事に名づけることができていたのである。この戦争の私生児たるヒトラーが得たのは、以下のような教訓である。「人間が動物界の上にあり続けることができるのは、人間性の諸原則のおかげではなく、激しさの限りを尽くした戦いによってのみである[102]」。彼がここで説明していたものこそ、ルイ・デュモンが以下のように語るような、ナチズムが依拠した真に唯一の信仰である。「人生の最終真理としての、万人の万人に対する戦い、そして事物の秩序の特徴としての、一方による他方の支配[103]」。ナチズムは共同体の諸価値への病的な回帰を意味したどころか、社会ダーウィニズムの一つの過激なヴァージョンを構成していたのであり、絶えず闘争中の生物学的な諸個人以外の人間的な現実は、そこでは認められない。その闘争においては、ヒトラー曰く、「もっとも強く、もっとも巧みな者が、もっとも弱く、より不器用な者に対して勝利する」。人間についての唯一の真理が生物学的なものである以上、社会を定礎するために残されていると考えられるのは、身体的な類似性や人種の同一性だけであり、国家とは、理想的なまでに同一な人間たちからなる社会を維持・発展させるための装置でしかなくなる。[104]「われわれ人民の生やわれわれの法制度は、遺伝学の定めるところにしたがって形作られる」と述べていたナチスは、[105]今日では常套句となった以下の確信を説明していたのである。すなわち、人間についての知識は〈科学〉の問題であり、〈法〉はそれに従わなければならない。

ナチズムを軍事的に制圧したことに過信した西洋は、普遍的に認められる諸価値の周囲に秩序づけられた世界を戦後になって取り戻したと考え、半世紀後の共産主義の崩壊によって、いっそうその確信を強めた。一九四八年には世界人権宣言が採択され、キリスト教に由来し、啓蒙の哲学というフィルターをくぐり抜けたこれらの諸価値の反復が目論まれた。地上のすべての人民を連盟させうる人類教の創設が目論まれたのである。同時に諸国家の主権の不可侵性の尊重に基づいた国際組織のシステムが創設され、新たな侵略戦争のリスクからすべての国家を守るとともに、最貧国において、教育、文化、労働や健康といった領域における、西洋的な理解での「社会の進歩」の拡大を促すことが目指された。[106]人間の中に、自然淘汰の法則のみに従った生物学的な動物しか見ようとしない現代的な野蛮の諸形態が回帰するのを避けることが、こうして望まれているのであろう。しかしながら、ナチズムが火星から落ちてきた歴史の偶然などではなく、西洋的な人間存在の概念の極限への接近であることを認めるのを拒むことによって[107]、全体主義の経験と共通の特徴であるはずの、科学主義的な「現実主義」に対するあらゆる批判的な回顧は禁じられてしまったのだ。デュモンの洞察が以下のように述べているとおりである。「ヒトラーは今日きわめて広く共有された表象から引き出せる結果をとことんまで引き出しただけだともいえる。その表象とは思考欠如の常套句ともいうべき「万人の万人に対する戦い」であり、そのより洗練された表現ともいえる、政治概念を権力の観念に還元させる見方である。こうした前提がひとたび認められてしまうと、ヒトラーよろしく、手段を持った者が誰でも思うままに抹殺を行うのを妨げることさえ妨げられなくなるのである。こうした結論の恐ろしさが、前提の誤りを証明している。普遍的になされる弾劾は諸々の価値に対する同意を示しているのであり、政治権力はこうした価値に従属しなければならない。人間の生の本質は万人の万人に対する戦いではない。そして政治理論は権力の理論であってはならず、合法的権威についての理論でなければならない[108]」。

今日の私たちが生きているのは、「ヒトラー以後」の時代である[109]。ナチスの犯罪の記憶と同様に、共産主義の犯罪の記憶――こちらはさらに細分的である――によって[110]、民主主義に自らの良心の糾明を迫るべきもののすべてが生きながらえてしまった。つまり共産主義イデオロギーの核心をなしていた経済主義や、ナチスのイデオロギーが根ざしていた生物学主義である。人種主義的なパラダイムはナチスの専売特許であるどころか、西洋諸国の全体で、戦前の人類学や生物学すべての滋養となっていたのである[111]。自らの中にある、全体主義の萌芽となりうるものを見ることを拒んだ民主主義は、経済こそが社会関係を最終審級において決定しており、また生物学こそが最終審級における人間についての知の場所であると信じ続けたのだ。こうして〈科学〉は、かつては教会の座していた〈真〉の審級の構造的な場所を占めるようになる。人口遺伝学はここ五〇年以来、分子生物学的遺伝学の前に影を潜めたが[112]、人種による説明が遺伝子による説明[113]に取って代わられただけで、言説のドグマ的構造に変化はない。万人の万人に対する戦いが歴史の動因であるとの考え方は生き延びているが、もはやそれは階級間や人種間の戦いのような集団的な形ではなく、個人間の競争という民主的な形をしており、競争は人生のあらゆる領域（経済的、性的、宗教的など）にまで行き渡っている。こうした考え方からすれば、社会は一つの全体ではなく堆積[114]、つまりそれぞれに固有の利害の追求に突き動かされた個人たちの連なりである。

何であれ個人たちの連なりが一つの全体を形成するためには、それらの個人の一人ひとりが、同じ一つの組織原理に、各人の存在を超越する共通の法に準拠していなければならない。たとえば神の似姿《イマーゴ・デイ》の人類学的なモンタージュにおいては、各人は自らの同一性の保証人たる至高の一個人に準拠している。有性の各人は、両性を包摂する同じ一つの属――人類――に準拠し、全人類に共通の万民法という理念がその上に打ち立てられている。各器官、各細胞、各遺伝子が、生物学によって、それらを超越する一つの全体すなわち人体に準拠させられているのも同じことである。準拠やヒエラルキー、共通法といった概念を放棄してしまえば、全体は思考不能になる。カンギレムに倣って言えば、

「物質に対する形態のある種の支配、各部分に対する全体のある種の指令がある」[115]ことを認めるのを拒めば、全体は思考不能になるのだ。生命の定義をめぐって今日の生物学が直面している困難とはこれである。生物学によって生命体は、それを構成する諸部分に還元され、諸部分はそれを対象とする物理化学的な測定に還元されるので、観察すべきものの中に、生命の存在を説明してくれるようなものは何も残っていないのである。生命が科学の対象として存在しないとの結論が導かれるのはこのためである。個体についての教条主義は身体の諸断片——遺伝子、細胞——に移し替えられ、それらの諸断片が、万人の万人に対する戦いという法則に則って行動するとみなされる。私たちが人体をどのようなものとみなすのかが移り変わるに連れて、私たちが社会体をどのようなものとみなすのかも変化するのは世の常である。このため私たちは社会もまた同じように、互いに競合する諸個人の寄せ集めであるとみなすようになる。神の似姿《イマーゴ・ディ》のモンタージュの残滓たる個人は、素粒子として、つまり理性を持ち、保つための制定など必要がないという、自分で自分に準拠した存在として理解されるのだ。

人間存在を制定するとは、この語の一義的な意味にあるように、地に足をつかせること、立たせておくことであり、[116]それにより諸々の意味のコミュニティの中に書き加えられた人間は、似たものたちと結びつくのである。こうして人間は人類における自らの場所に落ち着くのを認めてもらう。共和制秩序における教師＝制定者（instituteur）の役割がこれである。すなわちこの秩序が求める規律を叩き込むことによって、子供たちが自分で行動し、学べるようにすること。名称の変更は多くのことを明るみに出している。教師たち自身がこの呼称の取り下げを望んだのは、教授（professeur）（語源的には自分の学問を前に押し出す者）の世界の仲間入りをすることによって、［教師＝制定者という］呼称が理解不能となってしまったからであり、彼らの望みは受け入れられたのだ。両性を包括する、すべての人間存在がそれに準拠すべき、人類という概念については、今日では〈人間を動物と同列にする〉種という概念の前に姿を消しつつある。性差を超越し、男性（*vir*）と女性（*mulier*）を包括する〈全体〉としての〈人間〉（*homo*）を考えることを可能にする、[117]包括的カテゴリーとしての人類は、生を純粋な生物学に還元する現代の教条とは両立しないものとなっている。このために「類」は意味を変え、「ジェンダー・スタディーズ」の公教要理においては、男性・女性どちらかの性を有した条件の恣意的な付与を意味するようになっており、それを付与された諸個人は、そこから解放されるのも自由である。ここで目指されている展望とは、生物学と外科手術の進歩に力を得て、各人が自らの性を選び、そして変える権利を持つような世界である。[118]

通常の科学主義と、進歩に対する西洋的な信仰との結託によって導き出される、このような「無限界」のイデオロギーは、人間の生のあらゆる領域に影響をもたらす。技術的な面ではそれは、私たちの経済的・テクノロジー的な「思い上がり（*ubris*）」により積み重なった地球の持続性に対する危機が、来るべき諸発見によって払拭できるはずだという、揺るぎのない信仰として表れる。[119]法的な面では、法はもはや諸人格の身分の保証ではなく、解放されるべき拘束であるという考え方に行き着く。[120]聖パウロが予告した〈法〉の終わりの世俗的なヴァージョンたるこの解放は、[121]自分で自分を定礎できる人間存在への信に由来している。各人が自分で定めた限界にのみ従う、輝かしい未来へと、私たちは歩みを進めているというわけだ。こうして外部から課せられる限界はすべて拒絶される。このような幻想は、右翼にも左翼にも誘惑として感じ取られている。右翼のヴァージョンにおいては、規制緩和政策は経済的な面に限定される。経済人《ホモ・エコノミクス》を束縛する法を解き放って、自由な契約の作用に身を任せようということだ。左翼ではこのような解放の破壊的な効果が（正当にも）告発されるが、まったく同じ信条が私生活の面には適用される。私たちの愛の始まりや終わりの自由な作用を制限する法はいずれも悪とみなされ、「最後のタブー」に対する戦いという名目で、諸人格の身分の規制緩和政策が積極的に推し進められる。最終的にもたらされる影響は同じである。つまり最強の法の回帰だ。ごくわずかの勝者と大半の敗者との間の隔たりが深まるのである。私生活であろうと職業生活であろうと、問題は集合的規律と個人の自由のどちらを選ぶかということではなく、両者の必然的な結合を定義し直すことである。法秩序がその人類学的機能を満たすためには、この法秩序が地球上に新たに産まれ落ちた者すべてに、一方ですでにそこにある世界の先在を保証し――長期的にはそのことが産まれた者のアイデンティティを確証する――、他方でこの世界を変化させ、そこに自らの刻印を捺す可能性を保証しなければならない。産まれた者が自由な主体であるのは、自らを基礎づけた法に従属している限りにおいてなのだ。

アイデンティティを保証する〈第三項〉への信を失い、西洋の人類学的モンタージュは、私たちの目の前で解体しつつあり、その残骸の上に錯乱的な言説が繁茂している。制度的な土台を持たない、つまりすべての者の前に立ちはだかり、誰の恣意にも左右されない共通法に足場を持たないために、平等の原則や個人の自由の原則は、あらゆる差異やあらゆる限界の廃絶の正当化に役立ってしまうこともあるのだ。それはつまり狂った解釈の対象になるということである。西洋諸国で流行の様々な要求が、その証拠を数多く提供してくれている。たとえば性差の放棄の要求や、[122]子供を「女性の最悪の敵」[123]とみなした上での、母性の「脱制度化」の要求、[124]（迫害されたマイノリティとみなされた）子供の「特別な地位」の解体の要求、[125]親子関係を契約に置き換えることの要求、[126]さらには非常にあからさまであり、結局のところは論理的でもある、狂うことの権利の要求などである。[127]シテ科学博物館の後援により開かれた連続学術セミナーが、生殖と親子関係をその中に書き加えようと提案している枠組みとは、「異性の夫婦による繁殖の独占を終わらせ、子供を中心とする可動的な諸人格のシステムに場を譲り、諸々の役割や性別、生物学的または文化的な親子関係が、固定したり互いに拘束されたりすることがないという特徴を持つ」[128]ものである。このような文脈からすれば、生殖的クローニングが魅惑的なものとして受け止められるのも理解できる。この技術が人間に応用されれば、性差や世代の差異から一挙に解放され、「諸々の役割や性別、生物学的または文化的な親子関係が、固定したり互いに拘束されたりすることのない、可動的な諸人格のシステム」を作ることができるであろうからだ。それはまるで天使たちの世界のような何かである。さもなければそれは獣たちの世界である（だが天使を作るものは動物も作る！）、なぜなら規制緩和したこの社会的地位の市場において主人として自立できない者はすべて、自らの不幸には自らのみに責任があると判断され、限界なしの自由の恩恵に浴するには適さない、一種の人間以下の世界に送られてしまうからだ。[129]ひとたび母性が脱制度化されてしまえば、子供たちのための牢獄を建設しなければならなくなるだろうし、実際にそうなっている。自分の中に限界が書き込まれていない者は、自分の外にそれを求めなければならなくなるからだ。

二〇世紀の全体主義の特徴だった、法的なものと科学的なものの革命的な反転は、このように継続しているのである。法と国家はいつでも修正できる協定に、意味を欠いた単なる道具にすぎなくなり、科学の真理や技術の不可逆的な進歩に従属するだろう。この道具はある階級や種が他の階級や種を自然に支配するためのものであるよりはむしろ、自己の確立のために他のすべての者と競合している個人に仕えるものである。この科学主義の新たなる変種も、以前と同じように血なまぐさい袋小路へと通じている。理性の制定における〈禁止〉の場所が、きちんと理解されていないからだ。

生物学的な器官には存在と規則の区別がないことが、どれだけ例外的なあり方かを指摘するカンギレムは、人間的な事柄の秩序においては事情が異なると記していた。この秩序においては、規則は内在的ではなく、「社会体」の外部に位置するのが必然的だからだ。[130] 医学において問題となるのが善（健康）ではなく悪（病）であるのに、社会にとって問題となるのは正しい秩序の定義であるのはこのためである。規則は社会自体のうちに見出すことができないからだ。規則は必ずや他のどこかに由来しており、そのどこかは、「倫理」という仮の姿を取っていようと、科学的な探求からも個人の気まぐれからも逃れたところにある。そしてこの規則は、殺人や全能性の幻想から人間を守るためにもまた必要なのである。とりわけ新たな技術の力によって、こうした幻想が活気づいているときには。あらゆる文明における〈禁止〉の論理とは、人間とその諸々の代理（表象）――心理的代理（言葉）であれ物質的代理（道具）であれ――の間に〈第三項〉の原理を介在させることの必要性にほかならない。このようなドグマ的機能[131]――介在と禁止――は、技術の世界において〈法権利〉に独自の地位を授ける。つまり技術を人間化する技術という地位だ。[132]〈科学〉の名において〈法権利〉のドグマ性に攻撃を仕掛けるのは、今日では多くの法学者が行っていることだが、これは危険な退行への道を開くことである。というのも、ノルベルト・エリアスが記しているように、「古典的な自然科学の物まねをするという思想の怠慢は、前科学的・神話的・魔術的な思想という都合のよい避難所に、自分から逃げ込もうとする人間の傾向を促してしまいかねない」[133]からだ。〈科学〉以外のすべての法から解放される「輝かしい未来」への信は、ここ二世紀にわたって、〈人間〉の否認の温床であり続けてきた。今日でもこの信は、かつてない怪物性の産みの親であり続けている。恐怖は反復するのではなく、刷新されるので、記憶というマジノ線〔仏陸軍相マジノが第二次大戦前に建造を命じたドイツ国境の要塞〕もその回帰を防ぐには不十分だ。〈法権利〉という紐をしっかりと張っておかなければならない。それなしでは人間も社会も立っていることができないのだ。

第二章
法の帝国——厳たる法、されど法（dura lex, sed lex）

あらゆる掟の中でも、〈法〉を学ぶことの義務に比肩しうる掟を見出すことは不可能であろうが、この義務の重要さはそれだけで他のすべての掟に匹敵するのである。

モーセス・マイモニデス（『知の書』）

見た目に騙されるのはたいがいにしておきなさい。根底にあるのはすべて法なのだから。

ライナー・マリア・リルケ（『若き詩人への手紙』）

法（lois）の世界は〈法権利（Droit）〉の世界よりもはるかに広い。西洋は〈法権利〉という方法によって、人間たちの前に立ちはだかる諸規則を秩序づけているのである。〈法権利〉はイウス（ius）の後継者であり、この言葉は正義（justice）を説明するための諸々の定式を意味していた。[1] しかし方向（directum）という理念の上に建てられたので、正義の理念には、ラテン語の regula（定規）や norma（直角定規）の中にすでに存在した、行動指針という理念が加わることになった。定規、直角定規、直線や直角。〈法権利〉によって正義は、決疑論であるよりも、幾何学的な図面の問題となったのだ。正義の源をなすのは審判よりも土地測量である。『学説彙纂』の著名な定式にあるように、問題となるのは結局のところ、各自に自らのものを割り当てる（suum cuique tribuere）ことであるのに変わりはないにしても。ちなみにこの〈法権利〉という語が、規範的な建造物という客観的な意味においては、コモン・ローの地では正確な同意語を持たないのもこのためである。〈法権利〉はロー（Law）と訳されているが、英国や米国において〈法権利〉の第一の源泉をなすのは、前例であって法規ではなく、判事が裁いた判例であって、国家が引いた道ではないのだ。とりわけ大陸における法（legge, ley, Gesetz）がそうであるように、ローの理念には、人間の意のままにはまったくならない諸規則が含まれている。すなわちモーセの法やイスラームの法、ケプラーやニュートンの法則、熱力学の法則や万有引力の法則。宗教的な意味を第一義として持つレックス（lex）によって説明されるのは、常に命令であり、人間たちの前に立ちはだかる力である。だがそれは人間的な力と同じように、物理的な力や形而上学的な力としても理解されうるのだ。〈法権利〉の理念が法学的思考に固有のものであり、法学者が自分の得意とする諸規則のシステムの中に閉じこもるのを可能にするものであるのに対して、〈法〉の理念は宗教の問題や科学の問題でもあるので、西洋的思考を構造化している様々な規範性の領域を掌握することを可能にしてくれる。このように法という用語で思考するのは、自明のことでもなければ、普遍的なことでもないのである。そのことが理解できれば、西洋のダイナミズムと呼ばれるものに対して、別の視点を向けることができるようにもなる。[2]

ある一つの考え方の様々な化身

マルセル・グラネは、中国思想についての自らの大著を締めくくるにあたって、この思想について自分が理解したことをどう要約したらよいのかと自問する。その答えはこうだった。「中国人はあらゆる束縛を、単に教条《ドグマ》的なものであったとしても、積極的には受け入れないのだという事実を強調しつつ、中国人の習俗の精髄を、次のような表現によって特徴づけるにとどめておきたい。神もなく、法もなく[3]」。グラネの言葉をそのまま借りれば、「知られている文明の中でも、もっとも重厚で、もっとも持続的な文明を位置づける[4]」ことを目指したこのような表現は、私たち自身の思考の仕方を位置づけることをも、同時に可能にしてくれる。

この表現が言わんとしているのは、中国の思考が法の理念をまったく知らなかったということではなく、西洋世界におけるような中心的な位置を、それが占めなかったということである。司法的な側面に限って言えば、中華帝国が行政法を持っていたことは確かであるし[5]、刑法も持ち合わせていた。だが西洋の文明理念を基礎づけたような、民法の理念を知ることはなかったのである。儒教の伝統によれば、「文明化した」人間は、礼儀作法のすべて（「儀式」）を自らの中に身につけているので、法を必要としない。法はこの礼儀作法に達することのできない野蛮人にとってのみ良きものなのである。このため法はもっとも粗野で乱暴な形で行使される。つまりは刑法という形である[6]。確かに帝国の成立に続く混乱の中では、この「人による統治」（実際には庶民たちが官吏たちの独断に委ねられた）を告発し、「法による統治」を推進するための思想流派も存在した。この「法家」という学派について私たちが知ることができているのは、とりわけレオン・ヴァンデルメールシュの著作のおかげである[7]。

だがありあわせのものしか持ち合わせていなかった彼ら法学者たちは、まさしく刑法を社会生活のすべての面にまで適用しようとしたのである。彼らの政治的な勝利が最初の帝国の誕生を導き、それに伴って儒家たちが弾圧された（紀元前二一三年には焚書坑儒が行われた）。だがその勝利は長続きしなかった。彼らの主張は秦王朝の転覆後ただちに放棄され（紀元前二〇六年）、その横暴さと過激さとが記憶されることになる。

法家たちは法文を鉄鍋に刻み込み、違反者は煮えたぎるその鍋に投げ入れられたという。法家たちはこの方法によって法の告知を確かなものにしようと目論んでいた。つまり法の内容と処罰とが誰にでもただちに理解できるのだ。カフカが『流刑地にて』において想像した機械が依拠しているのは、ちょうどこれと反対の原理である。この機械は犯された法の晦渋な文言を受刑者の肉に刻み込み、法の意味するところは、この方法によってのみ、瀕死の悶絶の中で受刑者に明らかにされるのだ。[8] カフカのテキストとは〈法〉に似た何かであり、〈法〉を語るそれらのテキストは、自らもまた無限の解釈の作業に身を委ねている。ここでは三つの指摘にとどめておこう。(a)法が謎であるというのは、西洋に典型的な考え方であり、この考えが法家の法学者たちの頭にかすめることはなかっただろう（法家の古典の一つである商君書によれば、「民を統治するのは容易である、なぜなら民は愚かだからだ。法が民の必要を満たしてくれる。法は明解にして理解が容易であり、間違いなく機能するだろう」）。[9] (b)人体は〈法〉が書き込まれるのにきわめて適した場所であるというのは、ユダヤ的伝統とキリスト教的伝統との分岐点の一つである（割礼の命令についての議論と合わせて）。[10] (c)刑罰によって実現される法の受肉が〈啓示〉の場であるというのは、西洋的精神を魅了してやまないものであり、たとえばジョルジユ・バタイユ[11]やミシェル・フーコー[12]においてそれを確認することができる。

いずれにせよ中国思想の歴史においては、法家たちの中にすら、諸個人の権利を庇護する法という概念の痕跡を見出すことはできない[13]（法的な意味での奴隷制の痕跡もまた見出されないが、それはおそらくこのことと関係している）。東洋思想と西洋思想との間のこの根本的な差異はどのように説明することができるのだろうか。オドリクールを熟読すべきなのはここである。民俗学者にして植物学者、技術工学者にして東洋学者であるアンドレ・オドリクールが、その著作の中で一貫して述べているのは、「人間の行動や、その人間が読み解く社会史を説明するにあたって、人間と自然との関係は、頭蓋骨の形や肌の色よりもはるかに重要だ[14]」ということである。一九六二年に刊行された論文において、彼はこれら人間と自然との諸関係の類型学を提案した[15]。すなわち一方にあるのは、創世記におけるカインの姿に代表される、庭師という類型である。他方にあるのは、アベルによって代表される、牧者という類型である。社会はこれら二つの類型を組み合わせることができ、実際にしばしば組み合わせているが、これら二つの自然との関係の仕方のうち、どちらが支配的であるかによって社会は特徴づけられる。地中海沿岸の牧畜社会を支配しているのは、動物の飼いならしであるのに対し（ヤハウェはカインによる野菜の捧げ物よりも、アベルの焼いた肉の香りを好んだと言われる。『創世記』四・三以下）、アジアの諸社会においては、生存をとりわけ左右するのは米もしくはヤマイモの栽培である。植物の栽培の前提となるのは、植物に対する間接的で消極的な行動の行使である。植物を生やすには銃を向けるのではなく、成長に必要な諸条件を整えなければならない（光、湿度、土の性質など）。言い換えれば、自然を拘束するよりも、自然と寄り添うのである。牧畜を特徴づける拘束の行使は、これと正反対である。鞭や囲い、犬やロープが必要になるのだ。この支配的な方法は、それぞれの文化において、もう一方の劣勢な極にも影響を及ぼす。このため西洋では自然の飼いならしという考え方が、植物との関係にも波及している（たとえばフランス風庭園や、より憂慮されるものとしては、国立農学研究院の手による野菜の規格化の実施である）。そして中国では、自然との調和の追求が、動物との関係にも波及している。中国では「牛の呼吸と血は人間と同じであり、牛の感情に見習わなければならない[16]」と述べられているのに対して、アリストテレスにとっては、「人間と牛との間に友情や正義が成立しないのは、主人と奴隷の間におけるのと同じである[17]」。

このアリストテレスからの引用が示唆するように、ある社会における自然と人間との関係は、人間に対して行使される権力についても、人間が抱くイメージにも影響を及ぼす。舵（gouvernail）のイメージから政府（gouvernement）という理念が作られるためには、船乗りと漁師が必要だった。そして西洋の宗教的・政治的なテーマ系における、牧畜という主題の成功は知られている（牧師[18]や過ぎ越しの子羊、信者たちの群れというイメージ。牧杖や笏の記章）。そこにおいて権力は命令の行使すなわちインペリウム（imperium）と一致する。決断者や人々の導き手が、そこでは崇められる（かつても今も）。儒教的伝統においては逆に、政治権力とは、各人に自らの特性を発揮させる調和の保証人である。ならば美徳の溢れる者がそれを所持するのはもっともなことである。「わが身が正しければ、命令しなくとも行われるが、わが身が正しくなければ、命令したところで従われない[19]」。西洋で法による統治という理念が興隆したのに対して、アジアでは人による統治が好まれたのはなぜなのかが理解できる。

自らの権利を強調するために法を引き合いに出し、判事に訴える者に対して、中国人や日本人が深い嫌悪を覚えるのはなぜなのかが、一七世紀の中華帝国を支配した康熙帝の明解な言葉によって説明されている。「人々が法廷に出廷するのを恐れなくなり、人々がそこで簡単に手に入る完璧な正義を見出すことができるのを確信したとすれば、訴訟の数は恐ろしいほどに増えてしまうだろう。人間とは自分にとって何が善なのかについて幻想を抱きがちであるので、異議申立ては収拾がつかなくなり、我が帝国の臣民の半数をもってしても、もう半数の紛争を解決するには不足してしまうだろう。だからこそ法廷に訴える者たちはいささかの慈悲もなく扱われるのが望ましい。彼らが法を毛嫌いし、司法官の前に出頭すると考えただけで身震いするほどまでに」[20]。これに対して、良き牧者とは羊たちを自らの法に従わせる者である。キリスト教ヨーロッパにおいては、（天上、自然もしくは社会の）秩序という理念が、（神的、科学的もしくは人的な）法の理念に行き着くのは自然なことだった。法という用語で思考することは、西洋では法学者の専有物ではなかったのである。

このことを理解するには、モンテスキューが『法の精神』の冒頭に掲げた有名な定義から出発すればよい。「法とは、そのもっとも広い意味においては、事物の本性に由来する必然的な諸関係である。この意味では、ありとあらゆる存在はその法を持っている」[21]。さらに続けて、神はその法を持ち、物質界や動物界はその法を持ち、人間はその法を持つ。これら三つの種類の法には、「必然的な関係」という共通の理念が備わっている。言い換えれば、法とはここでは普遍的な原理としての因果性の原理のことであり、この原理には超越性（神）、内在性（物理的・生物学的自然）や人間が含まれている。モンテスキューに倣って法を因果性の原理として理解すれば、以下のような結論に行き着くことになる。「法とは、一般的には、それが地上のありとあらゆる人民を支配するかぎりにおいて、人間理性である」[22]。

このような発想による法の捉え方は、西洋思想にきわめて特徴的なものであり、今日に至るまで大きな影響をもたらし続けている。というのもこの発想によれば、（人間的な法としての）〈法権利〉の領域は、普遍的な因果性という理念を中心にまとまった一つの集合の中に収まっているのであり、神の法や科学の法則も、この集合の中に含まれている。なるほど今日ではこのようなやり方で「科学と〈法権利〉」の関係を扱うのが一般的ではないのは確かである[23]。この関係はむしろ、とりわけ生物学の分野における、ある種の科学的な発見の利用を制限できるような、法的あるいは道徳的（倫理的？）[24]限界という観点から捉えられている。結果として「法制化すべきか否か」というジレンマに突き当たることになる。つまりそこでは（司法的な）法とは、良識なき科学が掻き立てる不安に対する可能な応答のことである[25]。これに対し、〈法権利〉と科学とに共通の問題を、法の中に見出すならば、両者の関係の問題を、その宗教的根源にまで遡って捉えることが可能になるだろう[26]。

この観点から問題を提起した科学史家が少なくとも一人――しかも偉大な一人が――いる。その科学史家とはジョゼフ・ニーダムなので、私たちは中国に導かれることになる。ニーダムが問うのは、一六世紀までは知識や技術があらゆる点においてヨーロッパのそれを凌駕していた中国が、なぜ近代科学への転換を成し遂げることができなかったのか、である。この問いに対して彼の与えた主たる解答の一つは、ヨーロッパの科学の土台である法という理念が、中国の思想には欠けていたというものだった[27]。人間の法へと接続されるような自然の法という理念の起源は古い。この理念はおそらく、ハンムラビ法典の時代に、太陽神マードックを星辰の立法者として思い描いていた、バビロニア人に起源を持っている。マードックは「星の神々に対して法を課し、彼らに境界を定める者」であり、また彼らに「秩序」を与え、彼らのために「法令」を公布することによって、彼らの軌道を保つ者である[28]。このイメージはヘブライの伝統にも見出され、神的な立法者という概念がユダヤ教においてや、それを経由したキリスト教思想において、いかに重要であるのかは、周知のとおりである。「神は自らの法令を海に対して与え、水が神の秩序を超えないよう定める」[29]。自然法の概念自体はローマ法に由来しており、法律家たちは既知のあらゆる民族の慣習の共通分母を、万民法（ius gentium）の背後に見出そうと努力していた。だがストア派の影響を受けて、この自然法（ius naturale）は人間と自然を包括するようになった。たとえば『学説彙纂』の第一パラグラフによれば（表現はウルピアーヌスによる）、「自然法とはあらゆる動物が自然から学ぶものである。この法は人類に固有のものではなく、地上や海中に生み出されたすべての動物、そして空中の鳥たちにも共通のものである。われわれが結婚と呼ぶ男女の連合と、そこから導かれる生殖と子供の教育はこれに由来する。動物全般は、きわめて野蛮な獣ですら、この法を認識していることが見出されるのである」[30]。この自然法の理念は中世ヨーロッパにおいても、誰もが従うべき神の法に含まれるものとして再び出現する。たとえばニーダムが伝えているのは、一四七四年にバーゼルで、卵を産んだという「残忍にして自然に反する罪」で、雄鶏が焼き殺された[31]。

今日ならばこの雄鶏は、遺伝学の法則に違反したことを罰される代わりに、それを理解しようとする生物学者の手に委ねられることだろう。なぜなら近代科学への転換は、知識人が自ら神の法の番人をもって任じる代わりに、不変の法則を解読することを目指すようになったときに生じたものだからだ。「神が自然の中に打ち立てた法則」(これはデカルトの表現である)の存在という仮説があったからこそ、これらの法則を発見したり、それが数学的に表現されたりするということが信憑性を持ちえたのである。神はラテン語を話すのをやめて、数字を語り始めたのだ。ニーダムは次のように述べる。「ヨーロッパにおいて、実定法が自然科学の発展に貢献したのは、その正確な定式化があったからであり、それが地上の立法者に天上の立法者が対応するという観念を助長し、天上の立法者の令状が、物質的なものが存在するあらゆるところに通用したからであった。自然の合理的な明白さを信じるために、ヨーロッパ精神は、その明白さをあらしめた合理的な至高の存在を前提としなければならなかった（あるいはそう前提することが非常に便利だと気づいた）［…］。それを中国の思想の中に発見することはできない。今日でさえ自然法則の中国語訳は、ツー・ラン・ファー、すなわち「自然法」（自然に生じた法）であり、この言いまわしは古代道家の人格神の否定を、断固として保持しており、ほとんど名辞の矛盾と言えよう[33]」。

このような人間の法と科学の法とに共通の宗教的な根源は、認識論的観点以上に、歴史的観点からも明らかである。自然法が科学的な価値を持つようになったのは段階的なことにすぎず、教会と国家、精神的権力と現世的権力との区別（および分節）が生じるに従ってのことである。ニーダムがこの断絶を位置づけているのは、政治秩序内において、中央集権化した王権が封建制に打ち勝った時点である。デカルトの執筆はボダンが主権論を展開した四〇年後であり[34]、また自然法の理念がスピノザやボイル、ニュートンにおいて花咲いたのは、絶対王政の絶頂期である[35]。

だが君主制国家の理論自体が、一一〜一二世紀のグレゴリウスの革命に何を負っているのかは、すべて周知のことである。グレゴリウスの革命は、宗教権力と世俗権力を分離すると同時に、教会を中央集権的な国家のモデルとして制定したのである。[36] この「解釈者革命」[37]が、グラティアヌスが[38]、ボローニャ（ヨーロッパの大学発祥の地）の法学者たちの学派があったからこそ、諸々の法は、テキストの体系に書き加えられることにより、因果性の原理に連なることができたのである。アベラールのような人物の思想もまたそこに依拠している。彼は自然的原因と奇跡的原因とを区別し、伝統の権威に対して理性の権力の側に信を置いた。[39] こうして西洋思想は具体的で単独的な原因（causa proxima〔近因〕、remota〔間接原因〕、efficiens〔作用因〕など）[40]に別れを告げ、代数学をもっとも進んだモデルとする、形式的な因果性の関係に傾倒するようになった。

　他方で国家と科学が宗教的な準拠から完全に解放され、グロティウスによって、すなわち神の不在を仮定した法学者によってその当時に表明された「不敬な仮説」が実体を持つためには、フランス革命と一九世紀の転換期を待たなければならなかった。[41] 科学にとってはこれは、神について「私はこの仮説を必要としない」と述べたラプラスによって、少し後になされることになるだろう。自然法はそれだけで十分なものとなり、私たちの無知というヴェールを取り払うために、神的な立法者にお伺いを立てる必要はなくなったのだ。科学的な発見は、神の啓示に完全に取って代わることができるのである。

　つまり宗教・人間・自然という様々な面の混乱が、唯一の〈法〉のもとに解消し、国家と科学とが、今日この語に与えられているような意味に確定するまでには、一二世紀から一九世紀に至る、七世紀が必要だったのだ。だがこの混乱は今日になって別の形で再び生じつつあるのではないかと自問することもできそうだ。

法の人間的な統御

現在の状況に立ち入るために理解しなければならないのは、この世俗化の両義性であり、ルネサンスの彫刻が大聖堂から引き剝がされて広場や公園に並べられるのと同じような、法の〔もとの容器からの〕取り外しである。[42] 美術史はこれを明らかにするのにはまさにもってこいである。美術史は法制史や科学史と並行する流れをたどっているのだ。遠近法の発見による、絵画における空間の数学化は、科学の分野でケプラーの法則が成し遂げたそれに先立ってすらいた。古代オリエント、古典古代や中世において、遠近法が多かれ少なかれ忌避されていたのは、「それが主観外的あるいは超主観的な世界に、個人主義的ないし偶然的な契機をもちこむように思われたからである」[43]。このことは特に宗教芸術について言えることである。来世のイメージが個的な観点に従属するわけにはいかなかった。個的な観点はむしろ超越すべき対象であったからだ。[44] これに対して遠近法においては、イメージは厳密に唯一の主体の観点を中心に秩序づけられている。ここから遠近法のヴィジョンの両義性が生じているのは、パノフスキーが鮮やかに分析してみせたとおりである。「遠近法の歴史は、距離と客観性によって構成された現実的感覚の勝利だとも、距離を否定する人間の権力志向の勝利だともみなすことができる。外界の体系化と安定化であると同時に、〈自我〉の領域の拡張だともみなすことができる」[45]。

ここでパノフスキーが遠近法の発明について述べていることは、形而上学的な準拠から完全に切り離された人間の法と科学の法の発明についても言えるだろう。一方で、これらの法は確かに「外界の体系化と安定化」をもたらす。人間同士の関係、および人間と自然との関係は、これらの法によって客観性の帝国の支配下に置かれるのだ。一般的にして抽象的な規則として構想された人間の法は、その生きた源泉たる法治国家を含めて、あらゆる者に平等に立ちはだかるし、科学の法はといえば、私たちの世界との関係を因果性原理に従わせて、奇跡や神の介入をそこから除外する[46]。これらの法の力は非常に強いために、それらの法は一つの論理体の要素をなしており、その論理体によってそれぞれの法が互いに結び合わされているのだと理解されるほどである。だが他方でこれらの法は「〈自我〉の領域の拡大」をもたらす。というのもこの論理体の中心（頭？）は〈理性〉のうちに、すなわち人間の脳の中にあるからだ（画家の視点に対応するのが、科学理論におけるデカルト的コギト、あるいは国家理論における立法者の至高意思である）。中世人が神の全能性に従属するだけの立場だったのに対して、近代人は自らを世界の知的中心と考えることができるようになる[47]。法学者たる国家によって[48]、近代人は人間社会の秩序を自ら基礎づける。科学法則の発見によって、近代人は自然を自らに従わせる方法を見出す。そもそもこれら二つの側面は、啓蒙の時代からすでに密接に結びついていたのであり、その時代には物理的・数学的な科学の方法を用いながら、法権利を人間の性質に基づかせようという試みが培われていた[49]。現代思想における法の位置を定めたいのであれば、これら二つの側面のそれぞれがどこに行き着いたのかを、正確に確かめなければならない。

法によって現実的感覚が勝利を遂げるにつれて、徐々に法は人間理性の手には負えないものとなり、他の諸概念（パラダイム、モデル、理念型、構造、市場、場、システム、慣習、等々）に取って代わられ、それぞれが理性の代用品を作り出している。一九世紀にはまだ、自然科学の秩序の中で、知識人たちは国際会議に集って、諸々の論点について、何が科学的な法なのかを決定していた。[50] 今日では法の理念（たとえばニュートンの法則）が認められるのは、限られた有効性の限界内だけのことである。物理学者たちは、ハイゼンベルクの不確定性原理とともに、無限小の近くには法の手前が存在することを認めている。それは法の理念を通して私たちが理解しているような因果性原理に連なることが許されないような何かである。人文学の側では、フロイトによる無意識の発見が、人間のうちに不明瞭な部分があるのを認めるのに導いたと思われる。この不明瞭な部分は言語として機能するが、論理的な決定からは免れている。最後に制度的秩序においては、法学者たる国家と法がまだ踏ん張って互いを支えあっているが、それらがまっすぐに立っているとは言いがたい。新たな封建制の諸形態に取り込まれた国家は、安定的で一般的かつ抽象的な法を通して、複雑性とは無縁の世界を掌握することをあきらめたようである。法は有効期限の限られた規則となるか、あるいは市場や慣習の前に姿を消している。[51]

このように人々を現実原則に従わせることにより、法はかつての聖パウロやルターにおいての約束を、今も守っている。つまり人間に自らの非力を認めさせ、自分自身に絶望することを学ばせるということである。[52] カフカの語った寓話のように、人間は自らの前で法の扉が開くことをあてどなく待ちながら人生をやり過ごし、門番のひげから飛び跳ねる蚤の数を数える。[53] 彼がこの門を打ち破り、法を解読するに至ったとしても、その先には越えるのが千倍も難しい千の門が見出されるだろう。デューラーの《メレンコリアI》は、近代の黎明期において、世界の複雑さを捉えることのできない理性の無力や、思考が神の法の上で安らぐことのできた、もはや覆されてしまった時代に対するノスタルジーを、すでに語っていた。[54]

だが宗教的な根源から切り離された法は、「あらゆる距離を否定するような、人間に宿る権力欲[55]」を解き放ちもした。神の法の場所が空席になったので、人間は自分がその場を占めて、あらゆる法を定礎する言説を自ら唱えようとするのを抑えきれなかった。このような言説が繁栄しうるとすれば、それは自然科学にも比しうるような正統性を獲得したときだけである。それはつまりこの科学の手法を、人間や社会の学に当てはめるということである。この点でもっとも明解なのがオーギュスト・コントであった。人間的な議論から法を取り去るというのは、超自然的な源泉の消滅だけがなしうることだったが、コントによればこの消滅によって、自然についての研究が明るみに出す法にのみ場所が残された。[56] ここから彼が社会学と名づけた新たな科学が定礎され、[57] そして諸々の人間社会の歴史的発展の鍵を握り、〈法権利〉なき社会の到来の予測を可能とする「三態の法」が発見された。オーギュスト・コントの希望によれば、サン＝シモン（コントは彼の弟子だった）が言うような、人の統治から事物の管理への転換が可能となるだろう。科学的・技術的な規範が人間的法に完全に取って代わるのだという確信は、マルクス主義的な法学批判の中にも見出すことができる。[58] 同時代の様々な不正義に直面していたサン＝シモンやコント、マルクスは、神性を打ち倒してしまった人類が、科学の法のうちに国家権力から自由になる方法を見出すことで、解放されるのを夢見ていた。

法の三元性（神、自然、人間）は、啓蒙の時代になって、自然の法と人間の法という二元性に置きかえられた。この二つは理性の庇護のもとに一つにまとめられている。黎明期の社会科学は、この二元性自体の縮減を望んで、科学による立法的主権を打ち立てるとともに、神学（社会科学はこれを大学の中に置くことを願った[59]）と法学を用済みにすることを目指した。科学的な次元について言えば、このような企図は失敗せざるをえなかった。というのも（すでに述べたように）自らの思想を法の探求に従属させれば、自らの知力の限界を自覚することを強いられるからだ。社会科学がかってないほどの知識の総量を貯め込めば貯め込むほど、自らが発見したものの複雑性によって、人間の運命を最終審級において決定するような鉄則（歴史の法、経済の法、社会の法など）という言明のおこがましさを突きつけられることになるだろう。

これに対してイデオロギーや政治の次元では、このような企図は見事な成功をおさめることになった。この企図は人間に宿る権力欲を、まさしく無限の地平へと開くものであったからである。言い換えれば、それは狂気の扉を開いたのだ。二〇世紀を特徴づけた全体主義的システムは、社会の科学的な統御という企図の錯乱地点がどこに位置するのかを、正確に見せてくれる。これらのシステムが様々な宗教に類似していたという点は、数多く認められるものの、この錯乱地点はそこには位置していない。確かに自らが神の法の手先であると信じる者と、自らが歴史の法（それによればもっとも進歩的な階級のみが生き残る）や自然の法（それによればもっとも適応した者のみが生き残る）の手先であると信じる者の間には、相応関係以上のものがある。そして一方の法と他方の法の名のもとになされた虐殺の数の比較は、互いに区別できるような性質のものではない。なぜなら差異は別のところにあるからだ。神の法（聖典を持つ宗教における）や、今日であれば共和国の法は、常に主体としての人間に語りかける。法は人間に同一性を授け、同時に彼の自由や責任を設定する（たとえそれが法に背く自由、つまり処罰を受ける自由であるにしても）。これに対して科学の法は人間を客体として捉える。人間は誰であるのか、何をするのかが、客観的な態度で伝えられることにより、人間は説明されるのであり、人間の責任はもちろん問われない。科学の法には無罪も有罪もない。ただ原因から結果までの連鎖のみが、科学の法の知るところである。スペインの神学者スアレスが一六世紀に早くも、「理性を欠いたものごとには[60]」比喩を用いてしか法を語れないと述べていたのは、この意味においてである。科学の上に社会の法を打ち立てようとするのなら、人間を主体として、理性ある存在としてではなく、客体として、磁場の粒子や家畜として、「理性を欠いた事物」として捉える必要がある[61]。ヒトラーは自分自身についてこう述べることができた。「私はドイツ国民の上を絶えず動き回って鋼鉄を引きつける磁石にほかならない[62]」。物理の法則との類推は立ち止まってみるに値する。ヒトラーは自らと切り離された〈法〉の名のもとに行動しようとしているのではなく、それを直接的に受肉した、能動的な客体であろうとしている。彼はさらにこう記す。「あまたの惑星や太陽のごとき恒星が円環軌道を描き、月のごとき小惑星が惑星のまわりを旋回し、力がいたるところで唯一の支配者として弱者の上に君臨し、弱者に恭順なる奉仕を強いる、もしくは弱者を粉砕する、といったこの世界にあって、人間はおのれ一人が特別な法則に属しうると考えることはできない[63]」。第三帝国の言語とは、「人的資源」

という概念のような、人間の世界を事物の世界に重ね合わせる概念のるつぼである。[64]〈科学〉の名のもとになされる、法主体の排除こそが錯乱地点であり、全体主義的思想はそこに根を張っているのだ。[65]

同一性の保証人としての法や、人格の諸権利を否定することが、全体主義のわかりやすい特徴だとすれば、それは全体主義がさらに高みにある法の手先たらんとしているからである。その法とは科学的で超人間的な法であり、この法は国家と実定法をお役御免にする。ナチズムも共産主義も、国家を党に仕える単なる操り人形としてしか捉えておらず、表向きの政府は、権力の行使が実際になされている場所を隠すためのものである。ヒトラーによれば、「国家はまさしく内容ではなく、形式である」[66]。実定法からも実質が抜き取られて、名前だけが残された。「われわれ人民の生やわれわれの法制度は、遺伝学の定めるところにしたがって形作られる」[67]。ヒトラーユーゲントのマニュアルはこう断言している。ヒトラーが繰り返し述べていたのは、「国家がわれわれに命令するのではなく、われわれが国家に命令するのだ」[68]ということ、そして「国家とは目的のための手段でしかない。その目的とは種の保存だ」[69]ということである。ナチスが推進した絶滅政策は、ただ単に種の戦いの名のもとに何百万もの女性たち、男性たち、子供たちを抹殺しただけにとどまらない。この政策は法主体たちを作り出していた様々な法的外皮を取り除くものでもあったのだ。すなわち主体たちからは十全な民事能力が取り払われ、職業的身分が剝奪され（ただ単に職業を奪われるだけでなく）、さらには世襲財産（ただ単に財産だけでなく）、国籍（無国籍者にすることにより）、名前（番号にすることにより）が剝奪される。これはつまり命を奪う前に人間存在としての資格を否定するということである。死刑執行人たち自身も人種の法の名のもとに行動するのではなく、この法を受肉しており、法と執行人たちとの距離は、やはり完全に消し去られていた。彼らは自らのことを上位の力によって動かされた歯車として自覚するように導かれており、また責任感や罪責感は捨て去ることが求められていた[70]。

　つまり科学的を装った諸々の法（最適種の生存という「生物学的」な法や、歴史の「主導的」階級による支配という「歴史学的」な法）に、政治的に依拠することには、実定法の人類学的な機能の処分が伴うのだ。実定法が果たす役割とは、ハンナ・アーレントが以下に記すように、「柵を立てて人間たちのコミュニケーションの通路を整備することである。人間たちの共同体は、そこで生まれる新たな人間によって絶えず脅かされている。新たな誕生ごとに、世界には新たな始まりが訪れ、新たな世界が潜在的に存在を始める。法の安定性は、人間の事柄すべてを苛む絶え間なき運動に応えるものである。人が生まれそして死ぬ限り、この運動は決して止むことがない。法は新たな始まりすべてを柵で囲むとともに、運動の自由を保証し、予想もできなかったまったく新しい何かが到来する可能性を約束する。政治的な人間存在にとっての実定法の柵とは、歴史的な人間存在にとっての記憶のようなものである。つまりそれは共通の世界があらかじめ存在することを保証してくれるのだ。こうして保証される、ある程度の連続性のリアリティは、各世代の個的な生の持続を超越し、新たな始まりのすべてを吸収して、そこから養分を得るのである」[71]。法の人類学的な機能を語ることにより、〈正しさ〉についての際限のない論争から外に出て、すべての新たな世代に「すでにそこにあるもの」を保証することの必要性に光を当てることができるようになる。つまりアーレントがここで「各世代の個的な生の持続を超越する、共通の世界があらかじめ存在すること」と述べているものの必要性である。このような必要は象徴的動物としての人間存在に固有のものである。他の動物たちとは異なり、人間存在は言語というフィルターを通して世界を知覚し、組織する。法あるいは西洋的な司法の建造物だけがこの人類学的な機能を保証する方法だという意味ではない。西洋的な方法はそれだったが、ほかにもあるのであり、筆頭にあげられる中国の方法は、法ではなく縁に、規則ではなく儀礼に拠り所を求めるのだ。

ここでハンナ・アーレントを長々と引くのは、ナチスによって遂行されたユダヤ人虐殺が、「私たちの時代の基本的な経験と基本的な悲惨」であったこと、そしてこの基盤からこそ「新しい人間学」を築き上げようとしなければならないこと、さらにはこの歴史が「何らかの特定の政治目的に仕える議論[72]」を提供するものではないことを、思い起こすための一つのやり方である。これらの教訓はなおざりにされてしまっていたようだ。一方で実定法の人類学的な機能は、法学者たちの間ですら否定されている[73]。他方で倫理は相変わらず引き合いに出され続けているが（生命倫理や企業倫理などの様々なアレンジも生まれている）、ヒトラーが一九三三年にドイツの法学者たちに与えた以下の訓示が、知らぬ間に順守されることになっているのである。「全体的国家には法と道徳の区別があってはならぬ[74]」。「ミラー効果」が支配して、おそらく善良な全体主義の告発者たちが、自らの告発しているものと同じように振る舞ってしまっている。というのもナチス（あるいは今日のその亜流たち）が私たちとは違う人間だと考えることは、すでに彼らと同じように考えていることになるのだ。焚書の愛好家たちの著作を燃やすことは、その愛好家の仲間を増やすだけである。刑法に公式の〈真理〉を書き込むことは、歴史的な真理の力に信を置かないということである[75]。一言で言えば、「全体主義の遺産が、今や私たちの社会慣行に染み渡っている[76]」。

法により説明される人間

法という理念が私たちの考え方に浸透し続けているのだとすれば、今日ではそれはどのような形で現れているのであろうか。一見すると確認すべきなのは法の衰退であるように見える。これは実定法の専門家たちが一般的に下している診断である。法のインフレーション、その揮発性、複雑になりすぎた世界を捉える能力の欠如、これらすべてが法からその威光と価値を失わせている。法の市場で価値を上げているのは、契約であろう。科学全般、とりわけ社会科学においても同様に、物事の秩序をいくつかの根本的な法――三態の法のような――で要約することは断念されてしまっているようだ。この観点からすれば、聖パウロやルターが考えたような〈法〉が、役目をまっとうしたということになる。つまり法が私たちの手の届かないところにあるということを、説得する役目である（これは法の良い側面である）。したがって私たちは、宇宙全体を統率する法を発見したと信じてそれに私たちを従わせようとする狂った学者からは、自由になっていると考えてよい。マブゼ博士が人気なのはもはやシネクラブだけであり、私たちの悪夢を染め上げているのはむしろ、人間のコントロールから完全に脱してしまった科学や技術に対する恐怖である。もちろん私たちの身の回りでも、法をめぐる血なまぐさい闘争という枠組みの中で、殺人や殺戮がなされている。神の〈法〉に対する国家の法、あるいは神の〈法〉同士の闘争である。これらの出来事は私たちを動揺させうる（そうあるべきだろう）が、教会と国家との分離のおかげでローマ＝カノン法的世界はこのような殺戮的な逸脱から免れていると、私たちは考えがちである。つまり法に対して私たちは懐疑的になっているということだろう。

　こうした懐疑主義の確認は、結果から原因への線的な連なりとして理解された、法の粗野な定義で満足している限りは信憑性がある。だが少なくとも法制史に関して言えば、このような定義からの脱却は一二世紀にはすでに芽生えていた。解釈者革命は単に法を因果性原理として考えることを促しただけでなく、法の総体を諸々のテキストの体系の中に加えもした。Corpus Juris〔法のコーパス〕という概念はユスティニアヌスの集成には不在であり、中世人たちによって導入されたものである。いかなる法もそれだけでは十全ではなく、法は自らを越える総体に関係づけられなければ意味も価値もないという理念がこうして生まれた。つまり法の相対性という概念はすでに存在したのであり、それは諸規則の体系、法の論理的な母体という概念も同様である。法はおそらくこのような形で、今日でも西洋的精神に対して自らの支配を及ぼしているのである。私たちは世界を線的な因果関係によって説明することはあきらめたが、世界を諸規則の体系に連れ戻すことは可能だと考えている。私たちは法の相対性を認めているが、それはまず何より法が互いに相対的であり、したがって法がその中に収められている秩序を理論化することも可能であるはずだと述べるためである。また近代の夜明けとともに法の研究からは原因の研究が影を潜め、今日では「諸秩序の中の秩序[77]」の研究、個別の法を統制する最終的な法の研究が前景を占めている。

ムージルが記すように、「現代の研究はただの科学にとどまらず魔術でもあり、神が次々とそのマントの襞を開いてみせる、精神力と脳の力の儀式なのだ。それは宗教であり、その教義は、厳しく勇敢で、融通無礙で、ナイフのように冷ややかで鋭い数学の論理によって貫かれ、支えられているのである」[78]。このような探求はスーフィズムの指導者のそれを思わせるものがある。後者にとって、あらゆる物事を説明する第一の〈原理〉とは、「〈法〉の彼方に隠れたまま魅惑を放ち、それを探すものだけに姿を見せる」[79]。謎解きの魅力にすら先立って[80]、科学的探求の最大の心理的な活力は、神秘的な次元にある。「論証的なものや感覚的なもの、さらには自分自身を超えて、至高の〈現実〉の直接的な認識にたどり着くこと」[81]。偉大な学者はみな、すべてが明らかになる場所にたどり着くことを、秘密裏に渇望している。西洋で科学的探求が「天職（vocation）」すなわち信仰の職業的な実践として理解され続けているのはこのためである。マックス・ヴェーバーはこれについて以下のように述べることができた。「自然科学［…］は、自らが到達しうるかぎりの最後の宇宙の諸法則が当然知るに値するものであることを前提とする。そうした知見が何らかの技術的な帰結をもたらしてくれるからだけでなく、それらの知見「それ自体」に価値があり、だからこそそれはまさしく一つの「天職」を表しているのだ。ところがこの前提を証明することは誰にもできないだろう。ましてや科学が記述する世界が存在するに値し、それには「意味」があり、そこで暮らすことが馬鹿げてはいないと証明することなど、なおさらできまい[82]」。宗教的な天職の危機と同じように、今日において嘆かれている科学的な「天職の危機」は、研究者の仕事のこのようなドグマ的な基盤を見誤れば、理解することができない。すでに見つかった法に満足せず、この法が由来する究極の原理の探求を続ける者は、天職を得ている。

自然科学はやがて宇宙の最終的な法を教えてくれるのだと信じるのをやめた者は、天職を失う。

人間および社会の「最終的な法」の探求に、自然科学が与えた影響は大きい。中世人たちの着想源となった身体の隠喩は、社会科学において（とりわけ社会学の創設の父たちにおいて、有機的な連帯などの概念とともに）「諸秩序の秩序」を考えるために大いに役立ち、今日でもなお社会的な器官や身体の機能がしばしば語られている。しかしながらこの隠喩は時とともに影が薄くなり、「ハード」サイエンス（物理学や遺伝学）や、ハードな科学に一番なびいている「ソフト」サイエンス（経済学、言語学）から借りた別のものに場を譲っている。目下の状況はきわめて混乱しているために、社会科学においてはこの諸規則のシステムの命名について同意がなされていない。各自が言わば自分の概念でそこに乗り込み、著作の大半をその擁護に費やしている[83]。このため知識を得ようとする哀れな無学者は、ゴンブローヴィッチによる『私は誰よりも先に構造主義者だった』と題された自作自演インタヴューの中での宣言を、自分の立場に置きかえてみることができる。「いえいえ、私は事情通ですよ。間違いありません、あれやこれやを読みました、グレマス、ブルデュー、ヤコブソン、マシュレ、エルマン、バルビュ、アルチュセール、ボップ、レヴィ＝ストロース、サン＝ティレール、フーコー、ジュネット、ゴドリエ、ブルバキ、マルクス、ドゥブロフスキ、シュッキング、ラカン、プーレ、さらにはゴルドマン、スタロバンスキ、バルト、モロン、バレラを少々。おわかりください、私は時流に明るいのです、どの時流かはわかりませんが……たくさんありすぎますから[84]」。それでもなお、良き著者の書物を読めば、普遍を目指す諸規則のシステムという（大陸の法学者たちにはきわめてなじみ深い）形で人間と社会を考えようとする私たちのやり方には、法という理念が浸透し続けていることがわかる。この理念が見いだされるのは、歴史の法則に対するマルクス主義的な信仰が衰退して以来、社会科学を牛耳ってきた二つのパラダイムの核心においてである。その二つとはつまり、構造と市場だ。

　諸規則の説明システムを意味する構造の概念は、言語分析を出自として持つ。周知のようにそれは一般言語学（特にヤコブソンの仕事）から来たものであるが、一般言語学の方ではもともとそれを物理学から借用している。ヤコブソンによれば、「数々の法則がたえず発見されていくため、世界の諸言語の音素体系の基礎をなす普遍的規則の問題が注目を集めるに至った。示差的要素がきわめて多様だという説は、かなりの程度まで錯覚に近いものだからだ［…］。静的な観点から見ても動的な観点から見ても、世界のあらゆる言語には同一の必然的法則が下に隠れている」[85]。人類学はこの理念を自家薬籠中のものとし、やはり下に隠れている普遍的な法則を、観察の対象になった諸社会の多様性の彼方に見出そうとした。レヴィ＝ストロースが説明するように、言語学的なモデルの力は、私たちが意識していない統辞論的・形態論的な法則を明らかにしたことに由来する[86]。ここから導かれるのは、人類学においても同様に、社会生活の諸形態の多様性から、「諸々の行動のシステム」を引き出せるのではないかという仮説である。「それぞれの行動システムが、精神の無意識的活動を支配する普遍的な諸法則の、意識的・社会的思考の面への投影なのだ[87]」。つまるところ構造分析の力とは、「世界の諸法則と思考の諸法則とが同一だという公準[88]」に依拠しているという。人類学者の興味を引いた法則とは、言うまでもなく無意識の法則であり、それは人々を知らぬ間に動かしている。「実際のところ、諸々の意識的なモデル――一般には「規範」と呼ばれる――は、もっとも貧相なモデルの中に数えられるものである。というのもそれらの役割は、諸々の信仰や習慣を永続させることであって、そうした信仰や習慣の原動力を明るみに出すことではないからだ」。したがって人類学者は、「自分の研究する社会では、体系としての性格を認知されていなかった諸現象に対応するモデルを作らなければならない」場合を除いて、ある社会の深い構造を明るみに出すために、集合的意識に対してその構造を「スクリーンのように覆い隠している」諸規範の意識的なシステムに穴をうがたなければならない[89]。人類学においても、言語学においても（そしてそれ以前には物理学においても）、構造分析とは、研究対象を下から決定している諸規則のシステムを明るみに出すことから成り立っている。

　このような転換に発見的な価値があったのは否定しがたく、それは人文科学の全体に強い影響を与え[90]、たとえばラカンによる無意識についての仕事のように、言語構造への言及は人類学以外の分野でもなされるようになった。この成功に乗じてレヴィ＝ストロースは、言語学や人類学に加えて経済学（さらには遺伝学）をも包括するような、広大なコミュニケーション科学の創設を目論むに至った。彼によれば「すべての社会で、コミュニケーションは、少なくとも三つの水準で展開される。すなわち、女性のコミュニケーション、財とサービスのコミュニケーション、メッセージのコミュニケーションである［…］。これに加えてさらに、親族と婚姻の規則は、第四の型のコミュニケーション、つまり表現型の間での遺伝子のコミュニケーションを規定するということもできるかもしれない。それゆえ文化は、言語のように、それ自身の属性からして文化に属しているコミュニケーションの形だけから成り立っているのではなく、同時にまた——そしておそらくは、とりわけ——自然の領域でも文化の領域でも展開される、あらゆる種類の「コミュニケーションのゲーム」に適応可能な諸規則から成り立っていると言えるのである」[91]。だが「財とサービスのコミュニケーション」は、当時からすでにもう一つのパラダイムの支配下にあり、やがてこのパラダイムの成功は、構造主義のそれをほとんど覆い隠すまでになった。市場というパラダイムがそれである。

市場というパラダイムが花開いたのは、経済学者たち自身の間であったのは言うまでもないが、今日ではその影響は社会科学全体にまで広がっている。世界を統率する隠された法の探求に乗り出す者に対しては誰でも、市場の見えざる〈手〉が大きく開いて待ち構えている。経済思想史においては、この〈手〉こそが「「自然の叡智」すなわち諸々の法の恒久性を表明している」[92]のである。実際のところ〈市場〉は、言語と同じように、人間同士の関係を自然に統率する無意識的な諸規則のシステムという姿を呈している[93]。とはいえ最近まで政治経済はその対象によって定義されていた（物質的な財の生産と交換）。拡大の最初の試みは、資源配分の現象すべてをこの対象の中に含めることによりなされた。だがほとんどすべてがそこを経れば、経済学は〈全体科学〉の姿勢を取るようになり、信頼を失う恐れも生まれる。このため一部の経済学者が、自分たちの科学はその対象によってではなく、分析の方法によって特徴づけられるのだと主張することにより、決定的な一歩が踏み出された。この分析の方法こそが、他の社会科学の諸方法と競合しながら、人間の生のあらゆる側面へと、正当に応用することのできるものだった。この主張を体系化したのはとりわけゲーリー・ベッカーであり[94]、その仕事は一九九二年にノーベル経済学賞の授与という聖別を受けた。

ベッカーによれば経済の分析は三つの公理に基づいており、これらの公理からは人間行動の様々な定理を引き出すことができる。その三つの公理とはすなわち、最大化の原理、市場の自己調節、人間の傾向の安定性である。[95] 構造分析と同様に、経済分析もまた、人間は自らを決定しているものを理解できているとは想定しない。アダム・スミスがすでに強調していたように、人間は「見えざる手に導かれて、自分の意図にはまったく含まれていない目的を達成しようとする。そしてこうした目的が意図の中にまったく入ってこないのは、必ずしも社会にとって悪いことばかりではない」[96]。市場の法則（その公理および定理は、需要と供給の法則や、実益の最大化の原理など）は人間たちの意識の外で、そして彼らの行動の合理性や不合理性とは独立して機能する。[97] つまり経済分析には、社会学的分析において構造に認められていたのと少なくとも同じくらいの、発見的な価値があるということになろう。[98] こうして経済分析は、人間存在のあらゆる分野における、人間行動の深層的な原動力を明るみに出し、最終的にはこれらの行動を説明する諸規則のシステムを発見するという期待を持たせてくれる。「すべての人間行動は、諸々の性向の不変的な総体をもとに自らの実益を最大化し、様々な市場において情報やその他のインプットの最適な量を蓄積しようとする、諸々の参加者を巻き込んでいるとみなすことができる。この仮定が正しいとすれば、経済学的アプローチは、ベンサム、コント、マルクスその他が長らく目指しながら果たせなかった、行動の理解の統一的な枠組みを提供したことになる」[99]。こうしてベッカーは人間の生のあらゆる側面（政治、法、結婚、生殖、子供の教育、時間との関係など）を、市場というふるいにかける。たとえば結婚については、彼は結婚市場の存在を仮定し、結婚の候補者たち（あるいはその両親たち）がその市場で競合しているとした上で、この市場の法則によって諸個人の選択がなされているとする。[100] ベッカーの利点は、市場のパラダイムが、あらゆる人間行動を統率するとされる諸規則のシステムを明るみに出す手段として、純粋に結晶化した形で機能しているのをそこに見ることができるという点である。このパラダイムの影響はかつても今も甚大であり、それはこの経済学の公教要理をまき散らすメディアや、それに法的な力を与えることを目指す共同体の諸機関や国際機関においてだけでなく、あらゆる社会科学や法学者にすら及んでいる[101]。

経済学の外で推進された数々の説明システムが、今日ではこのパラダイムに加わっている。フランスではピエール・ブルデューの場合がそうであり、彼の「界（champ）」という概念は、やはり人間行動を説明する諸規則のシステムとして提起されている。界という理念は確かに物理学を想起させ、ピエール・ブルデュー自身も、諸個人とは「磁界の中のように引力や斥力などの支配下にある「粒子[102]」」のようなものだと言って憚らない。だが本質的には彼の思考のカテゴリーは経済に由来している（資本、価格、利益など）。界の只中においては[103]、「界とは何か、その限界はどこにあるのか、どのような資本がそこでは力があるのか、どのような限界内でその効果が発揮されているのかを定めるのは、同じ一つの作業である[104]」。市場という概念自体も非常に頻繁に用いられ、界と区別することはしばしば困難である。たとえば「家族と学校とは互いに切り離せないかたちで、その時代のある時点で必要と判断された能力がまさにそれらの能力を使用してゆくなかで形成されてくる場所として、またこれらの能力の価格が形成されてくる場所として、すなわち市場として機能する[105]」。ブルデューはさらに以下のものも同様に特定している。すなわち結婚市場、象徴的財の市場、文化財の市場、社交市場など[106]。これらの市場あるいは界において、諸個人は三種類の資本を投資する。すなわち経済資本、文化資本、社会資本の三つである。国家権力について言えば、それは「他の種類の資本に対して、とりわけそれぞれの資本の間の交換レートに対して力を発揮できる、一種のメタ資本である」[107]。

ピエール・ブルデューの著作にそれほどの損害を与えることなく、「界」という語を「市場」という語――ベッカーが用いるような広い意味での――に置き換えてしまうことは可能だろう[108]。ベッカーと同様に、ブルデューも確かに経済分析に由来する諸概念に一般的な重要性を与えている。彼によれば、「諸々の実践のエコノミーについての一般科学は、社会によって経済的だと認められているような諸実践に、人為的に限定されるものではない」。この科学は「資本という「社会的物理学のエネルギー」を、あらゆる形態において捉え、さらにはそれらの形態が一つの種から別の種へと変換するのを取り仕切る諸々の法則を発見しようと努め」[109]なければならない。この方法を社会的な諸実践の総体へと拡大することは、ここでもやはり、人間たちを彼らが知らぬ間に動かしている諸々の法を明るみに出してくれなければならない。「界の一般的諸法則というものが存在する。政治の界、哲学の界、宗教の界といった相違なる界は、不変の作用法則をもっている（そのために、一般理論を企ててもおかしくはないわけだ……）」[110]。このような経済学への準拠は、構造主義の忌避にとりわけ起因しており、ブルデューは構造主義が言語的実践においても機能している権力関係に無頓着であるとして非難していた。「文法というものはほんの部分的にしか意味を定義しないものであり、言説の意味作用が完全に決定されるのは、それが市場と取り持つ関係においてである」[111]。このような批判の結果、むしろ推奨されるのは、「言語的ハビトゥスと、それらのハビトゥス自身の製品の供給先たる市場との両者の関係のような、言語的生産と流通の単純なモデル[112]」である。

ゲーリー・ベッカーとちょうど同世代のピエール・ブルデューは、もちろん彼の弟子ではないし、両者の意図も異なる。ブルデューは支配の集合的な諸関係を明るみに出そうと努め、ベッカーは諸個人の行動の決定要因に着目している。とはいえ両者の著作は、どれほど異なっていようと、その力の一部を、市場のパラダイムに固有の斬新な特性から引き出しているのである。このパラダイムは人間の行動の口実となるようなあらゆる規則を退け、その代わりに人間たちが（自分でも）認めたくない唯一の規則だけを取り上げる。つまり自らの利益――明白な（もしくは不明瞭な）――の追求である。[113]

言語的構造と市場はこうして、社会科学が人間的事象を統率する潜在的法の探求をその周囲に張り巡らせる、二つの参照項という姿を呈している。両者が提示する諸規則のシステムのモデルはいずれも以下のようなモデルである。(a)効果的であるためには気づかれている必要がない。(b)自己調節することができる。(c)人間の主導性に予知を与えている。(d)しかしながら人間たちを隠れた〈立法者〉の仮借なき指令の支配下に置く。それはプラトンが『クラテュロス』の中ですでに語っているような言語の立法者であることもあれば、[114]アダム・スミスの見えざる〈手〉であることもある。[115]今日において社会学の中に生まれている様々な思考のカテゴリーは、たとえばネットワークという概念がそうであるように、[116]市場と構造のハイブリッドとして出現したものである。

実定法、つまり〈法権利〉という法は、この構図の中でどのように位置づけられるのだろうか。今や法学者たちの精神の中では、科学者たちの精神の中におけるのと同様に、ある特定の法が意味を持つのは、その法が書き込まれている諸規則のシステムに関係づけられたときだけである。そして社会科学におけるのと同じように、このシステムの性質と命名については、学者同士の論争の対象となっている。[117] 諸規範の論理的システムとしての〈法権利〉というケルゼンの理念は、パラダイムとしての価値を得て、数々の洗練を経たが、[118] とりわけオートポイエーシスの理論は、諸規則のシステムをそれ自体のうちに閉じ込めることで、「根本規範（Grundnorm）」の不明瞭さを払拭している。[119] マルクス主義批評の系譜において発展した法道具主義が理解する法もまた、規範的秩序の中に組み込まれたものである。[120] 諸々の手続上の規則（調停や個別的な主導性に余地を与える）に対して、根本的な規則よりも優位が認められている点に、不確定性原理が顔をのぞかせている。[121] このような手続化の名のもとでは、法が描き出すのは諸々の可能性であり、契約だけがそれを現実化することができる。

だが今日において「法科学」に従事していると嘯く者すべてに共通する点は、自分たちが研究する規範を下支えする諸々の価値についての考察を、この科学の外に抑圧していることである。シモーヌ・ヴェイユが記すように、「何らかの価値とは、私たちが無条件に認めうる何かである。なぜなら一瞬一瞬において、私たちの生は、事実上、価値の何らかの体系にのっとって方向が定まる。価値の体系は、それが一つの生の方向を定める瞬間に、条件つきで受諾されるのではなく、純粋かつ端的に受諾されるのだ。認識は条件つきであるから、諸価値は認識されるのに向いていない。とはいえ、諸価値を認識するのを断念するわけにはいかない。認識を断念するのは、諸価値を信じるのを断念するに等しいのだが、そんなことは不可能である。人間の生は何らかの方向を目指さずにはいられないのだ。かくして人間の生の中核には、一つの矛盾が内在する」[122]。この矛盾が法的思考の原動力である。〈法権利〉がドグマ的な性質を持つことは明白である一方で、この〈法権利〉が、科学的な認識を価値のシステムの核心に据えた文明に由来するのも確かである。〈法権利〉の研究を科学の「真の法則」の土壌に位置づけようとする法学者たちは、この矛盾を引き受けることを拒んでいる。ミシェル・トロペールが次のように書くのはこのためだ。「現行の法を記述するにあたって、規範を下支えする諸価値の認識はまったく関係がない。実証主義者は、「現行の法にしたがって、ユダヤ人は公職から排除されている」という断言で、言わば満足していた。これでは法を「説明」することもできなければ、この規範をどのように解釈して、それを実際のどのような状況に応用するべきかを決定することもできないが、こうした問いは司法実践にのみ関わるのであって、法の科学には関係がないのだ〔…〕。乱暴に言うとすれば、ratio legis（法の理性）は法でもなければ法権利でもない。それは法権利の中ですらなく、法権利の外部なのだ[123]」。

つまり「法科学」とは、〈法権利〉の理由＝理性（そして不条理）について問うことを禁じているという特徴があるということになるだろう。この議論に信憑性があるのは、技術工学者が、技術的物品についての科学はそれらの物品が何の役に立つのか、また何の目的でそれらが製造されるのかを問うことが禁じられているのだと言い張ることに信憑性があるのと同じである。ここに見出されているのは、科学的な思い上がりにより過激化してはいるものの、実のところ法学者たちに昔からおなじみの姿勢であり、法の理由＝理性という問題を、常に他人に任せるというのがその姿勢である。中世におけるローマ法の再発見のパイオニアであるアックルシウスはすでに、「すべては〈法権利〉の体のうちにある」と記すことにより、「法学者は神学に通じているべきであるか」という問いに対して否定的に答えていた[124]。もちろん今日では「法科学」が、〈法権利〉の根源についての問いを押しつけようとしているのは、神学ではもはやなく、生物学や社会科学などの他の科学である。

社会科学から見れば、実定法は諸規則のシステムのうちにその説明を見出せるのであり、科学的な調査が、下に隠れたシステムの存在を明らかにする。構造主義の人類学者から見た実定法は、諸々の信仰がその上に投影された、しかし社会の深層構造を覆い隠しているスクリーンのようなものだろう。経済学者はそれをマネージメントの道具として分析し、その有効性は市場の法則に適合しているかどうかに依存すると言うだろう。諸々の界についての社会学者は、そこに象徴的支配の道具を見出し、司法的な界の論理の中で分析しようとするだろう。[125] ピエール・ルジャンドルが見て取ったように、科学的な正当化は、ドグマ的な〈準拠〉の構造的な場を占めることになる。[126] とはいえ実定法をこのように、人類の真の法を明るみに出そうとする〈科学〉の中に解消してしまうと、いくつかの困難も生じる。法主体という概念が、その過程で失われるだけでなく（経済的ないしは言語的な「粒子」の状態に還元される）、通例では人々の（誤った）意識が法をそこに依拠させる、〈正義〉の理念も切り崩されてしまう。言い換えれば、行き着く先にあるのは、きわめて犯罪的な企みを正当化するのに適した、良識を欠いた科学である（ラブレー以来そう知られているように、それは魂の廃墟である）。

〈法権利〉の理念がこのように取り崩されてしまったなら、正義や連帯という理念を何に依拠させればよいのだろうか。自らの論証を情け容赦なく決然と進めることを約束するベッカーは、困難から目を覆おうとはしない。個人の利益の追求だけによって動いている世界において、どのように利他主義を正当化すればよいのだろうか。彼はこの問題を、以下のように題された自著の最終章で取り上げる。「利他主義、利己主義、遺伝的適応性。経済学と社会生物学」[127]。彼によれば遺伝の法則に答えを見出すべきだという。すなわち同類に対する利他主義とは多くの種にとっての生存の条件であり、だからこそ遺伝的に淘汰してきた。そして動物にとって真であることは、人間にとっても真である[128]。ベッカーは、そして彼に続く現代の多くの経済学者は、レヴィ＝ストロースとはまったく異なる道を通って、人間行動の究極的な法を遺伝学に求めるに至っている[129]。多数の著者が今日ではこの易き道に流されているように見える。目下のところ一部の生物学者は、社会生物学とは距離を置きながらも、適応のためのストラテジー（特定の行動ではなく）を、普遍的な遺伝的所与（「人種」とは結びつかない）に結びつける、進化人類学を展開している[130]。これと並行して、人間の性質の一部（たとえばヒエラルキーの感覚）は遺伝的に決定しているので、文化的に変えられないという前提で、政治的な左翼をダーウィン主義的な基盤の上に立てなおそうという学派も形成されつつある[131]。今日ではもっとも強い者の法則（市場はもっとも適応した者を、つまりもっとも優れた者を淘汰する）を正当化するのに使われている経済的ダーウィン主義に対して、社会的正義の理念を遺伝学のデータにすり合わせようという、進歩的ダーウィン主義（ダーウィン主義左派）を対抗馬として立てようというわけである。こうした理念に踊らされずにいるための唯一の方法は、人間の法の人類学的な機能を尊重することである。つまり個人的・集団的な同一性の構築における〈法権利〉の固有の場所を認めることである。

それが国家の実定法を踏み越えるにせよ、市場や生物学の非人称的な力を体現すると思い込むにせよ、経済的な行動はそれ自身のうちに〈法権利〉についての全体主義的な発想の芽を抱え込んでいるのだ。ハンナ・アーレントが正しく指摘するように、このような発想は、「実定法が自らの最高度の合法性をそこから獲得する権威の源泉にまで遡ると嘯きつつ、実定法の狭量な合法性とはおさらばして、人類の前に立ちはだかる超人間的な法の完遂のためならば、どんな者の死活的な利害を犠牲にするのも厭わない」という点に特徴がある。[132] 今日を支配する経済の聖典に従えば、人間とは最悪の場合には削減すべきコストであり、よくても管理すべき「人的資本」すなわち資源であって、その活用はすべての者に立ちはだかる普遍的な法に従ってなされることになる。[133]「人員削減」を担う企業経営者たちは、この法の道具であるにすぎず、他人に苦しみを課すことの恐怖を克服できる能力の有無によって、彼らは評価される。[134] 彼らにとってのプロフェッショナリズムとは、「リストラ」という「価値の創造」の源泉を、迷いなく実行することだ。このようなプロフェッショナリズムは、グローバル経済の最初の人材管理者である奴隷船の士官たちにおいて、すでに見出される。黒檀材を見るのと同じ目で、積み荷の人間たちを見ることのできたのが彼らなのだ。[135]

〈法権利〉を科学の法に解消しようと望めば、自分たちが主張したものの破壊的効果を告発しようとする者たちは、袋小路に追い込まれることになる。ピエール・ブルデューの社会学は、他の方面では優れていながら、〈法権利〉の問題に接近したとたんに、このような袋小路に嵌り込んでしまう。たとえば以下のような発言の折り合いをつけるにはどうすればよいのだろうか。(a)「国家とは半ば形而上学的な概念であり、それは粉砕されるべきものである」[136]。(b)「知識人の戦いは［…］第一に、国家の消滅に反対することに向けられなければならない」[137]。「国家という概念は、（異なる種類の）権力の数々の位置——それらの位置は程度の差はあれ安定したネットワーク（婚姻や顧客などの）の中に書き加えられている——の間の客観的な諸関係を速記的に名指したものとしてしか意味を持たない（だがそれゆえにこそ危険だ」[138]とするならば、「公共サービスの存在や、教育・健康・文化・研究・芸術に対する権利、そして何よりも労働に対する権利の共和主義的な平等の存在と結びついた、一つの文明の破壊に対して」[139]戦うにはどうすればよいのだろうか。このようなアポリアを避けるためには、社会学の良質な伝統、そしてマルセル・モースのような著者と、復縁するに越したことはない。モースは〈法権利〉の問題を何らかの最終的な定式に解消するなどと嘯くことはなく、むしろ法的ドグマ性の人類学的な機能を明るみに出すことに成功していた[140]。今日において市場の法則という名の社会的虚無に人類全体が突き落とされているやり方を前にしての、ピエール・ブルデューの憤りは共有すべきである。しかしながらこのような憤りは知的な作業を導くこともないし、また実定法それ自体を考察するのをあきらめるのなら、この憤りが知的な作業によって導かれることもない。制度的な側面を分析するための方法を身につけていないのなら、福祉国家の解体を嘆いても無駄である。福祉（welfare）は時間の経過による破損から守るべき歴史的建造物ではない。それはきわめて複雑な法的メカニズムであり、それが生き残るかどうかは、現にあるそれについての理解にかかっている[141]。

より広い観点に立てば、法的分析により可能となるのは、実定法と科学法則が平行する軌跡をたどってきたという仮説の検証である。科学法則という理念が明確になったのは、国民国家の理念が確立したのと同じ頃である。今日においては、近代国家の支柱にどのように亀裂が入りつつあるのかを、慎重に検討してみなければなるまい。同様に考察しなければならないのは、法と慣習の間の新たな結びつきであり、これはとりわけ〈法権利〉の手続化の動きの中で生じているが、この動きは市場のパラダイムの一つの変化形である。優れた経済学者（すなわち物質的な富の生産の実践の考察をまだ続けている者たち）はこのことを真っ先に確認していた。たとえばロベール・サレは以下のように記している。「手続や言説に対して過度の関心が向けられるのは、市場の理論から派生した観察モデルの余波である。全般化した市場としての社会というモデルにおいては、市場は個人間の（あるいは当事者同士の）売買によってのみ構成されるので、売買を支配する手続の最適さの度合いのみが重視される。理性的だとみなされた当事者たちは、戦略的なゲームを繰り広げ、公共政治は日和見主義的な行動を警告するための調整弁としかみなされなくなる。行為の実際の中身や、その帰結としての、広い意味での物質的な製品は、公権力にとってほとんど重要ではない。それらは定義上、私的な領域に、当事者たちの責任に属するものだからだ。そうなるとこれらには観察するほどの妥当性は一切ないということになる[142]」。

このような「唯一の市場」という理念に基づく法秩序における法の相対化のプロセスについての、理想的な学習の場となっているのが、共同体法である。というのも一見するとそこでは、諸々の法も国家も、市場に従属するものでしかないからだ。ヨーロッパ連合（あるいは共同体？）という、この未確認司法物体を、どんな概念に関係づければよいのだろうか。理事会の指令や規則という、法ならざるものを、どんなカテゴリーに片付ければよいのだろうか。この司法物体は国家でも帝国でもなく、単なる諸テキストの〈システム〉であるが[143]、加盟国にとっての〈法〉を作り、今日では貨幣も鋳造する〈システム〉なのだ。国家は司法秩序の中心的な帰着点として姿を消すが、法はこの消去の後も生き長らえる。だがそれらの法の価値は、単に相対的で局地的なものでしかなくなる。〈法〉の理念はこのような形で存続し（自らにとっての〈法〉をなす共同体システムに挿入された諸々の国家法）、それが諸々の地域的・職業的な（達成目標としての）国家の状況の多様性に余地を残す[144]。現代物理学の展開と対比を試みたくなるのは、現代物理学もまた、因果性の唯一の帰着点を特定することを放棄した結果、諸々の法則は相対的で、局地的な価値しか持たなくなっているからだ。〈法権利〉と科学とで同じ歩みをたどっている法の観念に支えられた、西洋思想の一体性が、こうして確かめられる。モンテスキューによって以下のように表明された、実定法の相対性についての理論の発見的な価値も、やはり確かめられる。「それらの法律は、その国の自然的なるもの、すなわち、寒いとか、暑いとか、あるいは、温かいとかの気候に、土地の質、位置、大きさに、農耕民族、狩猟民族、遊牧民族といった民族の生活様式に相関的でなければならない。それらの法律は、国制が容認しうる自由の程度に、住民の宗教に、その性向に、その富に、その数に、その商業に、その習俗に、その生活態度に関係していなければならない。最後に、それらの法律は、それら相互間において関係をもつ。それらは、その起源、立法者の目的、その確立の基礎たる事物の秩序とも関係をもつ。まさにこれらすべてを見渡して、それらの法律を考察しなければならないのである[145]」。法学者の務めの膨大さが、ここですべて言われている。

第三章

言葉の強制力——合意は拘束する（pacta sunt servanda）

牛は角により、人は言葉により読み取られる。
ロワゼル（『慣習法提要』）

「契約の強制力は、共同体における生の基盤である。いつの時代にも、交わされた言葉〔＝約束〕に起因する尊重は、諸々の基本的な公理の一つであり、自然法に由来するそれらの公理は、あらゆる法の中に伝わっている」[1]。フランスの偉大な民法学者ジョスランによるこの確認は、長い伝統の一つに連なるものであり、この伝統によれば、すべての秩序ある社会に立ちはだかるドグマの価値は、Pacta sunt servanda（合意は拘束する）という格言に由来している。このドグマは大陸の伝統のみに固有なわけではなく、たとえば以下のアディソンのように、コモン・ローの著述家たちによっても書き記されている。「契約法は、あらゆる時代、あらゆる民、あらゆる場所やあらゆる状況に適用される、普遍的な法であると、正当にも述べることができる。なぜならこの法は正義と不正についての諸々の根本的な大原理に基づいているからであり、これらの大原理は、自然の理性から導き出された、不変にして永遠の原理である」[2]。

とはいえ一九世紀にはすでに、〈法権利〉の生命に細心の注意を寄せる著述家たちは、契約が永遠不変のカテゴリーであるどころか、諸々の文明化の歴史に書き込まれたものであることをよく見抜いていた。ヘンリー・サムナー・メイン卿は、著名な著作の中で、西洋における〈法権利〉の歴史の全体そのものが、身分から、法的関係の局所的な形態としての契約へと移り変わる歴史であるとの解釈を示した。[3] レオン・ブルジョワもまた同じように、近代とは契約が「人間の〈法権利〉の最終的な土台」[4]となった事実によって特徴づけられるとした。彼らは契約の中に、プラトン的なイデアの天空に浮かぶ永遠の抽象をではなく、身分への従属から人間を解き放って自由へと到達せしめる、歴史的な進歩の乗り越えがたい到達を見たのである。彼らによれば〈法権利〉の歴史には一つの方向があるのである。人類が自分で自分につないだ鎖のほかは、いかなる鎖にもつながれていないような、自由な世界へと私たちを導く方向である。[5]

契約という「文明化のミッション」

啓蒙の時代に足並みをそろえるように定着したのは、このような契約による解放のプロセスが、普遍的な射程を持ち、今はまだ幼年期の民族にも、残らず波及するだろうという考え方である。これらの民族は、脱植民地化されるやいなや、国境を超えて契約を結ぶ自由を保証する国際的な制度に加盟するように促された。契約の文化に到達することは、近代性に、そして諸国との協調に至るための条件となった。明治時代の日本が、「不平等条約」の軛を脱するために、契約法を整備しなければならなかったのは、つい昨日のことである。ところがこの契約法の哲学は、日本にとっては根っから異質のものだったのだ。今日いくつかの旧共産国が、市場経済において失敗を重ねたのも、それらの国の文化に契約が根づいていなかったという事実によって、その多くが説明できるのは確かである。

契約という文明化のミッションに対するこのような信頼は、現代法のもっとも強力な原動力の一つである。だがこの信頼が厳密なまでに西洋的なスタイルをしていることは、比較法学から明らかになるとおりであるが、ただしこの比較法学をコモン・ローの研究に還元してしまうことなく、ここでもまた東洋の方に目を向けようとしなければならない。[6] 西洋を途方に暮れさせ、その固定観念を覆す力を常に備えていた東洋である。[7] 日本のケースがとりわけ示唆的であるのは、契約がそこに定着してから一世紀以上が経つのに、朱子学的な文化が残っているからだ。この文化は契約と無縁であるばかりか、根本的にそれと対立するのである。この文化の重心をなすのは個人ではなく、ましてや個人の意思でもなく、宇宙的・社会的な調和である。ある時点に交わされた契約が、将来においても、来るべき状況がどうあれ、またその行使によってどのような損害が引き起こされようとも、拘束をもたらしうるというのは、この文化にとって異質であり、深い嫌悪感をかき立てるものである。このような態度の違いは、より一般的には、文明によって変化する言葉のステータスに起因していることがある。〈御言葉〉に類まれな地位を授けているのは、確かに西洋だけではない。サハラ以南アフリカもまた〈言葉〉の中に世界を秩序づける原理を見出しえたし、[8] 中国文化自体も、言語に大きな重要性を付与しており、各存在の正しい命名こそが、良き秩序の第一の条件とみなされている。[9] しかしながら誰もが神と同じように〈御言葉〉の立法的な力を自在に駆使して、言葉の中に未来を閉じ込めることができると考えたのは、西洋だけなのだ。[10]

諸言語それぞれの構造は、書き言葉の構造であればなおさら、東洋と西洋の違いを浮かび上がらせる。中国語のような単音節言語かつ表意文字の言語においては、語は音声的・図形的なエンブレムとして機能する。[11] 語尾変化を持たず、語彙が豊富でありながら音素には乏しいこの言語は、抽象化よりも、人間や事物や感情の多様性の喚起に適している。そこにおいて言語記号は事物を受肉しているのであり、形式的な構造の中に秩序づけているのではない。これに対し西洋文明においては、アルファベット表記と語尾変化とが、それらの実現する記号のエコノミーにより、世界についてのはるかに抽象的な表象をもたらしている。この抽象化の能力は私たちにとってはハイ・カルチャーの専有物にすらなっており、ヨーロッパの大国のそれぞれが、自国の言語こそが一番それに向いているのだと嘯きながら、いずれの国も数学的定式化と数量化に身を捧げている点では手を取り合っている。これとは逆に中国語では、単語やそれを表す記号は、それらが指し示す行為や事物に近ければ近いほど力がある。極東のすべての国の文化が中国の書き言葉の薫陶を受けていることはご存知のとおりである。日本語が今でも漢字を使い続けているのは、そのエンブレム的な価値、それが持つ具体的な喚起力のためである。これらの文化にあっては、諸存在の多様性と有為転変を、諸々の抽象的なカテゴリーに包摂しようとする者は、直感的に警戒されるのだ。

西洋が明瞭な言葉に全幅の信頼を置く傍らで、日本で信用されるのは行動のみである。日本文化のもっとも精緻な分析者の一人であるモーリス・パンゲは、言質に対するこうした根強い猜疑を、次のように説明している。「真理は言葉そのものによって捉えることはできない。真理は、言葉と言葉の間に、言葉が言おうとすることの裏側に、言葉のすき間、その小さな裂け目の中に潜りこむ。それはフロイトが直感的に捉えたものだが、日本はそれに、あらゆる内示的言語の実践によって、先んじていたようである。日本の文化ほどに、コードというものに注意を払い、その支配を生活のあらゆる局面におし広げた文化は他にはあるまい——だが同時に、これほどコードにたいして世慣れた文化も他にはないだろう。なぜなら日本人はコードを人工物としか考えないのであるから[12]」。このような文化においては、約束は文言ではなく、行動によって説明される。人と人とのつながりの力や長さは、交わされた言葉ではなく、その形成に貢献した調和の維持に依存している。そしてこの維持を可能にしているのは、各人を他者に結びつける絆を保つ一人ひとりの能力であり、また自らの主張を人々や環境の変わりゆく性質に合わせることのできる素質である。他人にとって損害となりうることや、他人のやる気が失せていることを、他人に要求するのは、基本的な処世術の規則に反することである。その規則とはつまり「義理[13]」であり、その中身は年齢や社会階層によって変化する。訳とすれば「恩義、義務、道徳的な借り」となる「義理」は、普遍的な法則や、目的が達成されれば解消するような契約に基づいているわけではない。義理は、それによって結びついた具体的な人物に依存しつつ、「持続可能で、取り消しのきかない諸関係」の源になる。これらの関係からは「主体が自然に生み出されるという考え方や、その主体に対しての尊重が導き出され、同時にその関係は主体の慎み深さや気遣いに委ねられる。お返しをすること、あるいはそのことを忘れていないのを示すことが必要であり、多様で自在な形を取りうる返済は、関係を解消するのではなく、むしろ深めるのである」[14]。つまり「義理」は多彩な恩義からなる強力な絆を紡ぎだすのであり、恩義は互いを強め合いながら、共同体の調和を維持するのである。

明治期以来、西洋的（フランス的からドイツ的へ、そして最後はアメリカ的）な法文化の学び舎となった日本は、今ではグローバリゼーションの規範に則った契約法を備えている[15]。したがって契約が西洋の期待するようなもの、つまり法的な結びつきという完成された、普遍的な、乗り越えがたい形態になったとするなら、「義理」という「古風な」交換の形態は、近代により徐々に取り除かれたのだと予想することも可能かもしれない。ところがまったくそうではないのだ。西洋の野蛮人からもたらされた契約文化は、日本人が西洋の野蛮人と交易をするのには役立っている。だが国内の関係にはほとんど影響しなかったのだ。「義理」という、法的な手段を避けるための妥協の技術の真実を明らかにするためには、一つの統計だけで十分だ。米国には人口三百人につき一人の弁護士がいるのに対し、日本は一万人につき一人なのである[16]。日本（そしておそらく明日の中国）の経済的成功の大部分は、二つの文化を接合したこの錬金術によって説明がつく。つまり西洋から輸入した法と契約の文化と、儒教から受け継いだ調和と絆の文化である。

契約のこのような文化的な相対性に対して、それがあたかも固定したものであるかのようにみなすのは慎むべきであることは言うまでもない。当初は国際的な交易の必要性から持ち込まれた契約文化は、固有の文明との接触を通して自ら形を変えつつ、日本社会の内部そのものを、非常にゆるやかに占有しつつあるようである[17]。だがこのような動きは一方的なものではない。日本に固有の価値もまた、国際的な交換を通して、西洋人の精神の中に飛び火したのだ。このような影響はマネージメントの領域において明らかであり、そこでは日本的な合意の仕方が、西洋企業の経営にとってモデルとしての価値を持ち始めたのだ。こうした日本モデルは、関係的契約理論とともに、法の領域にも反響をもたらしており、この理論はとりわけ米国においてこのところ多くの考察の対象となっている[18]。この理論が説明するのは、ビジネスの実践における、枠組み的な協定が持つ重要性である。長期的にはそのような協定が協力関係を取りまとめるのであり、一連の取引の契約はその関係の中で形をなすのである。関係的契約によって培われる関係は柔軟で長持ちするものであり、付け届けのやり取りという戯れが、この関係を解消することなく補強する。このような西洋のエンジニアリング法学の最先端の中に、東洋的な合意の仕方の転身を、「義理」の文化の転移を見届けることはできないだろうか。

つまり契約は常に普遍的なカテゴリーであったわけではなく、そうなろうとしているのであり、人間と社会は世界全体に拡大するのを使命としていると考えようとする西洋の傾向を、このことは裏づけているのだろう。少なくともそれが「グローバル化[19]」の信条であり、そこでは自由貿易と契約の美徳が、同じ動機からもてはやされている。契約は柔軟で平等、解放的であると讃えられて、国家の重みや法の足かせと対比されている。堅固で一方的かつ従属をもたらすというのが、法の評判だ。こうした話題の中では当然ながら契約主義について語ることができるだろう。それはつまりイデオロギーであり、契約化とそれを混同してはならない。契約主義という理念によれば、契約関係こそが社会関係のもっとも進んだ形態であり、あらゆる場所で法による一方的な命令に取って代わることこそがその使命であるが、こうした理念は経済イデオロギーの中に組み込まれており[20]、そしてこのイデオロギーによれば、社会とは利害の計算という唯一の美徳によってのみ動かされる諸個人の群れである。これに対して契約化は、諸々の契約技術への依拠の客観的な拡大を示す。契約化の進行により明るみに出るのは、契約主義の約束がしばしば異なる結果をもたらすということである。

契約主義の帝国は経済イデオロギーの発展とともに拡大する。契約主義は経済イデオロギーの一面であるにすぎないのだ。ヘンリー・サムナー・メインがすでに記していたように、「経済学にのめりこんだ人々の大半の偏見とは、自らの科学が依拠する一般的な真理が、普遍的なものになるべきであると思い込むことであり、彼らが応用に取り掛かると、その努力はたいてい、契約の領域を拡大し、命令的な〈法権利〉の領域を、契約の実行に必要なものだけに還元することに向けられがちである[21]」。この見立ては今日の標準的な経済分析と〈法権利〉との関係を見事に説明している。フランスの法学部すらも虜にしつつある、「法と経済学」のムーブメントはこうして、契約法についての粗野な人類学とでも呼べるもの、つまり自分のしたいことや自分にとって望ましいことを知っている人間の姿を、あらゆる人間行動にまで一般化しようとするのだ[22]。こうした人類学は〈法権利〉の経済分析の基礎（「第一段階」）に位置しており、そのことは次のような代表例が私たちに示してくれているとおりである。「法的問題についての包括的な経済分析の諸段階を素描してみよう。第一段階は、諸々の決定を下す個人や制度が、わかりやすく特定もきちんとなされている経済目標を最大化しようとするのだと想定することである。たとえば企業は利潤を最大化しようとし、消費者は富や余暇を最大化しようとする。第二段階は、すべての適切な決定者同士の相互作用は、経済学者が均衡と呼ぶ、自然には変化しない状態のうちに安定するのだと示すことである。第三段階は、経済的な効率という尺度で均衡について評価することである」[23]。

このような観点からすれば、契約法は市場経済に先行するわけでも、それを条件づけているわけでもない。それは市場経済の道具（マルクス主義者ならば上部構造と言うだろう）なのであって、基盤ではないのだ。〈法権利〉の経済分析の創設の父たちが強調するのはこの点である。自由貿易を基礎づけているのは、契約の自由という法的な原則ではない、なぜなら自由貿易とは経済生活の所与であり、契約法はただそれに随伴して、その手助けをするだけなのだから[24]。一九世紀の古い確信が蘇っているのである。ただし契約法の基盤となる場所は、自然法から経済学に移り、かつて裁判が果たしていた判断基準の役割は、効率（efficiency）によって果たされてはいるが。こうして「法と経済学」のムーブメントは、マルクスでも説き伏せることのできなかった考え方に、法学者たちをなびかせることに成功しつつある。すなわち〈法権利〉に「本当の」足場、つまり経済的基盤を取り戻させる必要があるという考え方である。契約法の規則の一つひとつを、経済の法則に結びつけることを第一の目的とする、大量の出版物がこうして生み出される。曰く、合理的なプレイヤーの嗜好の安定性に対する不適応、合理的なプレイヤーの選択の自由に対する暴力という悪、錯誤という悪と、市場の透明性のための情報の義務[25]……。このような方法論は、法的な規則の一つひとつを経済的な因果関係に結びつけようとしたマルクス主義的な法批判を、あからさまに思い起こさせるものである[26]。違うのはマルクス主義的な分析が、「法的形態」の経済法則への迎合を暴き出すことで、それを批判しようとしていたのに対して、現代ではこのような迎合こそが、法経済学者たちをぬか喜びさせているのである。いずれにしても目指されているのは、法的形態を超越し、それを説明してしまうような自然秩序を持ち出すことで、この形態を骨抜きにしてしまうことである。今日では契約の強制力は経済法則を後ろ盾としており、こうした法則には普遍的な価値があるとされている。たとえば世界銀行の「チーフ・エコノミスト」だったL・サマーズは次のように述べる。「世界銀行での短期間の経験で学んだことの一つは、「ここではそういうやり方はしないんです」と言う人の口からは、馬鹿げたことしか発せられないということだ[27]」。つまり契約主義が基づいているのは、今日ではもはや社会契約の政治理論ではなく、市場こそが地球上どこでも法をなすという、科学的にお墨付きを与えられた確信なのである。経済分析という新しい衣装のために自然法という法衣をかなぐり捨てた法学者たちは、各国の法制度を超越する世界的な秩序があるのだから、法制度はその秩序の道具となるべきだという考え方に安住し続けている。「グローバル化」という主題の大合唱の中で、経済学は普遍的秩序を創設する言説という見事な立場を手に入れて、〈法権利〉には人権という貧相な分け前しか残さなかったのだ。

こうして協定に基づかない法はすべて疑いの目を向けられ、あらゆる義務を債務者同士の合意に基づかせようという努力がなされる。それと呼応して、債務者の合意だけが義務の存在の十分条件となり、譲渡不能な権利の領域はそれだけ切り詰められる。結果として契約的な語彙が一般化し、公的領域を含めた人間生活のあらゆる領域にまで広がる。このような動きの意味を把握するためには、起源に遡って始める必要がある。すなわち、なぜ、そしていつから、人は言葉により関係を結ぶことができているのだろうか？

契約の起源へ

「合意は拘束する（Pacta sunt servanda）」。約束の尊重というこの原則なくしては、契約が抽象的な普遍となって、現代の法学者たちがそれを誇りとするようなこともなかっただろう。このような高度に他律的な規則なくしては、意思の自律は法的には不能となるだろう。だがこの規則はどこに由来するのだろうか。いつから、そしてなぜ私たちは、自分たちの言葉によって関係を結んでいるのだろうか。その発生をたどり直すことは、契約関係の構造において今日の国家が占めている中心的な場所を理解することにもつながる。

契約を成り立たせるには合意を取り交わすだけで十分だとするためには、契約の概念があらかじめ存在していなければなるまい。だが契約の概念に到達するためには、事物の世界と人格の世界を根本的に区別する必要がある。そのためには、未来が言葉によって統御しうるのだと認めることも必要である。契約の前史には、同盟（alliance）と交換はすでに存在していたが、まさしくその同盟と交換は、まだ事物と人格をはっきりと区別できておらず、時間を統制するための回り道を用いていた。

　同盟においては、事物が掌握されるのは人格を通してだけである。実際のところ同盟はもともと、親子関係の一特殊形態として考え出されたものだ。同盟は結婚、あるいは「人為的な親子関係[28]」から帰結しうるものであり、この人為的な親子関係とは、血の同盟の儀礼という手段により成立する、「血の誓約（blood-covenant）」である。民族学者たちがしばしば記述してきた[29]この種の儀礼は、「古風な」社会の大半で見出されるものであり、いつも宗教的な側面を伴ってきた。聖書の中にも顕在するこの種の儀礼は、神のもとでの同盟や神との同盟を結ぶために流された血という象徴を用いる諸々の聖典宗教によって[30]、私たちのもとにまで生き延びている（聖体の秘跡、割礼）。結婚と同様に血による同盟でも、身分の変化により他人と結びつくのだ。親子関係は将来的に義務関係を生み出すことを可能にする回り道である[31]。だがこのような義務関係の目的——この関係に関わる事物やサービス——は、同盟を結んだ時点では決まっていてはならない。義務の内容は、同盟を結んだ者の人生の成り行きや、お互いの必要に依存するのだ。人為的な縁組から義務関係を派生させるこのような種類の組立《モンタージュ》は、私たちの法的遺産の中にも残っている。フランスの企業家が最近まで放棄せずにいた経営者（patronat）という理念自体が[32]、労働関係に父子関係モデルの影響が続いていることの証左である。ローマ法（そこではこの理念は解放奴隷と元所有者とを結ぶ関係を示す。解放奴隷は元所有者によって市民生活の中に生み出され[33]、彼は元所有者の名を名乗る[34]）から賃金労働法にまで[35]、この理念は継続しているからだ。私たちの近代的労働契約は、職業身分の変化（従属や保障を含めた雇用への到達）から、正確な内容は契約の実行に従ってしか明るみに出ない義務を生み出したのである。

交換においては逆に、人格は事物を通じて掌握される。交換の第一の形態が、与え、受け取り、返すという義務の連鎖から帰結するのは言うまでもない。返すことを強いるのは、モースが贈与についての名高い論文で示したように、「贈与された物の精神」（ハウ）である。[36]「受け取られた物には活性がある。贈り手が手放してなお、それは贈り手の何ものかなのである。その物を介して、贈り手は受益者に対して影響力をもつ。それは、自分の所有物を盗まれた人がそれを盗んだ人に対し、その物を介して影響力をふるうのと同じである〔…〕。それを手にした者には、それが誰であろうと、このハウがついてまわるのである」[37]。私たちの言語にもこうした考え方の何かが残っている。同じ一つの単語（Gift）が、ドイツ語では毒を、英語では贈り物を意味するのだ。一つの物を与えることは、将来にわたって受け手の人格と関係を結ぶ方法であり、受け手は自分から一つの物を返すことでしか関係を切ることができない。借りを返す義務はこのような連鎖の帰結であるが、この連鎖には、返却を保証する〈第三項〉の原理——ここでは物の精神——が含まれている。この種の組立《モンタージュ》も私たちの〈法権利〉から失われたわけではない。現代の賦課方式による年金制度は、「世代間の契約」[38]という正しくない呼称で述べられる関係を基礎づけているが、むしろそれは与え、受け取り、返すという「古風な」連鎖に呼応している。親子関係の中で作用する債権と債務の連なり（前世代の生を受け取り、それを後世代に与え、そして与えることによって前世代に返却する）に対して、賦課方式による年金は、逆向きの連なりで応えているのだ。つまり前世代に対して与えて、次世代から受け取り、次世代はそれにより、与えられたものを返している。このような債権と債務の作用を通してこそ、年金制度は人格間の連帯関係を作り出しているのだ。

私たちはローマ法に契約の概念を負っているのであり、事物と人格との明確な区別もまた、それに負っている。この区別が確かなものとなるまでの道のりは長かった。拘束行為（nexum）[39]（債務者自身を抵当とする貸与）においては、義務関係はまだ身分の変化（債務者の架空的な隷従）と、おそらくは贈与（負債の返済まで債務者の手元に置かれる、毒の入った贈り物としてのブロンズ塊[40]）に起因していた。またローマ法が人格と事物を明白に区別したにしても[41]、すべての人間が人格となったわけではないし、諸々の事物の具体的な多様性に結びついたままだった。つまりローマ法には様々な契約があり、それぞれの具体的な目的や行為（negotium）によって、制度は異なるものの、総称的カテゴリーとしての契約そのものが定義されることはなかった[42]。協定や合意と呼ばれる、単なる同意の交換が、契約として同定されるとは、考えられさえしなかったのである。合意が契約となるためには、原則として諸々の形式（約束の形式としてのstipulatioもしくは宣誓の形式）、もしくはそれぞれの契約によって変化する物質的な諸行為（物の手渡し）が必要であった。現実の契約の強制的な力は、受け手に対する事物の移譲によりもたらされるものであった。約款（stipulation）の力は、宣誓と同様に、宗教的な起源を持つのである[43]。このように人間同士の関係の形成には、物の精神や神々の精神が介在し続けていたのだ。

つまりローマ法に一つの原則があるとすれば、それはむしろ約束は法的には無効であるという原則なのだ。「裸の協定は法廷では何らの行為も生み出さない（Ex nudo pacto, actio non nascitur）」[44]。この規則は、しだいに多くの修正が加えられはしたものの、ユスティニアヌスのもとにあってすら、廃止されることはなかった[45]。裸の協定は原則として他人に自ら身を任せることであり、フィデース（Fides）という老いた白髪の女神によって体現される、単なる信頼である。ユピテル自身よりも年長のフィデースは（なぜなら世界に秩序が可能となるためには彼女があらかじめいる必要があったから）、ユピテルの左手に座していると言われる。元来、他人の言葉に信頼を置く者は、法の庇護から除外される[46]。フィデースは万民法（ius gentium）の影響のもとで言わば世俗化し、ローマ人と外国人との最初の諾成契約〔当事者の合意だけに基づく契約〕が実を結ぶことになったのだ。国際取引はすでに信頼に、あるいはむしろ報復の恐れに基づいており、形式主義を気にかけてはいなかった。信頼を裏切られたことのある者たちは、外国人の貸し手から、もっとも一般的な取引——売買、賃貸借、組合、そして後には委任——に裏付けを与えるために、誠意（bona fides）に基づき行為するとの約束を取り付けた。誠意とはここでは、客観的な根拠のある信頼、同様の状況に置かれた商人なら誰でも納得できるような信頼を意味する。これに対して無名契約は、事実に基づく訴訟（actio in factum）という、法務官がケース・バイ・ケースで認める訴訟によってしか、そしてどちらか一方が約束した供与がすでに実施されている場合にしか、処罰されることは決してないだろう。このようにローマ法は、契約の形成において約束に一定の役割を与えつつも、契約の有効性の源泉となるような一般的な原則をそこに見出すことはなかったのである。

中世の註釈者たちは、「裸の協定は法廷では何らの行為も生み出さない」という格言を自らの手で引き受け、その上に協定の衣服（vestimenta pactorum）という彼らの理論を築き上げた[47]。アックルシウスの表現によれば、裸の協定とは不妊の女性のようなものであり、それが法を生み出すには服を着せてやる必要がある。ある種の協定は「もともと豊満で熱を帯びているので、服を着せるにはほんのわずかで十分だ」。たとえばローマ法がすでに諾成契約をそこに見出していた、売買や賃貸借の場合がそうである。他の協定の場合には、単なる合意よりも厚い衣服が必要である。すなわち事物（res）、言葉（verba）、付録（cohaerentia）、介入物（rei interventus）などがそれだ。一六世紀にロワゼルが、意思主義のイメージとしてもっとも有名なもの──「牛は角により、人は言葉により読み取られる」──を示した後で、次のように付け加えるとき、彼はこの衣服理論を嘲弄しているのである。「単なる約束や同意が、ローマ法の約定と同じくらいの価値を持つ[48]」。註釈者からロワゼルに至るまでの間で、原則はまさしく反転したのであり、以後はローマ法とは逆に、「裸の協定から、法的に訴える権利が生まれる（ex nudo pacto, actio oritur）」ことが認められるのだ。

このような原則の反転は、中世カノン法学者たちに負うものであり、Pacta sunt servanda（合意は拘束する）という規則の発明者は彼らなのである[49]。教会が商取引における宣誓の使用に強く反対していたことは知られているが、それは神の前では単なる約束も同様に拘束になると教会が考えていたからである。キリスト教徒の行為は、常に〈真理〉に基づいていなければならないのだ。信徒は自らの言葉に忠実でなければならない。約束をしながらその約束を守らない者は、〈真理〉に背いて行動している。その者は隣人を裏切り、致命的な罪を犯しているのだ。このように約束の尊重はもともと、聖書や教父たちの法解釈に基づいた、道徳的規則として提示されていた。その最初の定式化──Pax servetur, pacta custodiantur（平和は守られるべきであり、協定は尊重されるべきである）──は、互いの司教区の境界をめぐって二人の司教の間で交わされた協約の帰結を述べた、第一回カルタゴ公会議（三四八年）の決議『アンティゴノス』の中に見出される。[50] 言葉を守らないキリスト教徒は、嘘に対する教会の懲罰を受ける。この道徳規則が法的な義務に変化したのは、一三世紀のことである。一二一二年に、グラティアヌス教令集の『標準注釈（Glossa Ordinaria）』は、単なる合意を守る義務に法的効力を授け、それを訴権と結びつけた。[51] グレゴリウス九世教皇令集にも取り入れられたこの解決法は、ローマ法に由来する対立的な原則や、封建制時代の契約の形式尊重主義に立ち向かわなければならなかった。だが最終的には勝利して、ローマ法の後期註釈学派によって採用されることが決定し、[52] フランスでは一六世紀前半に取り入れられた。[53] 民法典一一三四条には、「合法的に形成された合意は、それをなした者に対して、法の役割を果たす」という、著名な定式が記載されることになる。[54]

つまりその前では誰も嘘をついてはならない、すべてを見透かす唯一神の存在を信じたからこそ、単なる合意（裸の協約）は契約と同一視されるに至ったのである。言い換えれば、近代的な契約概念は、約束の普遍的な〈保証人〉に対する信なくしては発展しえなかったのだ。しかもこの約束は、〈保証人〉の法に適う限りでしか価値を持たない。かつては神の法が、合意に正義を求め、[55] 今日では国家の法が、「合法的に形成された」合意にのみ法的な効力を与えている。交換や同盟の二次元的で水平的な側面は、契約がその庇護のもとに形成される〈第三項〉の三次元的で垂直的な側面なくしては、市場経済を繁栄させる均質的で抽象的な平面とはならなかったであろう。

このことを理解するためには、いずれかの中世都市の市場に足を踏み入れてみるだけで十分である。

たとえばブリュッセルのそれは、交換法則の上演にとりわけ成功している。周知のようにこの見事な建築体は、境界をなす建物によりまずは輪郭を定められており、その建物の一方は組織的な労働（同業組合の拠点）に、他方は交換の公正さを保証する公的な権威（市庁舎の拠点）にあてがわれている。このような建築からただちに見て取れるのは、交換を保証する〈第三項〉なくしては、そして交換される財を生産する労働者たちの団体組織なくしては、規則的な交換などないということである。このように制度化された空間から外に出ることは、市場の空間とその法則から外に出るということである。この広場を見下ろす丘の上の、裁判所や王宮に赴けば、交換の法則とは別の法則によって統率されることになる。さもなければ裁判の決定や政治的な決定が売買できるものになり、つまりは市場という概念自体が意味を失い、マフィア的関係に堕するような、腐敗した都市に居合わせる羽目になるだろう。言い換えれば、市場とは普遍的な諸規則の自発的な源泉などではなく、独自の制度的な構築物なのであり、その堅牢さは、法的な土台や、市場を包み込むより大きな制度的総体の堅牢さに依存しているのだ。

　このような制度的な枠組みが、中世以来変化してきたことはもちろんだが、市場がドグマ的な諸基盤に拠って立っていることに変わりはない。今日それを思い起こさなければならないとすれば、それは支配的な経済思想が、自らの拠って立つ法的なフィクションの罠にはまっているからだ。自由貿易体制が二世紀前に創設されるためには、労働、土地、貨幣が、あたかも交換可能な製品、商品であるかのようにしなければならなかった。[56] 言うまでもなく、労働も土地も貨幣も、製品ではなく、経済活動の条件である。したがってそれらを製品として扱うためには、多くのフィクションが必要である。

これらのフィクションは法的な人工物である。というのも、たとえば労働が労働者の人格から切り離しうる商品であるかのようになるのは、〈法権利〉が、金儲け主義に歯止めをかけ、労働者を物として扱うことを禁じる賃金規定を組織することによってだからだ。このようにそれが法的秩序を基礎づける諸価値に従属するフィクションであることを忘れ、人間や自然を純粋な商品として扱うことは、道徳的に唾棄すべきことであるばかりか、重大な生態学的かつ「人道的」破局を招かざるをえない。なぜなら市場が良好に機能するためには、人材・天然資源・資金の安全を保証する規則や制度が必要だからだ。

合意の保証人としての国家

啓蒙時代の転換期以来、交換の〈保証人〉の場を占めるのは国家である、少なくとも西洋の世俗的国家においては。信者の言葉が神の法の庇護のもとにあった宗教的な文化から、合理的な個人が国家の庇護のもとに約束をする世俗的な文化へと、私たちは移行したのだ。このような「世俗化」は、契約が信仰なしに、つまり約束の番人への信なしにやっていけるようになったことを意味はしない。マックス・ヴェーバーは自らの米国旅行に際して、次のようなビジネスマンの味わい深い省察を伝えている。「誰が何を信じようと勝手だが、ある顧客が教会に通っていないということを知ったら、私にとってその人物は五〇セントの価値もなくなる。何も信じない男が、どうして私に金を払うというのだろう」[57]。契約が認める合理的な計算の核心には、信仰が居座っているのであり、変わることができるのはその対象だけである。トクヴィルはすでに、「人間が完全な宗教的独立と、全面的な政治的自由を、同時に耐え忍ぶこと」ができるかどうかは疑わしいと述べていた。そして彼はこう付け加える。「信仰がないならば仕えなければならず、自由ならば信じなければならない」[58]。契約的自由とは、合意を保証する〈第三項〉への信が分かち合われていなければ考えようのないものなので、このトクヴィルの指摘が全面的に当てはまる。契約の法的構造において、〈第三項〉の姿が遍在しているのはこのためである。

このような遍在は何よりもまず法に対する準拠の形で表れており、民法典一一三四条の中だけでも、そうした準拠が三度とならず出現している[59]。人格や事物、空間や時間を超えて、あらゆる契約の構造は法の気配を帯びている。そして法とは、フランス的伝統における共和国であろうと、コモン・ローのシステムにおいてであろうと、常に〈保証人〉の言葉である。国際法はこの構造的な要請を確立したのだ。国際的契約に適用されうる、一つもしくは複数の法が常に示されうることで、「契約は法により規制される[60]」という原則が実行に移される。というのも、契約を交わす者たちの法人格を定礎し、彼らの言葉に力を与える法がなければ、そもそも契約などないし、ありえないからである[61]。

保証人としての〈第三項〉の存在は、契約債務の文面における貨幣への言及にも表れている。確かに貨幣は標準的な経済分析においても姿を消すことはない[62]。なぜなら貨幣が金融資産としての、あるいは支払手段としての機能を果たすためには、その価値を信頼する契約当事者たちの共同体を、貨幣が制定することが不可欠であるからだ。そもそも一ドル札を見てみさえすれば、貨幣の象徴主義が宗教的な信を動員し続けていることが十分にわかる。そしてこのような信者たちの共同体をつなぎとめているものは、各構成員の個人的な意思には左右されない。自己準拠的な貨幣という今日の幻想にもかかわらず、貨幣はその価値を保証する〈第三項〉がなければ存在しないし、存在しえないのだ。[63] この〈第三項〉は、ヨーロッパではここ数年まで、そして他の大半の国々では今日でも、国家によって体現されており、中央銀行を介した国家は、貨幣が取り結ぶ様々な関係の最終的な見張り役なのである。

　法の公布と貨幣の鋳造とを独占した近代国家は、中世的な構築物の本質を救い出すことに成功した。国家の庇護のもとに、普遍的な〈保証人〉という中世的な理念によって導き入れられた歴史的な力学が、その効果を発揮し続けたのである。この〈保証人〉の主要な属性を自らの手中に収めた国家は、契約関係の抽象化の拡大と完成を可能にした。この抽象化がなければ、合理的な利害計算のもとに、社会関係を位置づけることなどできまい。こうしてローマ法の第一者《プリムス》と第二者《セクンドウス》を引き継いだのが、経済的な方程式の数学的記号である。この計算の必要のために、諸人格は契約を結ぶ単なる粒子として、抽象的に（物理的な偶発性から独立した人格という概念）、かつ形式的に同等（平等原則の力学）、さらには人間と同じ法的な実在を貸与された純粋な擬制（法人格）とみなされる必要がある。財やサービスは、用途がどれほど多様でも、貨幣価値によって比較可能で、同じように交換が自由な、商品とみなされなければならない（事物から「事物の精神」を抜き取る、名や作品などの資産化の力学はここに由来する）。技術の進歩により消し去られなければ、時間は同質で数量化可能な所与であるべきであり[64]、それは債務の計測に適した精密な時間である。さらには空間も、財や労働者や資本の自由な流通の妨げになるものはすべて取り除かれた、連続的な空間であるべきである。[65] そうすれば契約は、諸人格や諸事物の多様性から独立した、抽象的な関係として考えられ、利害の計算に法的な力を与えるようになる。だがそれが可能なのは、契約の有効性が、国家によって保証されている限りのことであり、国家とは諸人格（民籍や職業的身分）、諸事物（国家はそれの取引を禁じたり制限したりできる）、時間（国家がそれを統制する）そして空間（国家はそれを諸領域に分ける）の質的な定義の保証人でもあるのだ。

しかしながらこのように国家に依拠した、計算に基づく交換は、三種類の障害に常にぶつかる。第一に、ある種の事物は商品への変身を拒む。その一つが、それを生み出した人格の刻印を保ち続けるものである。精神はある種の作品にまとわりつき、知的所有権――モースはすでにそれに言及していた[66]――は、著者の何らかが、その著者の生み出した事物にとどまり続けるだろうという理念を活性化させた[67]。もう一つが、特定の人格に基づかせることができないため、所有と交換にはなじまないものである。天然資源や文化資源は、全体もしくは部分的に、商取引から保護されなければ、それによって破壊されてしまう（環境保護、遺伝的遺産保護、文化的例外など[68]）。

第二に、労働契約という理念や労働市場の制定に内在的な、「人材」の金銭化が、市場秩序の基本である人格と事物の分離と矛盾をきたす。このため雇用や連帯といった概念がこの領域において発明され、それらの概念によって契約と地位とは融合し、人格と事物の分離とは無縁の、前契約的な社会関係の諸形態に、新たな息吹が生まれる。概念の厳密さに常にこだわるドイツ法は、そこから三幅対の法秩序を導き出し、公法と私法の隣に、契約と規制に関する技術を融合する社会法の場所を設けた。これとは逆に二分法にこだわるフランスの法学者たちは、こうした融合の重要性を理解してそれを自らの基本的な法概念に取り込むことに、いつも苦労している。

第三に、諸々の協定の〈保証人〉の機能の世俗化は、契約の普遍化を阻害する。神とともに失われたのは、何よりもまず諸契約が根づく規範空間の一体性である。普遍的な〈保証人〉は姿を消し、地域的な保証人たちに取って代わられた。彼らの普遍性への自負がどうあれ（フランスの場合は特にそれが強い）[69]、国家は自らの国境で区切られた空間の中でしか合意を保証することができない。国際私法と、それによる諸々の法や裁判権をめぐる争いの解消技術が繁栄したのは、規範空間のこうした断片化が背景にある。確かに国際的契約を内実ある普遍的な規則にしようという努力は重ねられているものの、ケース・バイ・ケースでしかそこには到達できてはいない。それはつまり諸々の有名契約〈典型契約〉をめぐる古い技術（ローマのように売買を始めとする）に回帰するという代償、すなわち中世人が苦労して獲得した概念的な統一性を、国際的な水準では失うという代償と引き換えである。〈準拠〉の世俗化にはもう一つ不都合な点がある。神と契約を交わすことは少なかったが[70]、国家は保証人であると同時に契約当事者でもある。だがそれは他とは異なる契約当事者であり、平等原則の当てはまらない、契約法を困惑させてばかりの、常軌を逸した人格である。統治の方法の契約化が進むに連れて、この困惑はいや増す。融合的なカテゴリーが、ここでもまた繁栄し、法的な優柔不断よろしく、契約というメッキの下では、契約法の諸原則の普遍性に対する反発が渦巻いているのだ。

普遍的で抽象的な交換の概念の不十分さは、経済理論に異論を唱える一部の潮流によっても明るみに出されている。計算という得意技により自らの利益を最大化する合理的なプレイヤーという純粋な抽象に基づく、標準経済学（「法と経済学」のムーブメントもそこには含まれる）は、一般的な契約理論の抽象化に言わばとどまっている。しかしこの種の分析の信憑性には今日では疑義も出されている。人間の物質的な生の了解可能性における、信仰や文化、労働や具体的な製品の場所を再び見出した、合意《コンヴァンシオン》経済学は[71]、具体的な人間が行動するために一致する仕方を、経済分析の中心に置き直している[72]。他方で規制《レギュラシオン》経済学は、経済現象の理解における諸制度の重要性と役割を明るみに出した[73]。これらの仕事は〈保証人としての第三項〉の問題にとどまり続けているものの[74]、法分析にとって非常に実り多く、きわめて啓蒙的である。しかしそれらは交換についての現代的な理念の展開を明るみに出しもする。契約のすべてのパラメーターに影響を与える、具体的なものの回帰が、そこには見出せるのである。

こうしていわゆる特別法（労働法、社会保障法、環境法、消費者法、公益事業法など）が、個人の利害計算の地平を越えるものすべてに地位を与えるために進化を遂げてきた。契約法はすべての側面において、財や人格の個別の諸カテゴリーに適用可能な公共秩序の規則を尊重するように強いられてきた。これらの特別法は、普通法たる契約法が、契約化現象の複雑さの理解にますます苦しむ中で、その松葉杖の役割を担っている。これらの松葉杖は、自由貿易のダイナミズムと、資本や財、サービスの流通に対する国境の開放によって、国家により縮小や「緩和」を強いられ、その効用を失うのだ。

契約関係の再封建化

つい昨日まで交換の唯一の〈保証人〉だった国家は、今日では国際舞台において交換の障害のようにみなされている。交換の法を述べたり、貨幣を保護したりする必要が生じるや、新たな諸制度がこの〈保証人〉の役割を国家と争い始める。経済的な信条によってその同一性と任務を保証された、国際的な諸制度（世界貿易機関［WTO］、経済協力開発機構［OECD］、世界銀行、欧州中央銀行、国際通貨基金［IMF］、欧州委員会）が、物質的権力（貸付を認める）および精神的権力（自由貿易という美徳への信を広める）の本質を手にした。それらの制度の庇護のもとで、国境を越えて契約を結ぶ自由が、国家法に起因する敬意をないがしろにしている。そして国家は、「地域的」な連帯（公共サービス、共済組合、公共補助）を組織するような、製品・サービス・資本の自由交換の妨げとなるあらゆる制度を解体するように促される。「社会的」な役割を担った組織（国際労働機関［ILO］、ユネスコ、世界保健機関［WHO］など）は、お金や信頼を配分する必要がなく、自らの目標を絶えず下方修正している。昨日まではまだあらゆる人間を西洋的な充足に到達させることが目指されていた。今日では一九世紀の最初の社会的博愛主義者と同様の、最低限の要求にまで後退している。すなわち、疫病を食い止め、強制労働を禁止し、児童労働を制限することである。[75]

契約が国家により閉じ込められていた枠組みを乗り越えようとする傾向は、人格・事物・時間の定義において、契約交渉の自由な作用を妨げうるものすべてが後退していることからも明らかである。たとえば国家の庇護のもとに労働の「経済的」側面と「社会的」側面を結びつけていた諸々の法的構築物が見直しを迫られている。一方では労働法の規制緩和、他方では最低賃金の一般化が、同じメダルの表裏として出現している。そこでは労働は、人格から切り離された売買自由な事物とみなされ、人格が登場するのは、あまりにも明白なために集団が見て見ぬふりをできないような「必要」の場合のみらしい。同じプロセスは諸々の国際金融機関（世界銀行、国際通貨基金）の政治において、より明白に現れている。これらの機関は一方の手では自由競争の名のもとに連帯のシステムの破壊を推進し、他方の手では「人間開発」の名のもとに貧困撲滅計画に出資を行う。契約の対象となる事物の領域は拡大を続ける。著作者人格権は近年の知的所有権をめぐる国際合意において後退している。特許権は生物にまで及び、人体は細切れにされて契約法に引き渡されている。[76] 国家に依拠するのではなく、市場に対する消費者の権利に依拠して定義された市民権の名のもとに、契約法は、民営化が進むに従って公共財や公共サービスにまでその支配を拡張している。[77] さらには情報革命により、時間は純粋な会計の単位となり、市場の進展を考慮に入れた最良の金融取引を実現するためにプログラムされたコンピューター演算のパラメーターと化している。今や当事者はいつどこにいても、「リアルタイム」に、すなわち技術の進歩によって実体化する以前に法学理論が想定していた「理念的瞬間」に、[78] 契約を結ぶことができるのだ。取引時間の規制緩和（日曜日や夜間労働の禁止の見直し）が目指すのは、時間の質的な側面すべてを消滅させ、契約活動を妨げることのない、あらゆる人間がいつでも生産者や消費者になれるような、均質で連続的な時間のお膳立てをすることである。

国家の弱体化には、協定の保護者たる〈第三項〉の形象の解体が必ず伴っており、地域全体（欧州委員会）あるいは特定の活動領域（エネルギー、為替、通運、通信、オーディオビジュアル、バイオテクノロジー、IT、食の安全、病院、医薬品など）の契約の監視を担う、独立の権威が増殖することになる。[79] 人権と市場の法の両者の尊重によって貫かれた地球規模の法秩序という見通しとは裏腹に、また「グローバル化」という夢もしくは悪夢とは裏腹に、姿を見せつつあるのは、それぞれの場所を持った具体的な参照項の増殖である。契約化という外套の下に見え隠れするのは、ピエール・ルジャンドルが他の場所で社会関係の再封建化と名指してみせたものである。[80] 計算による合理化の力学が、国家自体を揺るがせてしまうのは、この力学が国家の地域的・具体的な性質にも、生来的な異質性にも、甘んじようとしないからだ。しかし契約がこのように公的な後見から解き放たれると、その容貌も一変してしまう。契約とは合理的な計算の道具で、契約を結ぶ人格や対象となる事物から独立した抽象的な関係であるとみなすことができるのは、法が人生の計算不可能な諸側面を引き受けてくれているときだけなのだ。このように法と契約とは分かちがたく結びついている。だが複雑化・国際化する世界においては、法と契約との間の役割分担が変化しつつある。

一方で、純粋な計算の論理に当てはまらないものすべてに対峙するために、法や国家がますます求められている。たとえば、経済的・技術的な「発展」に起因する、統計的な保険契約では射程に収まりきらない、計算不能なリスクから身を守るために、公的な権力が引き合いに出される。予防原則の出現が意味するところはこれに尽きる。[81] だが公権力がこの要求に応えるためには、エキスパートたちの〈科学〉に基づいて法を正当化せねばならず、この〈科学〉はしばしば国家的もしくは国際的な独立の権威という姿で制度的に振る舞っている。

他方で、かつては法が引き受けていた問題は、契約と交渉に任されている。法からは実質のある規則が抜き取られて、交渉の規則が幅を利かせている。このような動き——手続化と呼ばれる[82]——は、かつては国家により規制されていた具体的・実質的な問題を、契約の領域に移行させている。このような契約化によって引き起こされているのは、契約の対象に応じて多様化する契約の司法制度、すなわちローマ法の「有名契約」の技術へと私たちを差し戻すような、「特別契約」の増大である。契約化によって、想定される利害の対立が増加し、具体的な諸人格を考慮した契約倫理が必要とされるようになった。[83] 契約化によって時間の質的な理解が見直され、そこにおいては抽象的な義務の機械的な作用よりも、個別の関係の堅牢さと永続性の方が尊重される。さらには国家の形象の弱体化は、世界規模の規範空間の均質化という、上方への効果ばかりではなく、(再)領土化という下方への効果も生み出す。国際化する商業契約に対しては、社会参入最低所得保障(RMI)受給者の参入契約を立ち向かわせなければならない。後者が目標とする――効果が伴うとは限らないものの――のは、人々の土地への帰属の再興、さらには脱中央集権化、領土整備政策、農業政策、雇用政策を伴う一連の契約の立て直しである。この場合の契約とはもはや、契約当事者のアイデンティティや財とサービスの個別的性質、さらにはそれが関わる諸人格からは独立した、抽象的な関係とみなすことはできない。

多くの場合は相互的な義務に対して、自由に合意した平等な人格同士を結びつけるのが、標準的な契約である。現代的な契約の亜流にはこれらの特徴のいずれかが欠けており、義務を生じさせる同意であるということしか共通点はない。合意における相対的効力の原則〔当事者以外の第三者は利益も損害も受けないとする原則〕は、集合的合意をモデルとした同意の躍進によって追い詰められている。この同意は契約当事者たちを結びつけるだけでなく、彼らに代表される集団をも巻き込む。こうして契約は規則と混ざり合い、不安定で不特定多数の人々を含んだその効果をグループにまで及ぼす。平等原則もまた後退が危惧されるのは、とりわけ諸々の（公的または私的な）機関の脱中央集権化政策において、契約が当事者たちや彼らが代表する人々の利害を序列化したり、一部の機関による他の機関への支配力を確立したり、原則として交渉不可能な集団的利害の要請を実行したりするのを目的としている場合である。参入契約から計画契約〔主に国と他の公的主体（地方政府、公営企業等）との間で、重要課題に関する今後の取り組みに向けた計画や予算等について取り決めを行うため締結される契約〕まで、そして社会保障協定から下請契約まで、こうした特徴を持つ契約の例は、公法や社会法、国際法や商法の中にあふれている。さらには契約の自由もまた、契約という手段が法によって強制されるたびに、傷だらけになっている。保険加入義務の増大は、このような合法的な契約義務の力学について考える手がかりであり、それは公共サービスの規制緩和と民営化の動きによってますます力を強めている。利用者は契約を結ぶことによって債務者となり、契約相手の選択を始めとする新たな責任が自らにのしかかることになるのだ。

全体として考えてみた場合、こうした様々な変化が示しているのは、新たな種類の契約の出現である。それらの契約が第一の目的とするのは、特定の財を交換することでも、対等な者同士の盟約を確かなものとすることでもなく、権力の行使を正当化することである。西洋を二世紀にわたって支えてきた平等原則の力学は、権力の一方的な行使の代わりに契約を、単方向性の代わりに双方向性を、他律の代わりに自律を目指して、できる限りのことをしてきた。だが他律の敷地に足を踏み入れた契約法はその色に染まり、人々を服従させるための道具となった。平等原則に支えられた契約法が、権力の行使の場に歩みを進めることができるのは、ルイ・デュモンが明らかにしてみせたように、自らの対極をうちに取り込むことによってのみである。つまり諸人格や諸利害を階層化することは避けられないのだ。こうして交換や盟約の傍らに契約法が付け加えるのは、忠義の領域であり、これにより一方の当事者は他方の権力行使領域に身を置く。二種類の契約が、実際には結びつきながら、この忠義という特徴を体現している。依存契約と統制契約の二つである。

依存契約の特徴は、ある人格の活動を他の人格の利害に従わせることである。[84] 労働契約がその雛型であり続けてはいるが、そこで発明された形式――自発的な同意のもとでの従属――は失速している。従属では、ピラミッド型を捨ててネットワーク構造を取ろうとする諸制度の必要を満たすことができないからだ。[85] 封建的なスタイル（封建的主従関係を連想せずにいられるだろうか？）のネットワークは、単なる秩序への服従を必要とはしない。ネットワークに必要なのは、人々を手懐けつつ、彼らの価値の本質をなす、自由や責任を剝奪しないことである。こうして新たな〔法と契約の〕混成《ハイブリッド》が花開き、構成員たちを他人の利害へと従属させている。このような混成は経済生活にはすでに根づいている（流通、下請け、農業の一体化など）。公的あるいは私的なマネージメント文化はそのような混成に支配されている。そうした混成は自由と隷属、平等と階層とを結びつけながら、労働法[86]や責任法[87]に不意打ちを食らわせ、人間に対する権力のかつてない諸形態に道を開いている。[88]

統制契約の特徴は、契約当事者固有の利害の整備を目指すだけでなく、集団の利害の実現に役立とうとすることである。統制契約の登場が最初に指摘されたのは、一九三〇年代のジョスランによってであり、彼はある種の契約（賃貸借、運送）の命運に対して公序の規則の支配が高まっていることに危惧を覚えていた[89]。しかしそれは変異の最初の世代にすぎなかった。これらの契約はまだ統制経済のピラミッド的な発想の中に収まっていたのであり、それは国家が定めた一般的な利害の規則に、これらの契約を従わせようとするものだった[90]。これに対して近年の契約技術の産物は、集団的な利害の要請を実現する配慮ばかりか、その定義に参加する配慮をも、統制契約に譲り渡している。しかもこの統制契約の技術は、国家の専有物ではない。この技術は基本協定という形で私的な領域にまで波及しており、この基本協定の適用領域に入る契約は、それによって定められる集団的利害の規則に従わなければならない。計画契約、医療協約〔疾病保険金庫と開業医の間で締結される協約〕、共同体社会法に導入された立法的な諸合意が、新たな種類の契約的統制主義の数多くの発露であり、これにより公的・私的な数多くの人格が、権力の行使へと結びつけられる。行政活動の契約化[91]〔行政活動において、関係当事者との交渉や契約を介在させること〕は、このような権力の請負のもっともわかりやすい現れであるにすぎず、それが最初に発明され、実行されたのは、おそらく私企業においてである。

これらの契約の亜流すべてに共通する特徴は、少なくとも形式的には平等原則を侵害することなく、諸々の人格〔自然人や法人、私人や公人〕を、他人の権力の行使領域に導き入れることである。これらの忠義関係の躍進には、公と私の区別の侵犯や、協定の〈保証人〉の形象の細分化〔とりわけ諸々の独立した権威の増大とともに〕が伴っている。したがって「すべてを契約的に」の幻想からは手を切らなければならない。「社会の契約化」は、法に対する契約の勝利を意味するどころか、法と契約の混成の症候であり、また社会関係を紡ぎだすための封建的手法の再活性化の症候であるのだ。契約はここで、西洋法制史において自らの巨大な力の源となってきたものと関係を結びなおしている。つまりあらゆる権力を結びつける力である。マルク・ブロックは、私たちの契約概念が封建的な臣従礼にどれだけ依拠してきたかを読み解きながら、日本的な封建制との大きな違いをそこに見出した。その上で彼は、封建社会についての自らの主著を、以下のような言葉で締めくくっている。「権力を拘束しうる合意という観念を強調するところに、わが西ヨーロッパ流の封建制の独自性が存在するのである。したがって西ヨーロッパ封建制が卑賤な人々にはいかに苛酷なものであったとしても、西ヨーロッパ文明に今日でもなお私たちが存続を望んでやまないあるものを遺したことは明らかである」[92]。つまりこのような再封建化をはっきりと認め、それを手懐ける努力をした方が、「すべてを契約的に」というまやかしに身を委ねるよりもましである。

国家と法、貨幣の一体化は、実際のところ歴史の一場面でしかなく、これらの〈準拠〉の三つの形象が、自律化することもありうる。一部の国家はまだ神を自国の通貨の価値の〈保証人〉とみなしていることを確認するには、一ドル札を一瞥するだけで十分だ。その逆に通貨の主権を切り捨てて、事実上もしくは法律上より強い国家にそれを任せたり（ドルやCFAフランへの同調[93]）、ユーロのような「共通通貨」を設立したりする国家もある。こうした現象がもっとも直接的に目に見える形で現れているのが、欧州連合競争法や欧州中央銀行だ。つまり協定の保証人という構造的な機能は、国家と不可分に結びついているわけではないのである。この機能は国家に先立って存在し、国家よりも長生きすることもあるのだ。そしてそれが空位になるとすれば、それは法秩序の理念自体が崩壊するときである。約束の見張り役がいなければ、力だけがものを言うことになるからだ。ナチスに魅惑されたことが知られているリヒャルト・ワーグナーは、『神々の黄昏』において、この考え方を音楽で示した。「ヴォータンは協定（Verträge）を保証する文字（Runen）を自らの槍に刻み、その槍によって世界を自らの支配下に置いていたが、恐れを知らぬ英雄が出現し、槍を一撃でへし折り、かつては神聖だった、世界の秩序を保証する法の束を断ち切った」[94]。今日において、個人の利益の計算だけに基づいて新しい世界秩序を打ち立てることができると考える人々は、このような超人の夢の立派な相続人であり、新たなワーグナー的黄昏に、私たちをゆっくりと導いているのだ。

あらゆる規則を利益の計算に結びつけ、それを規則の正当性の根拠かつ尺度とすれば、約束をした者は、その約束を破った方が自分に有利である場合には、それを守らなくてもよいのだという考え方に行き着く。このような効率的契約違反（efficient breach of contract）の論理が意味するのは、しばしば引き合いに出されるアメリカの判事ホームズの表現によれば、「契約を守る義務とは、もし守らなければ損害賠償を払う用意をしなければならないということで、それ以上ではない」[95]。この理論は市場に対する最適なリソース割り当てという考え方によって正当化されている。たとえば経済的見地からすれば、ある財（たとえば医薬品）を、約束した相手（貧しい人）に届けるのをやめた方が効率的である。仮に第三者（金持ち）が、最初の値段と、騙された買い手に対する損害賠償の合計を超える額を支払ってくれるので、この第三者に医薬品を供給した方が自分にとって得であることが判明した場合には。この理論はフランスにも波及しており、約束を履行することと、約束違反を賠償すること の間には、違いはないと主張する法学者たちがいるのである[96]。信頼とは計算不可能な価値なので、ここではもはや何の勘定にも入らない。今日においてこのような法の考え方が世界中に広がり、南側諸国に対してのモデルとなっているのを知ったならば、憂慮すべきことはきわめて多い。なぜなら約束が都合のよい限りでしか守ってもらえないような世界とは、言葉が何の価値も持たない世界だからである。このような前提の上に立つ社会は、ますます暴力的で、ますます警察的にならざるをえない。それはまた、一番大きな代価を払う、一番弱い人々が、政治の言葉に一抹の信用も寄せず、法に対して少しの価値も認めない世界である。社会の団結力の低下を嘆くことは、もし各地で法の制定的機能の破壊が推進され、それにより人間たちから、各自の行動に対して共通の意味を与えうる道標が奪われようとしているのなら、悲しき茶番でしかない。

II

法の技術——解釈の素材

第四章
諸々の技術を統御する——禁止の技術

同一物を様々な観点から検討することは可能であるが、他の観点よりも本質的な観点があることは確かである。その本質的な観点とは、事物の出現や変化の法則を示しうる観点である。製造物にとって本質的な観点とは、人によるその製造と利用という人的観点であることは明らかであり、テクノロジーが科学であるべきだとすれば、それは人間的な活動の科学としてそうなのである。

アンドレ＝ジョルジュ・オドリクール
『人文学としてのテクノロジー』（一九六四年）

ある時点における技術と法文化との根源的な関係を推察するには、ミニテル〔フランステレコムの開発した情報通信端末。一九八〇年代に普及〕とコンピューターとを比較するので十分である。ミニテルには、公共サービスについてのフランス法の精神そのものが見出される。すなわち、ピラミッド型で中央集権的な樹形図的組織。完全に平等な条件かつ安価ですべての人に保障されるアクセス。公的な人物を仲介したテキストとの関係。かたやインターネットに接続しているコンピューターには、コモン・ローの精神そのものが見出される。すなわち、外延が把握しにくいグラフ型組織。各人の経済的・技術的・文化的能力に応じた不平等なアクセス。中央当局を介さないすべてのテキストとの直接的関係。この二つの技術の比較が気づかせてくれるのは、法と技術との間には一義的で決定的な関係は存在しないということである。[1] 技術の進歩が法の変容をもたらすのは当然である。たとえば情報科学と自由についての法律の制定に関心が寄せられているのは、情報科学が誕生したために違いない。しかし、技術の進歩はそれ自体、ある時点における法文化に依存している。自然そのものが法則《ロワ》に従っていると考えられ、当該法則の科学的発見が技術の基礎とされたのは、西洋の諸制度が法《ロワ》の理念に立脚していたからである。[2]

〈法権利〉と技術とが同じ一つの文化を共有し、同じ歩調で前進するのだと理解すれば、それらを結びつける関係についての考察が、通常支配している論争に絡めとられずに済む。おおまかに言えば、〈法権利〉についての二つの考え方を対立させるのがこの論争である。一方にあるのが超越論的あるいは自然法的な考え方であり、〈法権利〉の中に普遍的で非時間的な原則の表現を見出すのがこの考え方であるのに対し、他方にある実証主義的で道具的な考え方が〈法権利〉の中に見出すのは、本来的に中立で意味を欠いた純粋な技術である。ある者にとっては、〈法権利〉によって明らかにされた大原則に技術を従わせることが問題であるのに対し、他の者にとっては、〈法権利〉とはいかなる規範的内容でも運ぶことのできる手押し車のようなものであるから、何であれ技術的に実現可能なものは、いずれ法的にも許容されるはずだということになる。

「技術」の意味するところを思い起こせば、この論争の虚しさが明らかになる。技術物が自然物と異なるのは、技術を作り利用する人間が、それに意味を与えるからである。マグリットは、なぜ石を描くのかと尋ねた人に対して、次のように答えたことがある。家具や家のような人間が作った物には、常にいくばくかの考えが宿っているが、石は考えないので、自分にとって重要な存在であるのだと。[3]オドリクールも指摘するように、テーブルや椅子は、数学的観点（面積、体積）、物理的観点（重さ、密度、圧力に対する耐性）、化学的観点（燃焼性や溶解性）や生物学的観点（木材を提供した木の樹齢と種類）から、自然物として考察することができるのは確かだが、テーブルや椅子の何たるかを理解させてくれるのは、人間による製造と利用という観点のみである。[4]換言すれば、技術を特徴づけるのは以下の事実である。すなわち、「道具は、主体や世界、あるいは主体や世界と同じ意味を持つ諸要素とは異なり、それ自体のうちに価値を持つことはなく、当てにされた結果との関係においてのみ価値を持つ」のである。[5]技術が、それを構想する人間から意味を引き出すということは、技術は必ずしも物体とは限らないということである。つまり身体技法も存在すれば、[6]無形の技術も存在する。コンピューターのソフトウェアは最近の例の一つである。

こうした定義に鑑みれば、〈法権利〉が技術の世界に属することは疑いようがない。〈法権利〉は最初の無形技術の一つですらあり、この技術はキリスト教西洋が、一一世紀からローマ法の遺産を自分のものにすることで、[7]自らに備えつけるに至った。古代においてすでに宗教的な起源をほどよく薄められていたローマ法は、[8]数世紀にわたってリサイクルされて、西欧の科学技術的な飛躍の原動力の一つを供給するに至った。[9]ユダヤ法やイスラーム法とは異なり、西洋で発展した〈法権利〉は、人間に対して課される超越的な真理を説明してはいない。西洋の〈法権利〉の解釈の仕方と、トーラー[10]〔モーセ五書〕やシャリーア[11]〔イスラーム法〕の解釈の仕方との間に溝ができるのはこのためである。〈法権利〉の意味は、自らのうち、自らの言表のうちに、すべて存するわけではない。なぜならその意味は、人間によって外部から与えられる目的に由来するからであり、しかもこの目的は神的ではなく人的な目的である。このため解釈はテキストの文面に閉じ込められるのではなく、仮定上のテキスト精神へと開かれている。こうして〈法権利〉は、政治システムの歴史においてのみならず科学技術の歴史においても、移り変わる様々な目的に役立つことができたのであり、またこれにより、数々の技術の中の一つとして、諸技術の進化に貢献できたのである。

しかしシャベルが道具であると言うだけではシャベルの何たるかを理解するには不十分であるのと同様に、〈法権利〉が技術であると言うだけでは、それが諸技術の全体の中に占める位置を理解するには不十分である。〈法権利〉がそこで担っている固有の機能を特定する必要があるのだ。実際のところ技術はどれも、それが構想されるに至った特定の目的によって区別されるのである。シャベルや飛行機やコンピューターは、その製作を司った心的表象によって定義されるのであり、それぞれの技術はその思想のイメージなのである[12]。大地を掘る、空中を飛ぶ、情報を処理する。もちろんネズミをシャベルで殺したり、飛行機を兵器にしたり、コンピューターを現代アートのオブジェにしたりすることもできる。だがそれができるのはこれらの事物を覆し、別の事物（刃物、爆発物、装飾物）へと格下げするときだけである。だとすれば諸技術の世界の中での〈法権利〉の固有の機能とは何なのだろうか？

産業革命の歴史と歩みをともにした労働法の歴史は、この問いに対する答えのアイデアを与えてくれる。というのも労働法においては、民法がバイオテクノロジーに直面するよりもはるか以前から、〈法権利〉と技術との関係という問題が、いち早く明確に提起されることになったからだ。労働法の歴史は三つの段階を経ている。第一の段階では、フランス革命が市場経済と産業革命の法的な基盤を築いた。封建的関係を精算して所有権という概念を行き渡らせ、労働契約を同業組合のしがらみから解放することで、フランス革命は機械化をかつてないほど加速させた。第二の段階では、マルクスが見事に分析しているように、[13]産業の機械化により危険で非人間的な労働条件が生み出された。機械が筋力の必要を減じることで、女性や子供の労働搾取が可能になった。疲労や日周期とは無縁の馬力が、労働日を無限に延長することを可能にした。産業軍の本部たる工場は、幹部と部隊と兵舎の規律を持った軍隊モデルで組織された。第三の段階では、労働法が発達したおかげで、すべての産業国において、新たな道具に対する人間の従属に制限が加えられるようになった。労働者の身体を保護し、労働時間を制限し、事物の所為による責任を導入し、集団的自由の初歩を認めた労働法は、産業の機械化による殺人的で自由侵害的な圧力を減じ、「充足」のための道具に変えることに貢献した。

このような労働法の歴史によって明らかになるのは、〈法権利〉は数ある技術の中の一つであるにしても、他の技術と同じような技術ではないということである。〈法権利〉のおかげで産業の機械化は人間の生を脅かすものではなくなり、新たな技術によって破壊されてしまうことなしに、それを利用することができるようになった。人間と機械の間に入った〈法権利〉は、機械の力が生み出す全能の幻想から人間を守る役割を果たした。したがって、人間とその表象――心的表象（言葉）であれ物質的表象（道具）であれ――との間に置かれた道具として、〈法権利〉はドグマ的機能、すなわち仲裁と禁止の機能を果たす。諸技術の世界における〈法権利〉の独特の地位は、この機能により授けられたものである。それはすなわち技術を人間化する技術という地位だ。

今日における「新たな情報通信テクノロジー」が引き起こしている諸問題によって明らかになるのは、ある技術から別種の技術への切り替わりが生じても、上記のような〈法権利〉の人類学的機能が消滅するわけではないということである。これらの問題を検討することによって、諸技術が〈法権利〉と取り結び続けている関係を理解することができる。こうした関係は、技術の進歩に対して当然ながら遅れを取っている〈法権利〉を単に適応させることにつきるわけでもなければ、諸々の不変の法原則にこの進歩を従わせることに要約されるわけでもない。道具としての〈法権利〉は、情報通信テクノロジーの出現に当初から一枚噛んでいたのであり、ただこれらのテクノロジーの利用を紛れもない人間的な価値に従わせるために、〈法権利〉の内容は私たちの面前で変化を遂げているのである。労働法が〈法権利〉と技術との関係の格好の観測所であり続けるのはこのためである。そこでなされうる観測は、巨大なテクノロジーのリスクにさらされるようになった他の〈法権利〉の諸部門で提起される根本的な諸問題を解明してくれることだろう。以下に見るように、親子関係におけるバイオテクノロジーの利用が引き起こす諸問題は、とりわけそうなのである。

技術革新から生じる〈法権利〉

ここ数年で情報科学が私たちの生活様式や労働様式において非常に大きな地位を占めるようになっ

たために、私たちは社会がコミュニケーションのシステムであると考えることにすっかり慣れてしまった。だがこのような考え方は、物理学や生物学あるいは人類学に影響を与えた、より広範な科学的パラダイムの刷新に起因している。原子爆弾を発明したのもコンピューターを発明したのも同じ人間であり、コミュニケーションや交流に開かれた社会というプロジェクトは、民族や階級や遺伝子などをアイデンティティであるとみなして、それに基づいて人間を差別しようとした科学者たちの偏向が生み出した恐怖に対する応答として構想されたのである。[14] 情報や通信のテクノロジーの発展の源には、人間は内在的なアイデンティティによってではなく、環境との間に結んだ諸関係の総体によって定義されるべきだとの理念がある。ここからまずコンピューターが発明されたのであり、コンピューターは素材——ハードウェア——のコントロールができるようになったから誕生したのではなく、人の脳の論理的すなわち普遍的な組織を、機械へと拡張することで生まれたのであり、脳は二進法的に機能するのだと一般的に考えられていたのである。[15] 続いて生まれたのがサイバネティックスであり、これはあらゆる人間だけでなく機械や動物をも包摂するコミュニケーションについての一般科学であった。[16]

この観点からすれば、社会を作るとはもはや人間を制定すること、[17] つまり各人に行動の能力と他者との関係を築く能力を与える安定的で決められた場所を与えることを意味はしない。社会的な〈全体〉の中で各個人に決まった場所を割り当てるためには、各人の生命の準拠となる何らかのデウス・エクス・マキナ（神、天、国家、共和国、労働者階級……）の存在を仮定することが前提である。ところが純粋に物理的な世界観においては、個人の経験の「今ここ」を超えるような、この種の超越的な形象のための場所は存在しない。だとすれば制度は、柔軟なコミュニケーションのシステムに場を譲らねばならなくなる。それは自己統御されるネットワーク全体の中で、人々が互いに反応し、自らの行動を相互に調節することを可能にするようなシステムである。こうなると問題はもはや制定することではなく結びつけること、秩序づけることではなく意思疎通すること、統制することではなく調節することである。こうして人間と社会が互いに透明になり、形而上学の最後の傷跡から解放された世界の構築が望まれるのである。

こうした考えは法的な次元では、企業にコンピューターが普及するよりもはるか以前から実践されており、労働法は新たな情報・通信技術と歩調を合わせて進化を遂げてきた。これらの技術の普及を準備し、サポートしてきたのが労働法なのだ。このように諸々の法技術は、私たちの思考法や行動様式におけるネットワークや調整といった考え方の一般化に与してきたのである。

制度からネットワークへ

産業時代の労働法は、制度上の三人の主要人物をめぐって発展してきたのであり、これらの主要人物には三つの基本概念が対応している。つまり立法者と福祉国家概念、そして雇用者と企業という概念、さらには被用者と雇用という概念である。これら法的思考の三つの枠組みが、新たなテクノロジーと同じように、「情報通信社会」という論理の中に溶解しつつある。〈法権利〉であれどこであれ時代はネットワーク、[18]つまり各要素が自律すると同時に他のすべてと結びついてもいる多中心構造である。これを理解するには、「事情通の」読者ならば誰でも知っている三つの略号――「html」「www」

そしてPC〔パーソナルコンピューター〕——の背後に隠れているコンセプトと、上記の三つの概念を引き比べてみればよい。

「html」（ハイパーテキストマークアップ言語）という略号が明るみに出しているのは、情報科学によってもたらされた私たちとテキストとの関係の分断である。「マークアップ言語」とはユニバーサルなフォーマットのことである。つまり情報科学によって様々なテキストの階層は統一され、物理的な端末は確かに多様であるとはいえ、様々な書き物の世界を印刷術の発明以来秩序づけていたヒエラルキー（本、雑誌、新聞、風刺文書、ポスター、手紙など）が消し去られる。「ハイパーテキスト」とは諸テキスト間のヴァーチャルな関係を意味している。すなわち情報科学は、外延に制限のない無数の流動的なテキストを相互に連結するのである。ハイパーテキストによって第三次元を獲得したテキストからアクセスできるのは、諸々のテキストの大海であり、流動的で構造のないこの大海は、航海《ナヴィゲーション》と同様に遭難への入り口でもあるのだ。[19]

〈法権利〉もまたテキストの問題であり、この領域におけるハイパーテキストの論理の影響は、一九七〇年代末にこの論理が情報科学によって発展するよりも前から感じとることができた。諸テキストの区別と序列化に不具合が生じ始めたのは、欧州共同体指令の構成する「ハイパーテキスト」のためである。（新加盟に応じて）不特定数の法制度にインストールできる、加盟国共通の「フォーマット」である指令は、直接適用されるのではなく、諸テキスト（法律や協約）に変換されるのであり、それらのテキストの意味はヨーロッパ共同体から引き出されているが、その法的拘束力は国家や労使から引き出されている。[20] ハイパーテキスト化を加速したのはマーストリヒト社会協定であり、法的拘束力は欧州共同体から引き出されるのに、事前の労使合意から意味が引き出されるような指令が生み出されたのである。[21] こうして諸テキストの分類はかき乱されてしまった。この分類のおかげで国内法では、あるテキスト（法律、行政規則、労働協約）の拘束力は、それを発布した権威（議会、政府、労使）と、諸々の法源のヒエラルキーにおいてそれが占める位置に完全に同定可能だったのである。共同体的な秩序においては、法律とはもはや、国内秩序においてそうであるような、異論の余地のない至上の法律行為ではなくなってしまった。つまり国内の裁判官が、指令を国内法化していない、あるいは不適切に国内法化してしまった国内立法の規定よりも、指令の規定を優先させることができるのである。[22] これと同様に、欧州の労使協定に強制力を与える欧州理事会の「決定」が、当該協定の内容や交渉方法に基づいて攻撃されることもある。[23]

同様の現象は国内法でも見られる。法律、労働協約、個別の労働契約という諸テキストの異なる階層の明確な区別は、労使交渉に由来する法律や法制化を導く労使交渉の拡大、あるいは中小企業における労働協約の欠如を補完するために考案された一時しのぎの方策によって攪拌されてしまった。二〇世紀末から今世紀初頭にかけて行われた、失業保険改革[24]や労働時間の三五時間への短縮[25]は、諸テキストの新「秩序」の好例である。法律、労働協約、行政規則、契約が無限に組み合わされるのに、それらの間にヒエラルキーを確立することは、それぞれの法的性質の形式的基準に基づくとしても、あるいは被用者にとっての最も好ましいものの探求に基づくとしても不可能なのである。[26] より一般的に言えば、行政活動の契約化は、動員されている様々な種類のテキスト（法律、規則、協約、集団的契約、個別的契約）の錯綜や交雑につながり、それらのテキストの性質決定と階層化がますます困難となるのである。[27]

続いての「www」（ワールドワイドウェブ）という略号が象徴するのは、情報科学の歴史における一つの断絶である。七〇年代末までの情報科学の世界は大型機械（ＩＢＭ）によって独占されており、端末がそれをユーザーとつないでいた。「最先端の」労働者がただ一つのマシーンとつながり、このマシーンの管理者が中央で定めた手順と限度の範囲内でリソースの一部を利用できた。恵まれている場合には自分の端末から内部ネットワーク（イントラネット）内で同じマシーンにつながっている他の端末と通信することができた。この構造は労働法が前提とする企業のパラダイムに対応していた。つまりピラミッド型で閉じた組織のパラダイムである。その土台（従業員）をなすのは身分を同じくする安定した集団であり、頂上に対しては様々な審級がこの集団の代理をしている。頂上を占める雇用者は、従業員に対してと同様に株主や第三者に対しての、唯一の企業運営責任者である。

情報科学の世界で、このピラミッド型で細分化したモデルが問い直されるようになったのは、大学業界で研究拠点の連結（インターネット）の始まった八〇年代になってからのことにすぎない。そして新たなモデルすなわちあらゆるサイズのコンピューターを世界規模で連結する通信網（ウェブ）が台頭するには、九〇年代半ばを待たなければならない。この新しいモデルでは、競争の矛先が向かうのはもはやコンピューターの物理的な製造ではなく、知的所有権である。つまり市場を支配する鍵を握るのはもはや機械のコントロールではなく、通信規格のコントロールなのである。[28] マイクロソフト社と、いみじくも「オペレーティングシステム」と名づけられた同社のシステムが財をなしたのはこのためである。

労働法の領域では、経営側の細分化（派遣法、経済社会ユニット法〔共同企業委員会の設置のため、経営や人事等において一定のつながりのある複数企業を一つの統合体として規律する法〕、企業グループ法）や雇用者の同定問題の高まりとともに、早くも七〇年代には同様の転換が感じられるようになっていた。[29] まだ前兆にすぎなかったものが、ネットワーク型企業モデルの一般化と、それが引き起こす多くの法的課題により、今日では労働法の中心的問題となっている。グループ内での被用者の代表性[30]、雇用の国外移転[31]や外部委託[32]、下請け[33]、企業の境界に関する問題[34]などである。今日の一部の経営者が公然と温めているのは、工場を持たない製造業という幻想であり、標章（商標、規格、特許など）についての知的所有権が、物を製造したり人を雇ったりという煩わしさから解放してくれるというのだ。これらの二つの動きは互いに補い合うものである。つまり情報科学ネットワークの改良は企業のネットワーク化を助け[35]、企業のネットワーク化はそのお返しに情報通信技術の向上を後押しするのである。

パソコンを意味するPC（パーソナルコンピューター）という略号は、仕事の道具との関係の根本的な変容を象徴している。あらゆる道具は生物学的な人間の能力を具体的な物に刻み込み、それを増大させる。[36] 爪や歯の代わりをした初期の石器から、筋力を温存する風車や蒸気機関に至るまで、人間は自らの肉体的能力を外在化させ、増幅させてきたのである。また文字の発明と写本・印刷機の発明により、人間の思考をテキストに残すことが可能となり、人間の記憶力が温存できるようになった。技術史におけるコンピューターの新しさとは、内面的な情報処理能力を外在化したことである。だが初期の大型コンピューターはあくまで集団のための道具であり、高炉や機関車のように組織の必要のために作られたものだった。パソコン（PC）の発明により、情報科学の道具が個人的な道具となったが、これはユーザーの精神が内容や構成に刻印されているので、他のどんな道具よりも個人的な道具である。[37]道具は集団的なものから個人的なものとなり、労働者の地位は従属的なものから自律的なものとなる。しかし「PC」という略号は、かつての意味（parti communiste〔共産党〕）と同様に新しい意味においても、輝かしい未来を想起させるとは限らない。確かにパソコンは、ユーザーの心的能力を外在化し増強することで、一面ではユーザーを解放する。しかし他方ではパソコンは、ユーザーを顔の見えないソフトウェア開発者の支配下に置き、新たなリスク（「クラッシュ」、スパイ行為、データ喪失、不法コピー、感染など）にユーザーを曝すのである。

パソコンの普及のはるか以前にも、労働者――被用者であろうと自営業者であろうと、コンピューターのユーザーであろうとなかろうと――の職業上の地位について、同様の変化が生じていた。六〇年代には早くも、農業界では農産物加工会社傘下のネットワーク内での独立労働が実験されていた。[38]七〇年代半ば以降、労働法は地位の個人化の動きに翻弄されている。従属と保障とを結びつけていた典型的雇用が侵食されるにつれて、賃金雇用は多様化していった。また、個別契約が新たな重要性を帯びてきた。さらには被用者と自営業者の境界、私生活と職業生活の境界があいまい化していった。経済の力が企業ネットワークの網目に組み込まれていくとともに、従属は新たな様相を呈するようになった。労働時間の短縮は、労働密度の増加を伴っている。[39]〈法権利〉と技術はここでも歩みをともにしている。賃金労働の世界で従属の中に自律が進んだのは、パソコンや携帯電話あってのことだが、それらのせいでいつでもどこでも仕事をしたり監視されたりするようにもなった。[40] 新たな労働組織の形態は情報科学の発展の原動力となり、企業はハードウェアの購入に巨額の予算を惜しみなく注ぎ込み、メーカーはできるだけ早くそのハードウェアを時代遅れにしようと必死である。[41]

社会学者や経済学者や情報処理技術者にとっては、ネットワークは非常に現代的であるようだ。[42] 法学者にとっては、ネットワークとはむしろ、封建制の構造、とりわけ自由人を一人あるいは複数の封建君主に仕える身に置いた封臣関係を、否が応でも想起させる。企業が新たな労働組織形態に求めているのは、まさにこれなのだ。従属だけではもはや不十分であり、単に従順な労働者は求められていない。製品の品質とコスト削減という要請の結果、あたかも自分が独立した責任者であるかのように振る舞う労働者が求められるようになったのだ。逆に従属が勢力を拡大したのは、企業同士の関係である。本来の事業に再び集中するようになった各企業は、自分の製品の品質を左右する、納入業者や請負業者の貢物の質や納期を厳しく管理しなければならないのだ。

規制から調整へ

万人に見える触知可能な現実以外の現実は存在しないという考え方を拠り所とする情報理論やコミュニケーション理論は、環境との意思疎通の仕方や、環境から受け取る記号への反応の仕方を介してしか、人間を理解しようとしない。[43] コミュニケーションの理論家たち（人類学のベイトソン、社会学のゴッフマン、心理学のワツラウィックなど）によれば、人間は行動するのではなく反応するのであり、さらには行動ではなく反応に反応するのであって、このような反応の連鎖が社会関係を構築するのである（このためにフィードバックのフランス語訳である「反作用（rétroaction）」が重視される）。内面についてはとりたてて言うべきこともなく、それどころか知るべきこともないのであって、人間存在はただコミュニケーションが豊かであればあるほど豊かであるというわけだ[44]。このような行動主義的観点からすれば、「生きた個体の身体的機能と、最新のコミュニケーション機械の機能は、反作用を介したエントロピーの制御という同じ努力をしている点で、完全に類似している」[45]。人間、動物、機械を包摂して、同じ歩調で機械の進歩と〈法権利〉の進歩に突き進む、「調整理論」の出発点がここにある[46]。したがって現代の〈法権利〉が単にコミュニケーション技術の進歩に適応しているだけでなく、「情報通信社会」の到来に全面的に加担したのが判明したとしても、驚くには値しない。これを説明してくれるのが、情報・手続・交渉という三大プロモーションである。

情報のプロモーションは広く見られる法的な現象であり、それは二通りのやり方で表明されている。まず一つは情報と「透明性」の義務の増大であり、この義務は今やすべての契約に影響を及ぼし、多くの社会関係（医者／患者、供給者／発注者、行政／住民、業者／消費者、株主／企業など）についての伝統的な考え方は変質している[47]。第二には情報の資産化であり、情報はますます所有可能な無形財産として扱われている[48]。このような法的な性質の付与のおかげで、独占企業が技術的規格を占有することが可能になっているのであり、「所有権のあるフォーマット」（不可視の電子マークアップ言語）が発達して、良きにつけ（しばしば）悪しきにつけ今日の情報ツールを支配している。多くの法学者により盛んに擁護されているこのような資産化は、情報の自由な流通の原則を強く擁護し、情報の私的所有の悪しき影響を強調していた、初期の情報通信社会の理論家たちの見解を裏切っている。[49]やはり半世紀ほど前から情報法の勢力拡大に押されている労働法の進化の方が、むしろコミュニケーション理論の基本原理に適合していた。労働法は情報の私有化を推進するのではなく、むしろその逆に情報の共有を課するのであり、従業員やその代表に対して、企業の経営状況に関する情報[50]、とりわけ雇用に悪影響を与える措置についての情報の公開や伝達を義務づけているのである。このために情報通信社会の創設に関わるある種の純朴さが、民法よりも労働法にこそ見て取れることがある。[51]情報通信テクノロジーの世界では、情報という概念と認識という概念が混同される傾向にある。労働法はそれとは逆に、コミュニケーションするだけでは理解し合えないし、情報を得るだけでは知ることにはならないのだと教えてくれる。労働法にあっては情報と研修と専門技術との結びつきが必要であることが即座に理解されており[52]、このために情報についての権利と義務の拡大に伴い、被用者への研修とアドバイスや、専門家への照会の権利と義務が並行して発達したのである。[53]研修と情報とのこのような必然的関係から導かれるのは、人間の内面や職業的アイデンティティであり、行動主義のように人間をコミュニケーションする粒子の状態に還元できないことが、これにより明らかになるのだ。

〈法権利〉の手続化は、あらゆる法学者が一致して認める現象であり、たとえ解釈や評価に違いがあるとしてもそうなのである。手続という概念はコンピューターの発明において決定的な役割を果たした。コンピューターの発明者ジョン・フォン・ノイマンの基本的なアイデアとは、アルゴリズムの形で計算を処理する可能性を機械にまで広げること、すなわち計算可能なすべての問題を、機械に記録済みの明確な命令の作用に還元することであった。こうして情報科学の言語がプログラムという隠喩（経営学や遺伝学にも波及した）[54]に基づいて発達し、いかなる内容も取り扱える諸々の手続規範のシステムとなった。[55]〈法権利〉においても、手続化というテーマが同時期に出現し、以後も新たな領域を獲得し続けている。ユルゲン・ハーバーマスによる理論的定式化はもっとも著名なものの一つであり、彼はコミュニケーション理論の中に〈法権利〉を融合することを目指し、言説的な手続の発展の中に、ドイツにおけるヘーゲル的国家理念の破綻に対する答えや、[56]民主主義と科学技術的合理性との融和の手段を見出そうとした。[57]彼の同時代人であり同邦人であるニクラス・ルーマンの著作には、このような希望は不在である。ルーマンはシステム理論を〈法権利〉に当てはめて、[58]その手続化の中に、法の外部の価値に〈法権利〉の基礎を求めるあらゆる言説の誤謬の証拠と、〈法権利〉の自己準拠的でオートポイエーシス的な性質の確認を見出そうとした。[59]これら二つのテーゼの対立は、ここ二〇年来のヨーロッパの法理論の論争を活気づけてきたが、少なくともこれらのテーゼは、〈法権利〉のあらゆる分野にわたって進行する手続化の現象を明るみに出してくれるという利点がある。労働法とて例外ではなく、情報科学のプログラムが企業に広まるよりもはるかに前から、手続化の進行が確認できた。とりわけ目覚ましいのは一九七三年以降の解雇に関してである。雇用者の経済的決定を判決という実体的規範に従わせることができずに（それをすれば良好な企業経営の責任を裁判官に転嫁することになってしまう）、立法府が解雇手続を増大させた結果、マイクロソフト社のソフトのように、ファイルは積み重なり、プログラムの実行を遅らせ（「ロード時間」の慢性的増大）、メモリーはいくらあっても足りず、システム停止のリスクが高まるのである。だが情報科学において非難されるべきものは、法的観点からすると正しいのかもしれない。[60]つまり解雇法の手続化の実質上の根源的な意義とは、ひょっとすると手続を遅らせ、引き延ばし、そうすることで雇用喪失に直面する被用者に転職の準備時間を与えることにあるのかもしれないのだ。

自分で自分を調整できる社会という理想は、現代における団体交渉の興隆の中に、より一般的には社会関係の契約化に表明されている。初期のコンピューターが計算機と比べて新しかったのは、割り当てられた目的に応じて自己調整ができるという点である。つまり情報科学は、単に命令に従うだけでなく、環境に合わせて自らの行動をリアルタイムで調節できる、新世代の機械を生み出したのである。この原則に基づいて作られた自動車であれば、目的地を教えるだけで、自分で速度や経路を調節して、乗客を目的地まで最短時間で送り届けるだろう。航海や航空ではすでに一般化しているこの自動操縦の例は、規制と調整という二つの理念の違いを理解させてくれる。規制とは外部から規則を指図することであるのに対して、調整とは、ある組織の恒常性維持《ホメオスタシス》機能に必要な規則を守らせることである。[61]サイバネティックス理論によれば、堅牢な規制ではなく、適切な調整こそが、エントロピー的な無秩序、つまり「秩序あるものを損ない、明晰なものを破壊するという自然の傾向[62]」から、社会を守ることができるのである。

このような規制の硬直性に対する批判と、組織が環境の変化に自分で適応できるようにする調整への期待は、サイバネティックスや新しい情報通信テクノロジーだけに固有のものではない。ここ三〇年来[63]、団体交渉の興隆が抗しがたくなるにつれて、同様の理念が労働法においても姿を現している。そこでは団体交渉の目的、主体、機能が根本的に変化しているのである[64]。他律性が後退して職業的自己規制が優先されるようになった結果、諸原則と到達目標を定める法律、そしてこれらの目標の明確化のために力を合わせ、部局・企業・グループなどの固有の状況に合わせて目標の実現を図る団体交渉との間に、新たな役割分担が生まれた。三五時間制への移行から、多国籍グループ企業において集団を代表する制度の創設、さらにはヨーロッパ法に基づく商業社会の創始に至るまで[65]、今日ではこの方法の援用が一般化しつつあり、その流れで公法と私法という私たちの区別が覆されている。これらの新たな「調整」の形態は、実際のところ小さい国家への回帰や、社会関係を私的領域に丸投げすることを意味するのではない。それらが意味するのはむしろ、「目標ごとの統治」政策であり、この政策が有効であるかどうかは、公権力、経営者、労組の間のコミュニケーションの質に左右される。

調整という理念は、テクノロジーの領域で表明されようと、〈法権利〉の領域で表明されようと、極端にまで押し進められると、紛争を一掃して〈第三項〉の位置にある人物を省略した世界というユートピアが登場することになる。〈法権利〉においてはこのユートピアは契約主義という姿で現れる。人間は自らが自由に定めた限界以外の限界には従ってはならないというイデオロギーが契約主義である[66]。いかなる人間社会もこのような基盤の上で機能するはずがないのは明白であるから、職業生活の次元でも私生活の次元でも、調整者なしの調整などありえないことを思い起こしておくべきである。情報科学の世界についても次のことを覚えておくべきだろう。すなわちコンピューターとユーザーとの関係は決して二項関係ではない。なぜならこの関係は、自分の利害に従って機械を考案した第三者の庇護の下でしか生じないからである。第三者がユーザーのニーズを真剣に検討するように圧力をかけることは、被用者と雇用者に共通の利害である。両者が交渉して、どうすれば情報ツールがこうしたニーズに適合するかを明確にする必要があるだろう。なぜなら競争はもはやその役割を果たしておらず、一社がこの市場を事実上独占しているからだ。

つまるところここ四〇年にわたる〈法権利〉の発展は、新たな情報通信テクノロジーと同じ理念や理想によって支えられていたのである。とはいえ〈法権利〉がこのように技術史と似たところがあるにしても、そこで〈法権利〉が果たしている役割とは、技術を人間化するための道具という、独特の機能である。

技術を人間化する〈法権利〉

マンモスを狩っていた遠い昔から変わらない骨格と本能を持つ生物学的人間と、ここ二世紀で目がくらむほどの力を獲得した技術との間には、ますます広がる溝が口を開けている[67]。この力は人間にとっての脅威になっている。なぜならそれは本能の用に供されるからであり、そして人間の本能とは相変わらず獰猛であるからだ。人間が従わせたり根絶やしにしたりしようと必死の、人間と似たものたちにとっての脅威。あるいは人間が過剰に搾取して枯渇させる、恵みの大地にとっての脅威。「もし現在の技術・経済用語を未来に投影するなら、この自然界をわがものにすることも、最後のネズミにそえて食べる最後の一握りの草を煮るために、最後の石油の一滴を使い果たすといった、完璧な勝利のうちに終わることになるだろう」[68]。どんな社会でも制度は、この人間に固有の暴力の源泉を代謝して、それが人間を破滅へと導くことのないように誘導する役割を果たしてきた[69]。西洋の場合には、〈法権利〉が技術の発展に与したのだとすれば、それは〈法権利〉が技術を人間的に生きうるものにすることに役立ったからでもある。〈法権利〉は人間と道具の間の仲介役を果たし、道具の使用は、それがどれだけ人間をリスクにさらすのかに応じて変化する特別な禁止に従属することになった。「労働を人に適合させるための一般原則」[70]を定めたEU法は、この役割を見事に要約してみせている。きわめて実り多いこの定式は、社会的領域だけでなく環境の領域にもその効果を波及させるべきものである。

新たな情報通信テクノロジーが法学者に提起する本質的な課題とは、それによって人間がさらされる特有のリスクを同定することである。これらのリスクには二種類ある。労働者の時空間的な枠組みを取り払い、ヴァーチャル世界と「リアルタイム」（すなわち瞬間）の中に労働者を送り込むことで、こうしたテクノロジーは労働者を遍在性幻想の前にさらけ出すというのが一つ。労働者の一挙手一投足を機械に記録することで、労働者を透明性幻想の前にさらけ出すというのがもう一つである。

遍在性の限界

最初の定住化と初期の農耕以来、人間は自らの仕事をできるだけ精確でわかりやすい時空間的な枠組みの中に位置づけようとしてきた。たとえばルロワ＝グーランは、時間と空間の生物学的知覚と象徴的知覚とが、人間においては共存してきたことを強調する。「「彼は川にいた。彼はわれわれの家にいる。彼は明日森にいるだろう」ということによって、人類のうちに時間と空間を追体験する可能性が生まれるとき、時間・空間の像《イメージ》が新しくなるからである。人間以外の生物界にとって、時間と空間は、そもそもの拠り所として、内臓的で、迷路のような、筋肉的な性質しか持たないのである。［…］人間にとっても何一つ変わっているわけではない。ただその上に建てられた巨大な表象システムがあり、それがデカルト的な見方の全背景を占めているのである[71]」。今日の私たちの労働法では、至るところで労働の時間と場所への言及がなされている。たとえば契約における当事者の債務の決定、あるいは法律の競合や裁判管轄の競合の解決、さらには疾病か事故かの認定について。ところが新たな情報通信テクノロジーにより、この時空間的な枠組みが瓦解し、期限や境界は消し去られ、人間が昼も夜も距離もないヴァーチャルな世界へと連れ去られるというのは、日常茶飯事である。より正確に言えば、連れ去られるのは人間の心的な能力であり、生物学的身体はそこに固まって、モニター越しに腰掛けているか、携帯電話にしがみついて、周囲とのやり取りができなくなってしまっているのである。

こうした瓦解は産業革命とともに動き始めたプロセスの中に位置づけられる。化石エネルギーの使用とコミュニケーション手段の進歩により、機械の時空と人間の生活の時空とが、初めて袂を分かったのだ。そこで人間的に生きうる時空の再構築に乗り出したのが労働法である。ガスや電気の照明が産業労働を自然のリズム（昼／夜、夏／冬）から解放し、見境のない労働時間の延長に労働者をさらすことになったので、法により一日、年間さらには一生の労働に限度が設けられたのである。法が不可能を禁止に置き換えたのだ。[72] こうして新しい生活のリズムが部品の一つひとつから組み立てられ、現代人の生活とそのテリトリーの編成の旗振り役となった。電車、仕事、就寝、休暇というわけである。一世紀をかけて徐々に制定されたこの時空間の枠組みが、今日では新たな情報通信テクノロジーによって不安定になっており、遍在性幻想に脅かされている。いつでもどこでも仕事や消費ができる人間という幻想である。労働者の実生活に見合った時間と場所の単位を再構築するために、新たな限界が必要とされている。新しい機械の「いつでも」「どこでも」に対して、〈法権利〉は「いつなのか」「どこなのか」を突きつけるのである。

産業の機械化により空間の組織には根本的な混乱が引き起こされた。機械には手も脳もないので、人間が養い導く必要があった。このため製造工場は、多数の労働者の集中、さらには住居や住宅地との分離によって特徴づけられることになった。これにより〈法権利〉は無数の問題に直面しなければならなくなった。衛生と安全の問題、機械の所為による責任の問題、就業地における規律と集団的自由の問題、通勤や健康に関する公共サービスの組織の問題など。このような歴史的文脈においては、法の類型論は場所の類型論に引きずられがちである。企業の門をくぐれば、別の法的世界に移行することになるのだ。こうした空間的組織化は新たな通信テクノロジーとともに崩壊しつつある。労働はもはやどこかに設置された物理的な物ではなく、どこからでもアクセスできる記号によって支えられているのだ。労働者は集中する代わりに分散するようになる。たとえ肉体は同じ場所に集合していても、モニターと向き合う労働者たちは、行動の一体性によって結びついたコミュニティを形成しているわけではないのだ。たとえ顧客の前でも、こうした労働者はコンピューターとの二項関係によってまずは動かされている。場所の無分別が工場や街路や住宅の分離に勝るようになり、どこでも同じ労働が行えるようになる。会社であれ、自宅であれ、電車の中であれ……。[73]

したがって肉体的に健康で、社会的にも許容しうる労働空間を確保するために、いかにしてこうした分散や無分別を制限するかという問いが提起されることになる。場所の無分別を制限するためには、それらの場所の法的な性質決定をやり直すことが必要である。この性質決定は、一九九〇年五月二九日の欧州指令（九〇／二七〇号）に見られるように、場所を技術的に定義づけることでなされることがある。同指令の適用領域は「モニター付きのワークステーション」全般であり、そしてこれは以下のものを含む全体であるとして定義されているのである（第二条）。モニター、キーボード、人間と機械のインターフェースを確保するソフトウェア、電話、モデム、プリンター、机と椅子……。また、この性質決定は、契約の条項から導かれることもあり、条項に記載がなければ「労働者は自宅での勤務の承諾を義務づけられることはなく、業務に関連する書類や機材を自宅に備える義務も負わない」[74]。逆に契約が自宅勤務を定めている被用者に対して、雇用者が職場復帰を強制することもできない。[75] 労働者の分散の制限は、労働共同体の再建の道へと通じている。この再建を物理的に行うことも可能である。つまり自宅に「移転」した被用者には、職場に復帰する権利が用意されるだろう[76]。またこの再建は、雇用者に対する被用者代表と、被用者との間の情報通信を容易にする新たなテクノロジーを利用することにより、ヴァーチャルになされることもある。これはつまり情報ネットワーク上の労働者の団結権の問題そのものである[77]。

しかし「情報通信社会」によって口火を切られた法の改造がどこよりも早く、どこよりも根深かったのは、労働時間の領域である。フランスでは一九七〇年代末には早くもこの現場に手がつけられ始め、まずは一九三六年以来の法規体系が再考に付された。一九九〇年代初頭には早くも、労働時間がどのような方向に向かって再編成されるのかが見えるようになっていた[78]。

産業の機械化と結びついた時間編成には、二つの大きな特徴があった。つまりそれが機械を取り囲む労働者の肉体的結集と結びついた、集団的時間であったということ。そしてこの編成が労働時間と自由時間との二項対立に依拠しており、それが仕事場と私的・公的生活の場との厳密な分離に対応していたこと。情報通信社会における時間編成によって、これらの二点にひび割れが生じている。集団的時間が個別的時間に取って代わられ、労働はもはや産業軍の動員ではなく、個人同士の「リアルタイム」でのインタラクションの上に成り立っている。労働時間と自由時間との明白な住み分けを引き継いだのが、諸々の時間の混乱であり、新たなコミュニケーション手段と、それが可能にした新しい労働の組織形態によって、多孔質の場がもたらされているのである。

こうした文脈の中にあって、労働法は、このような時間の個人化と混乱とに歯止めをかけ、個人としても社会としても生きていけるような時間を確保するという役割を担うようになっている。集団的な労働の組織から、労働者の個人生活へと、重心が移動したのである。こうして生まれるのが一種の時制の一致原則であり、これは労働を人間に合わせるという、より一般的な原則の応用である。個人のレベルでこの原則が意味するのは、自分の生活を構成する複数の異なる時間を、各人が調和させられなければならないということである。このためには「人材」の完全なフレキシビリティ（二四時間営業、年中無休、「ジャストインタイム」労働）という雇用者の思い上がりを断ち切らなければならない。だからこそ法学者たちは目下のところ、三五時間労働制という「一九三〇年代風〔古き良き時代〕」の外壁の後側で、数々の新たな問題に取り組んでいるのである。[79] 休憩時間とは？[80] フレックスタイムとは？[81] 拘束とは？[82] 研修時間をどのように位置づけるか。[83] 管理職の労働時間をどのように制限するか。[84] 体内時計を考慮して労働時間を案配するにはどうすればよいか。[85] 労働の長さだけでなく負荷を測定するにはどうすればよいか、[86] 等々。共同体のレベルでは、時制の一致原則によって、ヨーロッパ人権条約の諸規定に合致した、[87] 正常な家庭生活・社会生活を求める権利を保護しなければならない。今日では法律[88]にも判例[89]にもこの理念が根づき始めている。

透明性の限界

情報通信社会の理論家たちによれば、交流とコミュニケーションを強化・一般化することによって完全に透明化した社会だけが、その構成員たちを全体主義の再来から守ることができる。全体主義は自らの嘘を拡散し、自らの犯罪を遂行するために、どうしても秘密を必要とするからだ。彼らからすれば情報が誰にでも自由にアクセス可能な公共財であるのはこのためである。近年の歴史において情報の流通が大々的に発展したのは確かだが、サイバネティックス的なユートピアとは裏腹に、情報の私的所有や、大規模な通信手段の私的所有もまた拡大したのである。しかも透明性が一方的になると、それはこうしたユートピアとは正反対になり、大多数が一部の少数者に対して透明になるという世界が生み出され、闇に隠れた少数者が、メディアや通信技術規格を所有することによって直接的に、もしくは広告やプロパガンダを介して間接的に、すべての情報通信手段をコントロールするのだ[90]。産業時代の訪れとともに、すべての秘密を握った経営陣が被用者たちをパノプティコン的にコントロールするという理想を追求してきた企業こそが、こうした危険性を孕んでいることは言うまでもない。この点について新たな情報通信テクノロジーは、旧来の産業モデルに異を唱えるどころか、密かな実行手段をもたらすことによって、データのデジタル化とトレーサビリティが、現場監督の目の代わりをしている。だがこのような透明性の二つのヴァージョン――民主的なものと独裁的なもの――はいずれも、コミュニケーションの総体に丸ごと還元されてしまうような、内面のない人間を想定している[91]。言い換えれば、どちらのヴァージョンでも想定されているのは、もはや機械と区別のできないような、人間についての非人間的な人間観である。〈法権利〉が介入するのはまさにここであり、技術の錯乱のリスクを食い止め、人間を理性に立ち返らせる、すなわち不透明（内面を持つ）で責任ある（自らの行動に責任を持たねばならない）存在であることが必然的な法主体の理性に立ち返らせるのである。

産業の機械化によって、労働者の肉体的な健全さは脅かされ、結果として国の人的資源も脅かされるに至った。このため〈法権利〉が労働現場の機械と身体との間に割って入った。安全衛生に関する規則が、社会の未来を体現する者たち、つまり女性や子供を始めとする人々を守るために義務づけられたのである。新たな情報通信テクノロジーの到来とともに、脅威は場所を変え、知的な健全さが脅かされるようになっている。だが法的な課題は基本的に同じである。すなわちどうすれば新たな機械が生命を脅かすようなことがなくなるのか。隷属することなく利用するにはどうすればよいか。新たな機械の脅威は身体的なものではなく知的なものであるため、この脅威は企業にも労働者にも等しく及ぶことになる。ビジネスの持続という観点からも、施設や製品・サービスの技術的安全性という観点からも、企業には最低限の不透明性が必要である。[92] このために企業は、自らに関係する情報の流通をコントロールするための一連の技術的・法的手段を発達させてきた。ところがこの必要は正当であるにしても、そのことは被用者に対するサイバー監視の傾向を増大させる一方であるが、自らの私生活が他人の目から守られている必要があるのは、被用者にとっても同じことである。[93] 一九七八年から「情報処理と自由」法によって、企業における個人的なデータの取扱いには法的な枠組みが与えられている。[94] 情報処理と自由に関する国家委員会（CNIL）の報告書では、この分野における行き過ぎへの懸念が年を追うごとに強く表明されており、被用者には厳しく経営陣には寛大な企業が公布する新テクノロジーの利用「憲章」の不公平が批判されている。[95] CNILは「許容範囲を大幅に超える」逸脱状態を確認したとして、「企業における被用者のサイバー監視」に関する報告書の作成を依頼し、これは二〇〇一年三月に公開された。[96]

「ブシェ報告」と呼ばれるこの報告書が勧告するのは、主に次の三点である。第一に推奨されているのは、あらゆる監視を当事者に事前に通知することである。被用者に対する個別の通知、そして被用者代表に対する集団的通知だ。これは専制的な管理モデル（御前会議室の壁の上方に設えられた格子の向こうでスルタンがいつでも話を聞けるようになっていることを、大臣たちが了解していた「高き門」モデル）を、全体主義的モデル（「怪人マブゼ博士」のガラス板モデル）[97]に対して、意識的に優先させるということである。第二には、個人の管理ではなく職務の管理を、常に望ましいものとすることである（たとえば閲覧したサイトは記録せずに端末ごとの接続時間を記録する、あるいは逆に端末を特定せずにサイトを記録する）[98]。最後は被用者による通信手段の個人的使用についてであり、同報告書は「濫用の場合の懲戒と両立しうる健全な寛容さ」を勧めている。この最後の勧告が拠り所としているのは欧州人権裁判所の判例であり、この判例は職業圏域に私生活がある程度拡張することを認めているのである[99]。こうした良識的な三勧告は、被用者の電子的な監視を、個人への事前通知[100]・企業委員会との協議[101]・均衡の維持[102]という三つの要請に従わせている法律や判例とも完全に調和している。この報告書を受けて破毀院は、CNILの勧告を適用し、被用者によるコンピューターの使用には、雇用者にも侵害できない不透明な領域があることを認めている[103]。

今日では市民の私生活は、街の中よりも企業の中の方がずっと保護されているように見えるのは逆説的である。銀行はクレジットカードの明細の利用を事前に通告する必要がないので、私たちの生活のすべてであるいは大部分を知ることができる。電話自動交換システムに記録された出費の監視を目論む雇用者に課される制約からも、銀行は免れている。自由に関して言えば、街の中で保障されている自由を企業の中にも浸透させる歴史こそが、これまでの労働法の歴史だった。これからは進む方向を変えて、企業内で保障されている自由を、街の中にも広げなければならなくなるのかもしれない……。

産業の機械化は、民事責任法にも新たな問題を提起することになった。危険で予測も不可能な新しい機械の責任を誰が取るのか。解決をもたらしたのは労働法である。労働災害に関する一八九八年の法律によって、客観的責任という概念、つまり過失ではなくリスクに対する責任という概念が導入されたのである。この法律は民事責任法全体を動揺させる震源地となり、保険社会を出現させることになったが、これは今日の私たちの社会そのものである。[104] これに匹敵するような問題が、新たな情報通信テクノロジーによって、責任法に対して提起され始めている。情報機器に取り込まれたり運搬されたりしている情報の責任を負うべきなのは誰だろうか。責任が存在するためには帰責点が存在しなければならない。帰責点とはすなわち、諸効果の原因であり、なおかつ自らは何らかの原因の効果ではないような点[105]、つまり発言や事実の責任を負うことのできる・負わなければならない源として定義される法主体のことである。あらゆる行動が受信した信号に対する反応として分析されうる社会においては、この主体がコミュニケーションのネットワークの中に雲散霧消し、誰一人として何の責任も負わなくなるというリスクがある。[106] 実際のところ、中心を欠いた諸関係の織物の中で、責任者を特定するにはどうすればよいのだろうか（ネットワークが織物《ウェブ》のイメージに重なるのは確かだとしても、それが〔中心を持つ〕クモの巣《ウェブ》ではないのは明らかである）。すでに労働法は、諸法人や下請け・孫請けという隠れ蓑を突き破って、企業ネットワーク内に流通する何らかの経済的決定の源に遡るための道具を入手している。[107] マフィアとの闘いという特有の問題に直面する刑法も、この問題をよく認識している。環境や製品の安全性に関しても、契約の連鎖における責任の希釈により、同様の問題が尖鋭化している。[108]

ソフトウェア製造者たちの責任に関する議論は、この点に関してとりわけ有益である。彼らが作物を引き渡すことなく（無形物に対する所有権）、代金を受け取りたい（契約上の隠れた瑕疵についても、[109]自分が売った物が引き起こした損害――不法行為に起因しようと、欠陥商品に起因する責任であろうと[110]――についても、責任を負わなくてもよい）と願うのは理解できる。だがこうした立場はいずれ維持できなくなるだろう。〔欧州〕共同体法が示すように、流通と交換こそを組織原理とする社会においては、責任の追及の行き着く先が流通の源であるのは必然的である。[111] 契約の連鎖を遡って損害の源を特定するための、トレーサビリティという概念が法的に台頭してくるのはこのためである。[112] 同様の兆候が見出せるのは電子証拠についての近年の仕組みである。新たなテクノロジーにつきものの、諸々の文書の階級の混同を制限するこの仕組みは、ある文書を、その内容に責任を持つ法主体に結びつける。[113]

生殖技術に直面する出産

諸々の技術を法の枠組みの中に収めるという課題は、もともとは労働法から発生したものだが、今では生産関係の領域だけにはとどまらなくなっている。技術に支配される物として人間を扱うというリスクは、もはや産業界だけではなく、バイオテクノロジーによって人の身分に関わる諸々の可能性が切り開かれたために、民法の核心にも重くのしかかっている。労働関係におけるのと同様に、この領域においても、法は単に発展を記録し体裁を整えただけでなく、法技術がこうした発展そのものに大きく寄与したのである。実際のところ、遺伝子指紋による身元確認技術が確立するのに先立って、フランス法では一九七二年には早くも、それまで嫡出性という考え方が支配的であった親子法の中に、生物学的「真実」という考え方が取り入れられているのだ。[114] このときから嫡出子と非嫡出子との区別は差別的なものとみなされるようになり（現在では欧州人権裁判所によって原則的に禁じられているほどである）[115]、逆に生物学的に「真」の子と「偽」の子との区別こそが、親子関係に関する争いの基本とされるようになった。[116] 生物学上の親をほぼ確実に特定できる技術の進歩によって、こうした傾向に拍車が掛かったのは言うまでもない。[117] こうして裁判官は自らの任務を放棄し、親子関係の争いの解決を試験管に委ねるようになっている。[118] 情報テクノロジーと同じようにバイオテクノロジーも、物質的に観察可能な事象へと人間を還元するように促しているのである。ゲノムによって私たちはどんな動物と比べても同じくらいに透明化し、もはや生殖も再生産も、〔生物学上の〕生みの親も父も区別する必要がなくなるだろう。親子関係についてのこのような本質的に生物学的な発想への道は、第一に法によって切り開かれ、次いで技術的な進歩によって、この発想がかつての父子関係の推定に取って代わり、人の身分の不可処分性の原則が、親子関係の「真理」の探求に道を譲ったのである。

初めは法が待ち望んだ、同業組合の地位の解体が、産業革命により完遂したのと同じように、当初は法的平等の原則の名のもとに取り組まれた嫡出子の地位の解体を、今日において完遂するのは「遺伝子革命」である。ところが私たちは、親子関係に関しては、労働法の歴史の第三段階にはまだ到達していないのである。つまり技術が法をなすシステムの非人間的な効果を食い止めてくれるような、新たな種類の地位が出現する段階である。労働者階級の身体状態に対して襲いかかった産業化の猛威ほどには、その破壊的効果は直に感知できないとしても、「親子関係についての肉処理的な概念」[119]は、こうして広がっているのである。これは特定の社会階層に関わる問題ではない。人間の同一性をいわゆる「生物学的真理」に還元することで、真っ先に脅かされるのは、労働者たちの身体的な構成ではなく、諸個人の精神的なバランスであるからだ。[120]こうして科学的真理、個人の自由、親子関係の平等といった諸々の価値観が束になって、親子関係の保証人たる〈第三項〉という理念を邪魔者扱いしており、今日では多くの法学者が、子供のアイデンティティを変えるために生物学的な鑑定に身を委ねることに、すべての当事者が同意しているのなら、それを禁じるのは度しがたい横暴の証だということを、自明とみなしている。

しかし親子関係が生物学的側面のみに還元されるものではないという考え方は、私たちの法律から消えてなくなったわけではない。身分占有（民法典三一一―一条）は、かつてほどではないにしても、親子関係の立証において一定の役割を果たし続けており、また生物学的真理の如何を問わず、近親姦的な親子関係の確立は常に認められていない（民法典三三四―一〇条）。とりわけ〔生物学上の〕生みの親と父とを混同してはならないという義務は、法技術であれ（養子縁組。民法典三五二条）生命医学的技術であれ（ドナーによる人工授精。民法典三一一―一九条）、技術への依存度がきわめて高い親子関係の形態においても守られている。つまり法律は生物学的「真理」に拘泥することを禁じているのである。親子関係とは親たちの「要請」に由来するのであって、[121] 彼らの肉体的結合に由来するものではないからだ。親子関係が技術に大きく依存するところにおいてこそ、〈禁止〉が強く求められるというのは、驚くべきことではない。とはいえ法的関係と生物学的関係との間に法律があまりにも根本的な分離を強要すれば、「親になる計画」だけを子供のアイデンティティの排他的な基盤として、子供の生物学的な存在は親たちの願望を成就するための単なる物質的な土台であるとみなすような、技術的妄想への道を開きかねない。

現在盛んにメディアで流されている一部の主張によれば、こうした願望こそが粛々と実行に移され、ある「人材」の親計画を、その実現にふさわしい別の人材が見つかるところにまで移動させたり、子供の民籍から父系もしくは母系の親子関係を切り離して、それにより同性両親やクローン生殖の願望が満たされたりすべきだという。[122] 人間を動物にまで引き下ろすために技術が用いられることはなくなるが、その代わりに非物質的な身体を備え、異性の欲望から解放された天使として人間を扱うために、技術が動員される。しかし、生殖者を単なる生みの親（子の身体的原因）とみなすにせよ、逆に単なる作者（子の知的原因）とみなすにせよ、いずれにしても人間の出産に独自性を与えているもの、つまりそれを動物的な繁殖や神による創造とは区別しているものが、いつの間にか失われることになる。それはすなわち人間が二度生まれる必要性である——一度目は感覚の生への誕生、二度目は意味の生への誕生だ。他と同様に親子関係に関しては、〈法権利〉のフィクションとは、全能なる作者の「親計画」という気まぐれに委ねられる空想的なフィクションでは決してない。[123] あらゆる人間存在を生物学的な生と同時に表象の生の中に書き加え、そのことにより理性に到達させるという機能を持つ、諸々の技術的な方策が問題になっているのである。人間の生の制定という、この人類学的な機能は、諸々の法技術の特徴である。随伴するバイオテクノロジーと同じように、法技術も大いなる自由の源となりうるが、[124]自らの機能に逆行するような用い方をしないことが条件である。[125]そのような倒錯的な使用法は、飛行機を空飛ぶ爆弾として使ったり、遺伝学をキマイラの製造工場にしたりするのと同じくらい致命的であるからだ。

第五章
権力を考察する——統治《ガバメント》から「ガバナンス」まで

人間の生の本質は万人の万人に対する戦いではない。そして政治理論は権力の理論であってはならず、合法的権威についての理論でなければならない。

ルイ・デュモン[1]

権力は承認されていなければ長続きはしない。さもなくばすぐに暴力と殺戮に明け暮れることになる。だからこそ次の問いが、ボダン[2]からケルゼン[3]にまで至る偉大な法学者たちを動かし続けてきたのであり、今日においてもそれはアクチュアリティをまったく失っていない。政府と窃盗団を区別するものは何なのか？　この問いに対する答えがどれほど多様であろうと、行き着く先は常に〈準拠〉という理念である。私たちが権力を権力として認めるのは、自分たちの賛同する意味に、それが準拠しているときだけなのだ。道端で誰かが立ち止まるように命じても従わないが、警察の制服やバッジを身につけている人ならば原則的には従う。お金をよこせと言う人の手紙に返事をしようがしまいが自由だが、税務署からの手紙ならば話は別である。力だけでは権力は正当なものとはならない。権力に理由を与えてくれる諸々の称号を提示する必要があるのだ。そして権力に理由を付与し、合法性という舞台の上で権力のお膳立てをすることは、法技術の十八番である。ドイツ語でも英語でも同じ一つの単語（right, Recht）が〈法権利〉と理由の両方を意味しており、権利があるということはある意味で理に適っているということであるのは、フランス人でも理解できる。理由＝理性（raison）とは判断力であると同時に、私たちがある流儀で行動する許可を与えてくれるものでもある。力しかない権力には理由が欠けているのに対して、正当な権力とは、私たちが信を置くような理由を提示する権力である。

国家という西洋の大発明は、不死にして全能の〈存在〉に対する根強い信仰を拠り所としている。それは近代の幕開けとともに「世俗化」し始めた信仰である。西洋においては一時的な権力は、決して死ぬことのない王の主権の庇護のもとに置かれていた。[4] その庇護はやがて絶えず生まれ変わる〈人民〉の主権のそれに代わり、この永遠の君主は、人間の諸問題の解決から神的な全能性を締め出すに至ったのだ。近代国家についての最初の偉大な理論家であるジャン・ボダンの言葉自体にあるように、「私たちは（君主を）神の似姿《イメージ》であるとしたのだ[5]」。この似姿とは旧約聖書の神の似姿であり[6]、その掟は神を信じる者に対して立ちはだかる。「共和国の絶対にして不滅の力[7]」である主権は、権力の唯一の源への信仰から生じるのである。それにより一つの至高な権力からあらゆる権力が引き出されるようになる。自立するこの至高な権力の源泉は自らであり、他のあらゆる権力はその前にかしずかなければならない。だからこそ偉大なる法学者カール・シュミットは、主権の特徴を以下の有名な定式で表すことができたのである。「主権者とは、例外状態に関して決定を下す者をいう[8]」。シュミットは、自らが参照するボダンと同じように、主権者とはいかなる法律にも拘束されることがない、そして

「法秩序といえども、すべての秩序と同じく、決定に基づくものであって、規範に基づくものではない」[9]と考えている。後のナチス党員から発されたこの定式が、検討に値するのは、それが主権という理念の全体主義的な重みを明るみに出しているからであり、主権はそこでは限界なき権力、すなわち超人間的な権力と同一視されているのである。いずれにせよこの定式は、シュミットが福祉国家のもっとも特徴的な点を摑み損ねたという事実を理解させてくれる。体制から追放された他のドイツの法学者たちは、やはり一九二〇年代に出現した福祉国家の射程をきちんと理解することができていた[10]。だからこそシュミットは、支配者に対する自らの正義の代表を守る権利を、法秩序が被支配者に与えうると認めようとはしなかったのである[11]。つまりシュミットは、ボダンが主権を特徴づけたやり方では、国家の現代的な変容を説明できないのはなぜかを、理解しようとしなかったのだ。

国家よりもはるかに前に誕生した〈法権利〉が、国家よりも長生きするだろうと考える理由は十分にある。その長い歴史から明らかになるのは、権力についての問いには別の立て方があるということである。たとえばキケロがローマ共和国を特徴づけるために用いたようなやり方がそれだ。「権利と義務と任務の等しい釣合いが国に存在し、こうして十分な権限が政務官たちに、十分な権威が指導者たちの審議に、十分な自由が国民にあるのでなければ、国家のこの政体は不変に保つことができないのである」[12]。ローマ人たちは公共物を考えるために国家という形象を当てにすることはなかったが[13]、権力・権威・自由という三つの軸足の上に共和国を成り立たせる彼らのやり方は、主権という理念が全般的に後退している現代を説明するのに、より適しているのかもしれない。このような権力の別の制定の仕方は、中世人たちにも示唆を与え続け[14]、君主あるいは至高な人民という形象が幅を利かせるようになり、権力と権威の区別が消えてしまうまでになった。

　諸々の独立した権威に、権力に対する科学技術的な威厳が付与されることによって、今日ではこの区別が復活している。このため権力の理由はもはや社会を超越した至高の審級の中にではなく、社会に内在する作動規則の中に求められることになる。それゆえ権力の問題が問われるのは、もはや至高なる統治（ガバメント）との関連ではなく、効率的なガバナンスとの関連である。このような進展は、サイバネティックスの理論家たちが戦後に切り開いた地平の延長線上にある。彼らはガバナンス（「サイバネティックス」という語は、舵手つまり舵（gouvernail）を取る者を意味するギリシア語kuber-netesから作られている）と調整（すべての平衡維持《ホメオスタシス》的システムに内在する）とを結び合わせ、私たちをエントロピー的混乱から守ってくれるはずの、諸システム（機械的、生物学的、人間的）の包括的理論を作り上げた[15]。法学的観点から見れば、近代科学の躍進以来、西洋において対立し合ってきた二つの〈規範〉形態の統合が、そこでは試みられているのである。すなわち一方は法的規範であり、この規範の力の源泉は、それが実現しようとしている責務の中に分かち持たれている信仰である。他方は技術的規範であり、この規範の力の源泉は、自らが利用しようとする存在についての科学的知見である[16]。人の統治を事物の管理《アドミニストレーション》で置き換えようという野望を抱く近代西洋は、これら二つの規範の形象を接合させようと努力してきた。一方では、価値について言うべきことを持たず、効率という指標に基づき技術的規範であるとみなされるような、意味を欠いた技術という状態にまで、〈法権利〉を還元することによって。他方では、「人材」の科学技術的な標準化を自らの価値システムの核心に据えることによって。

これらを土台にして花開いているのが、人々をテキストとともに歩ませるための新たなやり方である。つまり公共福祉の規則の定義づけと実施に積極的に参加することを各人に強いるだけでなく、この実施の教訓に応じて規則を絶えず改定するのに貢献することも強いる、新たな法的技術である。こうした変転は、私たちと権力との関係が深く変化していることの兆候である。権力には常に理由の想定が必要である。だがこの理由はもはや主権者に由来してはおらず、フーコーが察知したように[17]、権力の問題は公法の枠組みからはみ出してしまっている。なぜなら国家主権の衰退は自由の増大として表出するのではなく、人間の決定に由来しないからこそなおさら大きく立ちはだかる、目標の追求への服従として出現するからである。

主権の衰退

主権的な権力という理念自体が根本的に問い直され始めたのは、一九一四年から一九四五年までの「三〇年戦争[18]」の終結以来であると言えよう。理性を逸した権力の殺人的な猛威がどこにまで及びうるのかを、この戦争は明るみに出したのだ。ヨーロッパ大陸の人民はこの戦争で未曾有の事柄を学ぶことにもなった。つまり国家もまた死ぬのだということである。何ごともなかったかのように国家を再建するわけにはいかなかったのはこのためである。権力が認証されるためには、単にその主権を確認するのではなく、別の正当性の称号を提示する必要があったのだ。このような権力の問い直しは国家だけに限定されるものではなかった。企業や家庭や公共圏において、主権的な権力の諸形象に嫌疑がかけられたが、もちろんそれは諸々の権力関係の消滅ではなく、そうした関係の根本的な変化に道を開くことになった。この変化は法的には二つの表れ方をしている。

その一つ目は、自由裁量的権力が後退して、機能的な権力に場を譲ったことである。この後退は、権力を保有する者に対する統制の拡大として表に出る。理由付記義務の発達に伴う事前の統制、および裁判官と鑑定人たちの役割の拡大に伴う事後の統制である。ボスが一人で一族の善処を判断する時代は終わったのだ。家族法改正により民法の言うところの父権が廃止され、子供の利害を担う親権に取って代わられた。裁判官（行政、刑事、憲法院、欧州共同体の）による諸々の公的権力に対する統制が増大し、理由付記義務の領域（透明性の諸義務とも言われる）も権力に重しをかけることになった。企業においても同じく、雇用者はもはや唯一の裁き手ではなく、命令を下す者たち（支配的企業や株主）による経済的な統制、あるいは被用者代表や裁判官たちの社会的統制に服するようになった。

こうした変化に伴うものの二つ目は、権力の集中が後退して、諸権力の分配に場を譲ったことである。平等性という古い原則と、補完性《サブシディアリティ》という新しい原則とが結びついて、ピラミッド型の権力組織のあらゆる形態に嫌疑をかけた。家族法においては、男女平等の力学により親権が分配される一方で、民法上の成年に達する年齢の引き下げと、「子供の権利」の出現とが、親権の範囲を限定するようになった。公法においては、権力の水平的分立（行政権、立法権、司法権）という理念が、共同体化や地方分権化に伴う権力の垂直的配分の前に場を譲った。企業においてもまた、テーラーシステムやフォードシステムを繁栄させた統合的・階層的な組織に疑義が呈され、網状モデルが、企業内のみならず、経済的パートナーとの関係においても幅を利かせるようになった。

実際に生じた変化を正確に理解するためには、〈法権利〉という鏡は裏返されねばならないことは言うまでもない。ここに挙げられた変化のどれ一つとして、その裏面、あるいはむしろその暗部を持たないものはない。若者の民法上の成人年齢は前倒しにされたが、経済的な成人年齢は後退して、失業や就学期間の伸長とともに、親たちへの物質的な依存の期間が長くなっている（親権からの解放を保障するために学生にも社会的なステータスを付与することが求められているのはこのためである）。国家権力は後退したが、その代わりにしばしばお金や裁判官、鑑定人やメディアの権力が大きくなった。フォード的な企業モデルは衰退したが、体だけでなく精神も疎外させる「参加型マネージメント」が、企業において幅を利かせるようになった。自由競争の力学により、国家や独占企業の経済的な権力が削り取られて、経済的な司法官に準じるもの（欧州委員会、株式取引委員会、欧州銀行、その他の規制当局）に権限が授けられたが、同時に金融市場にも前代未聞の権力が与えられることになった。企業組織におけるネットワークモデルの一般化は[19]、諸々の権力の場の再分配と、権力の行使形態の根本的な変化として姿を現すことになるのだ。

このように法の規制が緩和されると、普遍を気取った技術的な規範の力が高まりを見せることになる。技術的な規格化、とりわけ品質規格や私的なエージェントによる保証手続への依存が、[20] 生産統制のような法的な指導に置き換えられる。これらの進展は一九世紀のリベラルな法イデオロギーへの回帰を意味するどころか、他律と自律の二項対立を凌駕しようとする新たな概念と新たな法的技術を生み出している。人間関係を外部から課される規則に従わせたり、あるいは逆に契約当事者間の力関係の自由な作用に委ねたりする代わりに、こうして一挙に正当で透明で効果的になった秩序の定義と実施とに、人間関係を結びつけることが目指されている。〈法権利〉は自らが技術であることに忠誠を誓っているので、ここでもまた新たな権力の形の発明に貢献したり、新たな理想を用いたりする適性があることを見せつけている。主権国家への信仰が失われるとともに、法制史の腐植土に長らく埋もれていた概念のいくつか——帝国、普通法《ユス・コムーネ》、権威——が息を吹き返す一方で、他のいくつか——法律、契約、民主主義——は目立った特徴を失っている。現代における国家の変容により、権力と権威という古い区別が蘇り、〈立法者〉からは主権が奪われているのだ。

国家の変容

国家とは永遠に続く普遍的な制度形態ではなく、中世西洋の発明である。不死の国家という理念は、王の二つの身体の理論とあわせて、神秘体という理念の中に起源を持っており、その歴史はエルンスト・カントーロヴィチにより跡づけられている。フランスで純粋に現世的な主権の存在が確立したのは宗教改革以後のことである。この主権は教皇の権威に負うものが何もないので、キリスト教的な準拠から解放されるようになった。こうした解放のプロセスは啓蒙運動や一七八九年のフランス革命を通して推し進められ、ついに国家はあらゆる宗教的準拠から切り離されるに至った。国家の力は強まる一方であり、制度的な場面においてライバルが誰もいなくなった国家は、個別の利害を超越できる、不死にして全能の唯一〈存在〉となった（これをドイツの法学者は「支配（Herrschaft）」と呼び、フランスの法学者は「公権力（Puissance publique）」と呼ぶ）。

一九世紀にこの公権力は、産業革命とそれに帰結する政治闘争や労働紛争によって、その正当性を問い直されることになった。市場経済はその誕生以来、産業化以前の社会を基礎づけていた地域連帯の伝統的形態を切り崩していた。ヨーロッパで始まったこの瓦解は、世界が西洋化するにつれて、さまざまなレベルで他のすべての国々に影響を与えた。こうした近隣的な社会関係（家族的、地域的、職業的）の動揺は、一九世紀初頭において、近代の条件そのものとして出現した。この時代すでにその役割や存在自体を疑問視されていた国家は、こうしてその正当性を揺るがされることになったのである。

このような危機に最初に反応した全体主義的イデオロギーによれば、国家とは、社会における生命についての科学風の諸法則（人種の法則、歴史の法則……）の名のもとに行動する唯一の党の手中にある、単なる道具である。[21] こうして国家には認められなくなった正当性は、社会の歩みを代表しているとみなされた、人種や階級などの他のシンボルに移し替えられた。このような国家の自殺の行き着いた先がグーラグやショアーであるが、今日ではあまりにも多くの法学者がその単純にして不吉な教訓を忘れてしまっているようだ。制度的な理性を失った権力は、殺戮的な錯乱に陥り、政府と窃盗団や殺し屋の一味を区別するものは何もなくなるのである。国家を経済法則の従順な道具にしようという現代の試みのために、私たちは同じような下り坂に直面している。実際のところ、市場という非人称の力を体現していると信じ、実定法をそれに従わせようと目論んでいるからには、経済的な準拠は、〈法権利〉を還元して、あらゆる者の前に立ちはだかるとされる超人間的な法則を単に実行するだけの道具にしてしまおうという全体主義的な着想の萌芽を、自らのうちに抱えているのである[22]。

続いての反応はこれとは逆に、国家に新しい責任を与え、常に手探りの正義の探求の中に、人々の集合的な活動のための場所を確保することで、国家の正当性を回復することである。国家は単に人々の統治を担ったり、人々を支配する力を体現したりするのではなく、人々の福祉に仕える者となったのである。「福祉国家（welfare state）」「社会国家（Sozialstaat）」「恩寵国家（État providence）」などと呼ばれるものによって人々に与えられた新しい権利と自由が、政治的な市民性に社会的な市民性という理念を付け加えた。社会権とは、一定の基本財（健康や教育）が誰にでも手に入るようにする公共サービスの組織や、国家によって、ないしは国家の庇護のもとに確立した賃金労働者の保護的な地位（労働法・社会保障法）に由来するものである[23]。だが何よりも集団的な自由の承認こそが、福祉国家を特徴づけ、国家の正当性を回復させたのである。人々に幸福観をあらかじめ押しつけるのはやめて、集団的な行動や闘争を拠り所にしつつ、そのエネルギーを新たな規則に変えることこそが、福祉国家の大きな力である。実際のところ福祉国家が全体主義国家よりも優れているのは、社会保障の授与ではなく（しばしばファシスト国家や共産主義国家のそれよりも見劣りし、脆弱である）、集団的行動に関する諸権利の保障であり、被支配層が正しい秩序についての自らの発想を盾に支配層に立ち向かうことができるのは、こうした諸権利のおかげである。労働組合、ストライキ、団体交渉が部品となってできている制度的な装置が、諸々の力関係を法的な関係に作り変える。こうした集団行動に関する諸権利のおかげで、民法の社会的な解釈学が、国ごとに多様な形で花開いたのであり、この解釈学がなければ、労働法も社会保障も日の目を見ることはなかっただろう。このように福祉国家の発明が、産業社会で進む個人化と相互依存という二つの動きの制御を可能にした。[24] しかし制御が可能となると同時に、加速も進んだのである。社会保障や公教育のような広い連帯のネットワークに参加した男女は、地域的な連帯から切り離されるとともに、国家レベルでの相互依存を強めることになった。こうして自らの正当性を取り戻した国家は、異論に対しては寛容で、あらゆる期待に応え、どんな病気でも治すことのできる、温厚な君主という外観を身につけたのである。

今日では周知の諸要因（経済的、政治的、技術的）に応えるために国境が開かれることで、こうした社会生活の国家的枠組みが崩れつつある。国家的な連帯が再考に付されるようになったのは、一方ではいわゆるグローバル化のため、他方では地方回帰や地域回帰のためである。グローバル化と地方化は、地方の競争力の強化を拠り所にする世界的な経済戦略の、分かちがたい両面である。国家は板挟みになっているのである。国際的な局面では、「グローバル化」によって導き出された法秩序において、異なる諸国の共通利害を体現するとみなされた競争的な国際法が、国家の前に立ちはだかっている。国家は地域的連帯を代弁するだけになり、そのような地域的連帯にしても、商品と資本の自由な流通を妨げない限りにおいて認められているにすぎない。こうして回帰するのはグローバルとローカルとの古めかしい二項対立であり、これは国民国家を消し去ろうとしがちな帝国思想に特有のものである。こうしたネオリベラル的な観点からすれば、競争という法こそが世界規模での憲法という地位を占めるのであり、諸々の国際的な商業機構が、取引の保証人たる〈第三項〉の座を国家と競い合っている。ところが残念なことに、競争という法には法秩序を基礎づける力がないのである。製品の流通にしか興味がないこの法にとって、人間や自然の運命はあずかり知らぬものであるが、生産とはこれらの運命とともにしかありえないからだ。こうして国際的経済秩序により甚大な社会・環境問題が生み出され、最終的にそれは国家にのしかかることになるが、一方で国家にできることは少なくなっている。国内的な局面では、国家が直面する治安・連帯・地方分権への要求は、グローバル化によってもたらされる動揺に比例して大きくなっている。国家はそれに各部門の利害の代表との交渉や協議を通して応えてきた。新同業組合主義（ネオコーポラティズム）と呼ばれうるこうした実践において、一般的な利害とは何かの定義はもはや国家の独占物ではなく、特定の利害間の力関係の産物となっている。つまり国家とはもはや〈第三項〉ではなく、「社会対話」の当事者の一人でしかないのである。

ネオコーポラティズムとネオリベラリズムは実際には結びついており、その結びつきにより国家は、国際的局面での金融市場であれ、国内的局面での各部門の利害であれ、自らを超える力に従属するだけの単なる道具と化している。国際的舞台では優れた法主体であり続ける国家は、それゆえに自らの実質の一部を失うのである。最弱国や最貧国の場合には失われるのはその大部分ですらある。こうした国家は、一方では国際金融機関によって強いられる構造改革プログラム、[25]他方では自国民の大多数の生存を保障する非公式経済との間で板挟みになり、経済と実社会の前で、せいぜいエキストラ役か、ひどい場合には略奪者の役回りしかあてがわれていないのだ。このような国家の道具化もしくは撤退は、社会の歩みに深刻な影響を及ぼさずにはいられない。「経済法則」は各人が自らのアイデンティティを保証されている世界の存在を前提としている。しかしながら、社会とは自らの利害を最大化しようとする無数の理性的個人に還元されるとする西洋の神話は、人類学の基礎的な諸条件を理解できていない。人間の理性とは意識の直接的な所与ではない。理性とは諸制度の産物であり、各人はそうした制度のおかげで自らの存在に意味を与えることができ、また社会の中に場を認められるからこそ、自分自身の能力をそこで発揮することができるのである。こうしたアイデンティティを保証するのがもはや国家ではないために、人々はその根拠を他のものに求めている。たとえば宗教的・民族的・地域的・部族的・セクト主義的などの〈準拠〉である[26]。ここから新たなアイデンティティ要求が帰結しており、それが国家の不安定化を助長し、〈準拠〉をめぐる血なまぐさい闘争に道を開いていることは、内外のニュースが多くの例を提供しているとおりである。アイデンティティをめぐるこうした反動と、それに伴う暴力とが、信頼を揺るがし、保護主義を助長し、そもそもの原因である経済のグローバル化を危機に陥れているのだ。

権力と権威との分離

西洋では権力と権威の区別には長い歴史がある。ローマ法によれば、「ポテスタース（potestas）〔力、権限〕は行動する能力であり、アウクトーリタース（auctoritas）〔保証、権威〕は他者の行動の後ろ盾をする能力である[27]」。キリスト教の到来以降は、この区別は教皇と皇帝それぞれの特権をめぐる論争の火種となった[28]。この論争にある種の決着をつけたのが国家の世俗化であり、国家は権力と権威の両方を手中に収めることになったが、一方で立法権、行政権、司法権の分離を自らのうちに抱え込んだのも事実である。こうして権力と権威の区別は消え去り、国家と国民、国家と市民社会、国家と市場のような別の対立が、制度的な論争の新たな火種となった。しかしかっての区別を今日において蘇らせたのが「調整」であり、これにより「実行役《オペレーター》」（行動する力のある者）と「調整役《レギュレーター》」（この力に対する権限を持つ者）とが区別されている。この区別の拠り所はいたって単純な理念である。つまり大いなる市場の〈調整役〉の役目を引き継いだのが福祉国家だというのだ。一方で福祉国家は市場の法則にお咎めなしで背いたり、自分の利益のために法則を（情報の自由のような他の自由と同様に）捻じ曲げたりするような経済的実行役でもある。したがって混乱が生じる恐れがある場合には、二つの役目のうちのいずれか（あるいはこの仮説の極端な解釈によれば両方）を福祉国家から取り除いた方がよいだろう。こうしてこの問題のために特別に作られた〈権威〉に、調整役が委ねられることになるのだ。

市場の開放が調整のための諸々の〈権威〉の繁栄を伴うのはこのためであり、こうした〈権威〉には国家権力も及ばない[29]。国内的局面では公共企業やサービスの民営化（あるいは競争の導入）、そして資本の移動の自由化により、こうした権威の繁栄がもたらされた。これらの〈権威〉の大半は専門的で、特定の製品やサービスだけを取り扱っている（電気、通信、テレビ、証券取引所、薬品など[30]）。一部の公共サービス（保健・医療）を調整するため、あるいは一定の自由を確保するため（情報科学・インフォメーション)、大きな社会問題についての公的な決定を啓発するため(倫理諮問委員会)にも、こうした〈権威〉が創設されている。[31] 国際的局面においても、特定のサービス(たとえば空運)の調整のための専門的〈権威〉が一定数存在するが、特筆すべきなのは、市場の調整という一般的な任務を担う独立した〈権威〉が、このレベルでも創設されているということである。この点についての最古にして最深の経験が欧州委員会であるのは言うまでもない。世界貿易機関(WTO)の創設は、より広いレベルながら権限を小さくした、同様の着想に応えるものだった。

諸々の調整〈権威〉の権限は、それが及ぶ対象と同じくらい多様であるものの、二つの共通する特徴を備えている。つまりその正当性がテクノクラシー的(集団的代表ではなく専門的能力に依拠する)であると同時に宗教的(たとえば倫理諮問委員会)であるのだ。こうした〈権威〉は法律に着想を与えているはずだが、国家にも私的な操作因子にも属していないとされる。だがこのような独立性はしばしば疑問視されている。国家の影は常にちらついているし(特に任命の手続において)、民間のロビー団体も決して排除されていない。そして〈権威〉のミッションは単なる技術的な鑑定の域を常に超えており、あたかも科学的・技術的あるいは経済的な司法官のように、価値判断を下したり、係争を解決したりすることが求められている。以上の二つの理由のために、これらの〈権威〉の機能を、いくつかの大きな手続原則に従わせようという傾向が生まれている。たとえば人権と基本的自由の保護のための欧州条約に由来するような原則である。[32] 換言すれば、こうした〈権威〉は、法的技術の核心に立ち返るよう促されているのである。

このような〈権威〉の再来は、フランスで一九三〇年代末に社会法という概念そのものを生み出すことになった大問題を想起させずにはおかない。この法を考えついた法学者たちの念頭にあったのは、紛争を既存の規則（法律の中にある規則であれ判例の中にある規則であれ）に投げ返すことで成り立つような通常の司法手続には、労使紛争はなじまないという事実である。実際のところ労使紛争は多くの場合、新しい規則の採択を目的としているのである。だからこそこの法学者たちは、社会経済に関する強い権限を備え、労使紛争の仲裁を通じて、政治経済の力関係ではなく労働界の進化に真に対応した社会法を構築してくれるような、社会的司法官を創設することに、多大な期待を寄せたのである。[33] 逆説的なことに、今日においてこうした考え方が活況を見せているのは、社会領域ではなく経済領域であるのはこのためであり、経済的なものと社会的なものとの対立によって、様々な悪影響が生み出されているのである。〈権威〉の本拠地と化した経済領域と、〈権威〉を欠いた社会領域との間の不均衡が生じている。実際のところ市場を担当する〈権威〉は、市場によって扱われる問題の社会的側面は考慮に入れる必要がないと考えている。だからといって社会的側面は存在しないわけではなく、社会的配慮を理由として、競争という法の作用を制限するための抗弁の許可を国家に出すことのできる審級が、どこにも存在しないのである。こうしたことにより、社会全体、とりわけ最も貧しい人々の物質的な生存条件を一息で破壊してしまいかねない決定がなされてしまうのだ。[34]

立法権の解体

「法律は一般意思の表明である。すべての市民は、自ら、またはその代表者によって、その形成に参与する権利をもつ」[35]。啓蒙の政治哲学に由来する民主主義的な制度においては、主権者たる人民が自らの法律を自分で定める力を持つ。人民が直接行使する場合（国民投票という仮定）を除けば、この権力が行使されるのは、選ばれた代表者たちからなる議会を通じてである[36]。法律が人民の意思の表明であると考えられたからこそ、近代的民主主義においてはくじ引きよりも選挙が好まれたのであるが、アテネの民主主義ではむしろくじ引きがルールだった[37]。過半数の理念という量的なアプローチが登場し始めたのは、中世の議決技術からであるが[38]、フランス革命とともに勝利を遂げ、地方や職業や身分の違いによる質的な代表という理念を駆逐した[39]。トクヴィルの言葉によると、「統治の概念が単純化している。数だけが法律と〈法権利〉を作っている。あらゆる政治が算術の問題に還元されている」[40]。こうして普通選挙で選ばれた議会が、すべての民主主義における立法権の標準的な土台となったのである。このような国民の代表は一般意思を体現し、特定の団体や利害の代表の集まりによって構成されることはない。そこではいかなる「人民の部分」も、いかなる中間団体も、自らの掟を全体に強要することはできない[41]。なぜなら「あらゆる主権の原則は、本質的に国民のうちに存する。いかなる団体も、いかなる個人も、明らかに国民から発するものではない権威を行使することはできない」[42]からである。

フランスに関して言えば、主権者たる人民から選ばれた者たちの立法権の凋落が始まったのは、一九五八年の第五共和国憲法からだと考えたくなるのかもしれない。国会の議事日程が政府の手に委ねられることによって[43]、立法権から法律の発議権が完全なまでに削ぎ落とされてしまったのである。さらに立法権は、規制権力専用の領域が創設されることによって、その全能性を失うことにもなった。[44]この規制権力を保証することになった憲法院という新たな審級は、やがて最初の調整〈権威〉を構成するにあたってのモデルとなった。一九五八年における立法府のこのような後退は行政権に益するものだった。それはつまり実質的には国家高級官僚たちに益したということであり、彼らはほどなくして極度に重要な政治的・経済的・行政的役割を手中に収めることになる。つまるところ私たちの制度の中に中間団体の権力が復活したのはこの時代であり、やがてそれは「国家貴族」と呼ばれるようになる。[45]それからわずか十年ほど後の、一九六八年後の混乱や、「自主管理」「(経営)参加」「新しい社会」をめぐる議論のさなかに、別のタイプの中間団体――労働者および経営者組合――が立法の舞台に姿を見せはじめ、この中間団体を公的な事業の実施と緊密に結びつける「契約政治」も実施されはじめた。こうした傾向は社会問題だけではなく、国民教育や保健衛生、農業などの様々な領域でも、決して目立たないが確実に出現しており、そこでは政治権力が事実上は業界団体の保護下で行使されている。だがこうした傾向がもっとも顕著なのは労働関係であり、この領域では共和国憲法が参加原則を確立することによって、法的に強力な後ろ盾が得られたのである。一九五八年憲法に引き継がれた一九四六年憲法前文第八条の文言にあるように、「すべての労働者は、その代表者を介して、労働条件の集団的決定ならびに企業の管理に参加する」。[46]法的には労働者がこの権利の唯一の保有者であるが、参加原則が団体交渉の領域の拡大の正当化に使われてしまったので、雇用者もその共同行使者の立場にのし上がったのである。

団体交渉は何よりもまず法律の策定に参加することができる。交渉的法律という現象がここ三〇年あまり重要性を増し続けている。[47] 法律の意味はその策定に伴う合意から生み出されるようになり、交渉（つまり特定の利害関係者間の妥協）と審議（つまり一般的な利害の追求）の区別はうやむやになる。このような交渉的法律という現象には二つのヴァリエーションがある。一つ目は労使代表に法律の内容についての主導権を与えるものである。この場合は団体交渉が議会での審議に先立って行われる。交渉での合意は全体的ないし部分的に立法の形に取り入れられる。[48] この第一のヴァリエーションでは、法的には憲法（三九条）で首相と国会議員に限定されている発議権が、事実上は労使代表に委任されている。このため労使の合意が法案の役割を果たし、時には第五共和国憲法が政府に付与している権限を、労使代表が自分で要求するようになる。[49] つまり議会による修正権を制限し、自らの合意による立法について、議会に「一括投票」を強いる権限である。[50] 第二のヴァリエーションは二段階の立法であり、交渉の時間が二つを分け隔てる。立法府は第一の法律において一般的目標を定め、当該目標を達成する方法の交渉を労使代表に促す。続いて立法府は、こうして介入した交渉の結果に基づく第二の法律を採択する。繰り返し用いられているこの手法は、[51] 憲法院の判例に沿ったものであり、立法府が労働法の基本原則に関する規則の制定を労使代表に委ねるのを、憲法院が認めているのは、「団体交渉の当事者にこうした自由を認めることにより、立法府は、新たな規則から生み出される慣行の実験と評価の期間を短縮しつつ、この規則を適切に採択できるから[52]」である。

団体交渉は法律の施行にも参加することができる。法律の適用は労働協約の諸規定というフィルターを介してなされるだろうと、立法府が予想しているような場合がそれである。そのような場合には法律の意味は施行によって知られるところとなるので、法律の公布と適用の違いがうやむやになる。このような形の立法活動への参加もまた、複数のヴァリエーションがあることが今日では知られている。一つ目は補充規定を労働法に導入したことに帰結し、この補充規定によって、部門ごとあるいは企業ごとに、逸脱協定の締結が可能になる。法律が定めるのはもはや、団体交渉によっても労働者に有利な方向にしか修正できないような不可侵の最低基準ではなく、法律は代わりの協約が不在の場合のみ適用される単なる補足的規範に成り下がった。このようなメカニズムにより、労使代表は共和国の法律を適用する代わりに、職業や企業の「掟」を適用する資格が、立法府から与えられたのである。団体交渉の当事者に立法権の一部が与えられた格好だが、とはいえそれはあくまで立法府が望んだ場合に限ってのことである。実際のところ、このような逸脱の可能性は、明示的な立法権の付与が前提である。[53] つまり立法府の主権に労使代表が参加するのは、完全に立法府の意向次第なのである。こうしたメカニズムにより法律は補足的規範となり、法的命令を下しつつ、この命令が実施される文脈には多様性の余地を残しておくことができるようになる。このメカニズムが共同体法に歓迎されたのはこのためであり、そこにおいてこのメカニズムはめざましい発展を見せたのである。[54] 労使代表が法律の施行に参画する第二の形態は、任意規定の採用である。労働協約を介してしか実施できない権限に道を開くのがこの規定である。補充規定とは異なり、任意規定は、労働協約上の規範が不在の場合に適用される補足的規定を定めるようなものではない。こうしたメカニズムにより法律は奨励的規範となり、このためにそれは雇用政策の方面で広く用いられることになった。確かに国家はこのメカニズムのおかげで、労働市場に参入する事業者の自由を尊重しつつ、この市場に圧力をかけることができる。[55] だがこのメカニズムは労働法の他の様々な局面にまで波及したのである。たとえば差別の防止、[56] 利潤分配や社内貯蓄、[57] 労働時間短縮の奨励など。[58] 労使代表の参画の第三の形態は、立法府が、自らの発布した規範の具体的な条項を定める仕事を、労使代表に委ねるというものであり、これにより通常は政府が手にする命令制定権の一部の行使が、労使代表に委ねられることとなる。こうした方法は、憲法前文第八条で目指されている労働者参加の原則を尊重する観点から、憲法院の賛同を得ている。[59] 共同体法においては、欧州共同体条約が労働協約経由で指令を国内法に移入するのを認めたことにより、この方法が手放しで是認されることになった（一三七条四項および一三九条二項）。

民主主義原理の伝統的な解釈が、もっとも目に見える形で脱臼を起こしているのが、共同体法であるのはきわめて理に適っている。国民主権とは一つであり、人民により選ばれた者を介してしか表現されないとするのが、民主主義原理である。この原理についてはローマ条約が早くも視界を曇らせ、立法府の仕事は、行政権を併せ持った市場の権威（欧州委員会）、諸国家を代表する審級（欧州理事会）、普通選挙で選ばれた者たちからなる議会（欧州議会）、さらには法規的判決を下しうる裁判官（欧州司法裁判所は「……と裁定する」と述べる）とに分割された。もちろん欧州理事会自体は民主的に選ばれた政府の代表者から構成されているため、選挙を民主主義体制における立法権の土台とする原則は保たれていた。だがこうした制度的な構築物の全体からは、すでに旧体制《アンシャン・レジーム》の芳香が明らかに立ち込めていたのである。すなわち欧州委員会では、単一市場という掟の博士たるテクノクラートたちの、聖職者集団が権威をふるっている。欧州理事会がそこで果たす役割と言えば、全国三部会のそれであり、ヨーロッパ人民を量的（普通選挙）にではなく質的（国家の間の重みの違い）に代表する任務を担っている。[60] そして、一七八九年に永久追放されたと考えられてきた立法判事の姿は、共同体判事とともに新たなる顕現を果たした。さらには様々な国民の中から普通選挙で選ばれた者たちからなる議会が、権力の実体を持たずに、端役に甘んじているのである。ユーロ圏の国々のためにさらなる一歩が踏み出され、あらゆる政治権力から離れて機能する、貨幣鋳造の超国家的権威（欧州銀行）が創設されたが、このような仕組みは中世以来存在したことがなかった。

ちょうど同じころ社会的な領域でも、マーストリヒト条約によって、労使代表が議会に成り代わって、諸々の指令の作成の過程に加わることが許されるようになった。[61] このような「立法的合意」が司法上の大革新であることは間違いない。立法権はこれにより様々な審級によって分かち持たれることになる。つまり立法手続を主導する欧州委員会、この主導権を奪って新たな文面の中身について交渉する労使代表、この文面に指令としての効力を与える欧州理事会、さらには指令によって課された結果を各国の法秩序において保証する加盟国である。このような欧州法の作成や施行の工程にお呼びがかかっていないのは、欧州議会ぐらいなのだ！　欧州司法裁判所の判事も指摘しているように、そこでは民主主義原理の新ヴァージョンが制定されたのであり、このヴァージョンでは利害関係諸団体の「十分な累積的代表性」が、欧州議会議員たちの選挙で選ばれた代表性に取って代わっている。[62] この新ヴァージョンが想起させるのもまた封建的な制度であり、異なる社会身分の間のバランスをとった代表が、民意の表現手段としての数の法則に対する優勢を取り戻しているのである。

とはいえ共同体法を、フランスの法文化とは異質のトロイの木馬のようなものだとみなせば、誤りに陥るだろう。マーストリヒト条約によって成立した立法に関する合意は、フランス的な手法の典型であるからだ。異業種間の国民的交渉が立法の作業に結びつくというモデルは、ヨーロッパの他のいかなる大国も提示することがなかったのである。

つまり共同体法が私たちに向かって送り返しているのは、ある意味で私たち自身のイメージなのである。たとえそれが私たちの受け継ぐ封建的なもののイメージ、すなわち私たちがその執拗さや力を必死で認めまいとしているフランス的法文化の一側面のイメージであるのだとしても。あたかもフロイト的な原光景のように、現代の著者の多くが、基本的な法の諸カテゴリーの発生を跡づけようとするときに、中世について語ることを避けてきた。世界の起源を短絡的に一七八九年（もしくは民法典の施行された一八〇四年！）だと定めるのではないにしても、古代からルネサンスまで、ローマ法から各国の国内法までが一飛びなのだ。こうした抑圧の力は、封建制が行き着くところにまで行った国だからこそ、フランスにおいてとりわけ大きいのである。[63] 国民国家の没落の中から新たな近代性を汲み出したのが封建的構造であるとは、私たちには認めがたいことなのだ。そしてまた私たちは、国民国家の主権の没落には、個人の自由の向上が、対をなすように伴ってなどいないという事実からも目をそらしがちである。こうした没落の果てには、私たちの契約文化の封建的な側面が再び顔を出すのだ。封臣関係のようなやり方で、今日の契約は自由人を様々な義務の織り目に縫い込むのであり、それらの義務が自由人たちを包み込み、圧倒しているのである。

自由を従属させる

国家の主権の没落は、諸個人の自由の増加へと機械的に結びつくものだと考えたくなるのかもしれない。だがそのためには、財とサービスの交換に還元できないすべてのもの、すなわち計測可能な諸価値についての交渉を超えるすべてのものを、法律が引き受けてくれなければ、この自由は十全に展開などできないということを忘れなければなるまい。[64] 逆に法律が契約に、自らの意味すべきことの定義づけの仕事を押しつけてしまえば、契約当事者たちは、単なる自分たちの資産に関する利害を超える、様々な目的に従属してしまう。契約は量的なものの交換に利用される代わりに、共通財の定義に参画することで、「公共化」するのである。このことは契約当事者たちの意思の自律性にまで波及する。彼らは何を望もうと自由であるが、ただしそれは自分自身の利害を超える目的を追求することが条件である。彼らの自由はこうした目的の実現に従属しているのだ。この現象がもっともあからさまになるのは社会経済的領域であり、個人のレベルではそれは行動の標準化として、集団のレベルではそれは法源の道具化として表れる。

行動の標準化

契約が人の意思を他人の意思に従属させるための道具になりうるとしても、驚くべきことは何もない。それこそが従属関係の持つ意味のすべてであり、労働契約の特徴にほかならない。だがこうした隷従が今日では新たな形を取ろうとしている。服従の規準が下がるにつれて、多くの賃金労働者が一定の自由を享受するようになっているが、それは方向づけられた自由であり、企業主の意に沿った目的に従っているのだ。これと対をなすように、企業家たちの法的な独立性は、彼らが経済活動を束縛する契約的・社会的関係に組み込まれたために、縮小しつつある。これにより権力は「客観的」規準を通して伝えられるようになり、これらの規準は上に立つ者の恣意的な権力からは独立している。つまり人による統治から、今日で言うところの「ガバナンス」に移行するのである。ガバナンスとは統治にとって、規制に対する調整、道徳に対する倫理のようなものだ。つまりそれは、法律と法主体との隔たりを埋めてしまおうとする、行動の標準化のテクニックである。どんな場合でも人間たちが、既存の秩序の必要に適った行動を自発的にすることが重要であるのだ。

歴史の皮肉により、あれほどまでに儀礼と敵対していた近代西洋は、中華帝国における儀礼主義を基礎づけ、「法による統治」と絶縁することを可能にした諸原則を、再発見することになったのである[65]。レオン・ヴァンデルメールシュが指摘したように、儀礼的秩序とは、諸々の形に社会関係を合わせることである。それらの形こそが事物の道理であり、世界の調和的な機能の鍵を握っているのだ。「儀礼の尊重のおかげで社会に調和がもたらされるや、各人は各々の場所で自然と、自分にとっても全員にとっても最適なやり方で振る舞うようになる。法権利や自由といった理念とは無縁の儀礼主義は、逆に自然という理念をきわめて重要なものと位置づけているのである[66]」。規範は外部から人間に課されるのではなく、説得的な浸透によって作動しなければならないとする理念を説明するために、中国の著者たちがしばしば援用するのは、滲出という生理学的な隠喩である。「体の汗が人に沁み込むように、君主の命令が人の心に沁み込むようにならなければ、人間は安心して従うようにはならない。世界における諸存在の分散は、こうして調和に至るであろう」[67]。今日では私たちのもとでこのような理想が、ガバナンスや調整、倫理といった理念を通じて表明されているのであり、これらの理念は法律や強制を忌避するのに役立ち、秩序への自発的な同調に益をもたらしているのである。

このような人間の新たなしつけ方が最初に構想され実験されたのは、超国家的な巨大企業においてであった。こうした企業の所作で目新しいのは、国際取引がそこに占める位置ではなく、それらの取引が国家の制度的枠組みから解放されていることである。こうしたモデルは今日では、超国家的なプランに沿って組織される特定の機能（研究、開発、設計、エンジニアリング、製造、マーケティング）を持つ世界的システムのモデルとなっている。国家の後見から解放されるとともに、閉鎖的な自らの市場も奪われたこうした企業は、様々な取引へと開かれた世界における新たなリスクにさらされている[68]。これらの企業にとってコントロールすべきなのは、自社の社員だけでなく、利益の実現に影響を与える行動を取るあらゆる人々である（投資家、消費者、納入業者や下請業者、受け入れ国の政治家など）。こうしてこれらの企業は、新たな権力技術が発明され改良される実験室となり、その技術はやがて公共圏へと拡散していく。こうした技術が情報通信に大きな位置を割いていることは言うまでもない。取引の民営化や自由化を利用しながら、これらの技術はアイデアやイメージの世界を掌握し、すべてのマスコミ（ラジオ、テレビ、出版、映画製作・配給）を直接的（経営の掌握）ないし間接的（広告による出資）に手のうちに収めて、どんな教会にも達成できなかったほど確実に、精神を我がものとするのである。これらの技術はまた政治家と知識人の寵愛を得ることも覚え、彼らの大半を企業の価値観に転向させたり、はたまたいたるところで公生活を蝕んでいる汚職事件の数々が物語っているように、単刀直入に買収したりしているのである[69]。上流では下請業者のコントロールを確かなものとし（技術の保証や認証マークの付与）、下流では消費者を固定客化する（一時的な財やサービスの提供にとどまらない、消費者と供給者の結びつきをもたらす関係的契約の活用）ために動員されているのも、やはり新たな法技術である。

しかし「ガバナンス」という新技術の法的側面がもっとも明白に姿を現しているのは、その新たな「人材」利用法においてである。「ガバナンス」は、儀礼を当てにすることも辞さずに（マネージメント界では大流行している）、西洋の法文化の素材、とりわけ契約を再利用している。封建的な色合いを取り戻した契約は[70]、新たな種類の忠誠関係を結ぶために用いられ、命令を下すことなく行動を指図することを可能にする「客観的」な評価基準に人々を従わせるのである。こうした関係は単に企業の中で、あるいは企業のために働く人々を縛っているだけでなく、そこから除外された者（失業者）や、それを率いている者（事業主）をも縛っているのである。

「われわれは客体化されている！」。労働者たちは、自分たちが従属させられている新たな「人材」指導の方法を、このように言い表している[71]。客体化した労働者とは、達成目標という匿名の権力に従属させられて、上司との人間的関係という最後の主観的な要素すら失った存在である。テーラーシステムによって成し遂げられた労働者の動作の標準化が、法的従属という概念を予兆していた。それぞれの労働の持ち場が、できるかぎり単純で計測可能な一連の動作に分解される。この持ち場に割り振られた労働者は、階層が上の別の賃金労働者の監視のもと、決められた順番と速度でこれらの動作を実行しなければならない。この組織は品質の規準がそれほど厳しくない大量生産の実現に適していた。これに対し新たな組織のプランが関係するのは、多様化した高品質な製品やサービスの実現である。このためには労働者が仕事を実現するにあたっての自由の余地を取り戻す必要があり、それによってテーラーシステムが消滅を望んでいた「手工芸」の伝統との和解が図られる。この観点からすれば、階層の直接的な重みは軽減されなければならない。労働者のコントロールが消えることはないが、目標が移動するのである。定められた任務の実行の仕方よりは、その任務の結果に重心が移るのだ。賃金労働者たちは自分の仕事の実現にあたって上司の命令に従うのではなく、原則として透明で確認可能で誰もが知っている目標に同意するのであり、その実行には追跡のプロセスも伴っている。このプロセスが賃金労働者の能力やパフォーマンスの評価に用いられるとともに、この労働者に割り当てられた目標が適切であるかどうかの評価にも用いられ、そうした目標が、経験から得られた教訓へと脚色されるのである。

こうして企業では労働者一人ひとりの寄与を評価するための規準が利用されるようになる。テーラーシステムを特徴づけていた動作の標準化の後を継ぐのが、人間の標準化である。労働契約に内在する不確実性は絶えず縮小されなければならない（雇用者は自分が雇う労働者の質に確信を持つことが決してできない）。だがこのような不確実性を減らしてくれると期待されているのは、もはや仕事の実行法のコード化ではなく、各労働者による企業の規範と価値観の内面化である。上司に力があるのは、自分が部下よりもよくできるからではなく（上司はやるべき仕事についての知識が部下よりも少ないことの方が多い）、部下のパフォーマンスを評価するための抽象的な規範を実行に移す資格を与えられているからである。[72]多くの場合は企業外の専門家によって作成されているこうした規範は、とりわけ賃金に関して、雇用者の決定を正当化するために活用される。[73]報酬をめぐる政治（賃金および企業の成果の分配）は、個別面談による評価および目標についての合意と並んで、このような参加型マネージメントの欠かせない一要素である。しばしばそれは賃金の個別評価という形を取り、職種やパフォーマンスについての評価基準（客観的であるとされる）が拠り所にされている。言うまでもないことだが、重要なのはもはや賃金労働者が自分の時間の一定の部分を差し出して機械的に命令に従い、その代償として賃金を得ることではなく、「自分の中の一番」を差し出して見返りを最大化することなのである。言い換えれば、重要なのは「あたかも」独立しているかのように振る舞うことである。賃金労働者による自腹の擬制の成立である。こうして経営者の全知全能な「神権的」権力に取って代わるのは、管理経営的な規範を利用する機能的権力であり、これらの規範を構想し、会計監査という手順に沿ってそれを実行に移す専門家の権威が、その後ろ盾である。

ただちに提起される疑問は、賃金労働者たちに割り当てられたこれらの目標に、法はどれほどの影響を与えられるのかである。判例によれば、目標の不達成は解雇の正当な理由とはならない。こうした目標が賃金労働者に対する抗弁となりうるためには、以下の三つの要件を満たす必要があるからである。[74]現実的であること。受けてきた教育や実行手段の点で、労働者の職業的能力に見合ったものであること。さらには目標に到達できなかった賃金労働者のミスであるのがはっきりしていること。このような判例が目標による誘導の諸原則にぴったりと適合しているのは、それらの目標が権力自体を、あらゆる恣意性の取り除かれた客観的な何かに変えようとしているからである。そこで表明されているのは、こうした判例が扱う特有の困難さを超えた、より一般的な射程を持つ規則である。つまり法的観点からすれば、対審の原則を免れるような「客観的」規準は存在しないということである。賃金労働者の明白な同意が経営者の決定の正当性の条件になるということが、別の形で表れているのは、賃金労働者の合意がなければ労働契約の修正を伴う懲戒処分は適用できないとした判例である。[75]学説上強く異論の唱えられたこの判例が、副作用をもたらすものであることは否定しがたい。この判例によって雇用者は、どちらかと言うと軽微な懲戒よりも、解雇を選びたがるようになってしまうからだ。しかしそこには規律の客観化が何を意味するのかの例がはっきりと表れてもいる。規律は一方的な権力の表明であることをやめて、規律に従う者たちが同意している処罰という形を取るようになるのだ。言い換えれば、契約化はここで、刑法の最近の展開でも見ることのできたような、規律の内面化に寄与しているのである。[76]

この現象が労働契約を超えた広がりを持ち、フリーランスの労働者にも関わるのは、したがって驚くべきことではない。製品の完成までのすべての側面を包括した中央集権的で階層的な企業という産業モデルでは、従属的な労働とフリーランス労働とを明確に区別することが可能だった。今日において支配的な経済活動の網状モデルでは、こうした対比は判別しづらくなっている。[77]労働法においては法的従属すなわち上司の命令への厳格な服従という考え方の角が取れて、ある一つの組織との一体化という考え方に取って代わられている。この組織の中では労働者たちが自分にふさわしい目標をどのように実現するのかは自由であり、これらの目標が数多くの非人称的な規範となって、労働者自身の前にも上司の前にも同じように立ちはだかる。民法や商法においては逆に、法的な独立性が実質を失って、事業主たちは製造や販売のネットワーク全体の集団的な規律に従属させられている。農業や商業の分野はこのような従属的な事業主で溢れており、彼らは企業を自由に経営することはできないのに、企業責任は負っているのだ[78]。以上の二つの場合において姿を見せているのは、従属の新形態である[79]。確固たる階層を持つ安定的な集団組織に組み込まれることをやめた労働は、輪郭の定まらないネットワーク内の調整手続に呼応することがますます多くなっている。人を標準化する方法だった個別目標契約は、すぐに労働関係以外にも広まった。とりわけ二〇年前から契約を社会関係修繕のための道具にしようとしてきた国家は、自らの負担でそれを取り入れた。その試金石となったのが、一九八八年に創設された社会参入最低所得保障（ＲＭＩ）である。この所得保障を受け取るためには社会参入契約を結ばなければならない。受給者は社会参入計画に取り組み、公的機関はこの計画の実現の手助けをするという、相互的な契約である[80]。数年後には同様の技術が失業保険改革の足がかりとされた。イギリスの「求職者協定」の経験を発想源としつつも[81]、この二〇〇〇年の保険制度の「立て直し」が革新的であったのは主に、契約によって保険制度の専門機関（商工業雇用協会［Assedic］）と国の部局（国立雇用紹介所［ＡＮＰＥ］）に、失業者を結びつけた点である。これによりあらゆる求職者は、商工業雇用協会で雇用復帰支援計画（ＰＡＲＥ）に署名をしなければならなくなった。この計画には求職者・商工業雇用協会・国立雇用紹介所の権利と義務とが銘記されている。代替所得（雇用復帰手当）が支給されるのはこの署名の「帰結」である[82]。雇用復帰支援計画には求職者が取り組むべきことが明文化されており、特に遅くとも署名の翌月までに、国立雇用紹介所で詳しい面談を受けなければならない。この面談が終わると、国立雇用紹介所と個別的活動計画（ＰＡＰ）について合意を交わす。この計画が定めるのは、求職者の専門的な資格や能力に見合っているのはどのような職業であるのか、あるいは求職者がどのような職種に転職を望んでいるのか、そして計画の実現にはどのような手当や研修が必要であるのかであり、雇用復帰支援計画の締結後六ヵ月以内に仕事が見つからなければ修正が認められる[83]。つまり個別的活動計画とはまさしく「目標契約」であり、参加型マネージメントの要素のすべて（目標の契約的な定義づけ、当初目標に対する事後的な評価手続など）がそこにはそろっている。これは法律の適用をコントロールする論理から、共同で定めた計画の実現に付き添う論理への転換という、より一般的な変化の典型例でもある[84]。処罰という考え方は、当事者の権利と義務の定期的な見直しという契約的なメカニズムの中に飲み込まれようとしている。

　ただちに沸き起こる問いは、失業者が手当の権利を失うことなく、雇用復帰支援計画に署名することを拒否できるのかというものである。この問いに肯定的に答えるために引き合いに出されるのが、この署名は失業補償を受けるための新条件であって、労使代表は法律が限定的に定めた諸条件にそれを追加する権利は持たないという事実である。これに対し国務院《コンセイユ・デタ》は、この計画は求職者に新たな負担を強いるものではないとの見方を示した[85]。行政裁判官は、雇用復帰支援計画への署名義務が求職者の法的義務の一様態であると判断している。求職はこれまでにも補償を受けるための条件だったので、新要素は補償と求職の関係ではなく、この関係を契約化したことである[86]。このような契約化が目指しているのは、一つには求職に関する法的な義務の内容を具体的に定めることであり、もう一つには補償制度が求職の手助けとなるように法的に後押しすることである。その後の判例は雇用復帰支援計画が契約であること（そして失業保険がこの計画の契約条項に拘束されるのは失業者の利益であること）を認めたので、[87]国務院《コンセイユ・デタ》が示した姿勢は、法的義務のうちには契約締結の義務が暗黙裡に含まれるということを意味している。求職の義務が法によって課されるものであるとすれば、それが契約の対象になったとしても、付け加わるものは何もあるまい。人々を従属させる技術につながる広大な領野がこうして開かれるのは言うまでもない。しかし同時に示されているのは、法的義務を契約化することによって、契約は傷つかずにはいられないということである。法的義務に契約を結ぶ義務が必然的に伴うとすれば、契約の自由という原則が覆されることになるのは、少なくとも間違いないのである。

私企業の経営者や公共機関の責任者は権力の保有者であるので、こうした新たな権力技術からは免れているのだと考えたくなるかもしれない。ところがまったくそうではなく、彼らは同じように「ガバナンス」の罠に取り込まれているのである。国家と企業の違いとは構造の問題であるよりも〈準拠〉の問題である。国家の準拠となるのは、資産的なものを超えた質的な諸価値である。国家が担うのは人々の命運であり、人民の生命という長期的な時間を地平として持つ。企業の準拠となるのは資産的で量的な諸価値である。企業が担うのは製品やサービスの実現であり、市場という短期的な時間を地平として持つ。国家も企業と同じように経営すべきで、経済的権力と政治権力、行政権力の間には本質的な違いはないというような、今日まかり通っている考え方の恐ろしさはここにある。とはいえ組織に関する同様の問題が企業に対してと同様に国家にも問われうるのは確かであり、両者の構造は似通った進化の歴史をたどっていることが多い。国家と同様に、今日の大企業はトップですべてを決めることが不可能になっており、人の統治の新たな方法を発案することが必要とされている。国家と同様に、大企業は正当性の危機の真っ只中にあり、企業の場合にはそれは、株主の権威が復活して経営者のテクノクラシー的権力を押し返すという形で表面化する。国家の指導者と同様に、大企業の経営者たちも、自らの役割の再定義を迫られており、諸々の目標を設定し、それを実行するためには細かな点まで個別的・集団的な交渉のプロセスを通さなければならなくなっている。諸々の独立した権威の姿までもが、企業内の財政部門（市場の権威や会計監査役）や製品部門（標準化機関や認証機関）に顔を出すようになっているのである。

原則としては今でも経営の選択を下すのは企業主だけであり、自分が経営する企業内で生じた過失の責任を取るのも企業主だけである。だがこうした主権は契約の世界の「客観的」な規律の侵入によって脅かされている。自社の賃金労働者や下請け業者、あるいは失業者と同じように、企業主もまた、自分が同意したとされる諸目標の実現に従属しているのである。諸々の企業ネットワークとともに興隆する依存的雇用者の姿は、目標による経営の支配が経営者の権力そのものにまで及んでいることの、明白な表れである[88]。企業グループにおいては子会社の経営者は親会社の命令に（会社機構を通じて）法的に従属しているが、ネットワーク内では各企業の活動は品質と効率についての規範の尊重に従属している。これらの規範はどの会社の意向にも依存しないが、すべての会社は契約上この規範に同意しているのである。こうした「客観的」規範（ＩＳＯ）は、独立しているとみなされる機関内で専門家たちが作成した、私的な規範である。これらの規範が遵守されているかどうかは、同じように独立した認証機関によって監督されている。[89] これらの規範の強制力の源は、ネットワークを法的に張り巡らす契約という網の目である。このような仕組みは産業化以前の経済組織形態を連想させずにはおかないが、[90] これによって契約は共通の規律のための道具、すなわち企業主たちの経営権限を、語のもっとも技術的な意味で標準化するための道具となるのである。

企業主たちに株主の利害を守らせるためにも、このような標準化の技術が用いられている。これこそがコーポレート・ガバナンスの諸原則の目的である。この諸原則はまず英米で主張されるようになり、[91] 大陸ヨーロッパもそれに続いた。これらの原則が目的としているのは、株主にとっての「価値の創造」という目標（つまり株式資本の所有者たちを富ませるという目標）に企業経営を従わせることである。このような従属を明るみに出すのは企業主に対する命令ではなく（「価値の創造」の方法や手段は企業主の自由にまかされている）、ここでもまた「客観的」規範の適用である。その規範とはつまり会計的規範であり、これにより企業主の管理経営上の選択は、文字に打ち出されるだけで説明されてしまう。会計技術では管理会計（いわゆる分析的会計）と財務会計（第三者への情報開示のためのもの）とが区別されることが知られている。グループ企業の場合には、財務会計（連結会計）の規則を作り上げたのは、原則として独立した専門家からなる私法に属する国際的権威である。[92] これらの権威が作り上げてきた規範は、ここ二〇年で改革にさらされており、経済的付加価値（economic value added）のような指標を用いることで、企業の「価値の創造」の成果をより反映しやすくなっている。これにより切り捨てられたのはとりわけ、取得価値でしか財を記帳しようとしない、取得原価主義と呼ばれる古い（かつ慎重な）原則である。慎重であるとは実際のところ、財の減価は勘定に入れる（減価償却という技術あるいは損失準備金の形成によって）が、仮定の値上がりを見込むことはないということである。これに取って代えられたのが「公正価値（fair value）」の原則であり、それによればある資産は、それが生み出すと見込まれる将来の収益のフローを取り入れた価値、要するに決算日の市場価値（いわゆる時価）で記帳されることになる。

企業主にとってのすべての問題、そして企業主がその地位にとどまるための条件は、この価値を増やすことである。これに対して賃金はコストとして計上されているため、とりわけ人員を削減することによって賃金を大幅に削減できれば、このような会計的企業イメージにおいては、それだけで自動的に「価値」の創造になるのである。こうして企業経営（雇用、解雇、売買、借入など）は、会計イメージに丸ごと左右されることになる（リストラもこのためである）。公正価値《フェアヴァリュー》原則は、アメリカでそれが大きな不具合を明るみに出し始めているまさにそのときに、EUでは全会一致で導入されようとしている。[93]会計的規範がどんな政治的選択からも自由な「純粋に技術的」規則であると考えるのが幻想であるのは言うまでもない。将来の収益フローの見積もりとは、実験科学よりも免罪符の価格決定に近いような、危うい実践である。勘定に入れるべき価値の創造とは、株主に対してではなく、企業が置かれている国に対しての、企業からの純然たる寄与なのではないかとの考え方もできるだろう。年金基金を資産ではなくコストとして計上することもできるだろう。ストックオプションをコストとして計上すべきだと定めることもできよう……。つまり「純粋に技術的な」規範など実際には存在しないのであり、会計技術とは、あらゆる規範システムと同様、公正な秩序についてのある種の表象に、すなわち実験科学よりも信仰に支えられているのである。だとすればリストラを食い止めようと腐心する立法者は、解雇法制を複雑化しようと必死になるよりも、これらの規範の中身を気にかけた方が賢明であろう。そうすれば立法者は経営者の決定に先立って、その決定を操っているものに圧力をかけることができ、決定の影響に制限を加えようと憔悴する必要はなくなるだろう。人間を常にコストとして計上し、決して富には計上しない規範システムでは、解雇法制はプログラムに組み込まれた社会的スクラップを制限する手段でしかないのだ。

このように私的領域で試行され実践されてきた方法が、今日では公的な事柄の方にまで広まっているので、行政という概念自体が根本的に変化することになるだろう。フランスにおいては予算組織法（ＬＯＬＦ）にその明白な表れを見出すことができる。[94] このフランスの新たな「予算憲法」は、公共支出を目標による誘導の手法に従わせようとする。予算が配分されるプログラムは、「ある事業ないし同一の省庁に属する複数の事業のまとまりを実施することを目的としており、そうした事業には、一般利益に合致するという観点から定められた明確な目標、および評価対象となるような予期される結果が結びつけられている」（第七条）。決定したプログラムに配分された予算（人件費を除く）は代替可能となり、これによりプログラムの実施にあたっては支出の種類をあらかじめ定める必要がなくなるだろう。予算案の提出時には、各プログラムに「年次業績計画書」をつけなければならない。この計画に含まれるのはとりわけ、「事業と関連経費、目指される目標、正当に選ばれた明確な指標により測られた達成結果および今後数年間の予想結果の説明」（第五一条）である。これと対をなす形で、各プログラムの達成結果を告知するのが、「年次業績報告書」である。法によりこの改革と結びつけられたのは、国の財務会計の導入であり、「発生主義会計」とも呼ばれるこの会計の規則が、企業に適用される規則と違うのは、「その事業の特殊性に関してのみ」（第三〇条）である。企業の会計と同じように、国家の会計も「規則的、誠実で、資産や財政状況の忠実なイメージを示す」（第二七条）ものでなければならず、認証の対象にもなることだろう（会計院に委ねられる）[95]。このような改革の目的とは、行政に「ガバナンス」文化を広めることである。あらかじめ定められた規則に支出が合致しているかどうかを確かめる必要がなくなり、行政の責任者たちは、目標の実現に向けて事業を動かすことがより自由にできるようになるだろう。そうした目標の設定に関わったのも彼ら自身なのである。しかしその代わりに彼らは、「客観的」で数量的な基準に基づいて評価されることになる事業の有効性を、説明できるようにならなければなるまい。この改革によって行政活動の契約化は、これまで欠けていた財政的な手段を手にするのである。

法源の道具化

法の策定においても契約技術は台頭している。しかしここではもはやそれは契約当事者たちの自由の増大という形では現れない。むしろ逆に、契約技術は法源としての性質を帯びることになるので、約定は、それについて交渉したり利用したりする者の意向には左右されない、規範の役割を担うようになるのだ。約定による〈法権利〉が法律により道具化され、その交渉を法律が予定するのである。だがその逆に、法律や規則自体も合意により道具化され、政治的決定に先立つその合意が、政治的決定を方向づけることもありうる。

このような道具化がどこよりも明白であるのは、団体交渉権の変遷である。ここ三〇年来、労働協約は、交渉の場において代表される雇用者と賃金労働者の利害についての単なる合意であることを徐々にやめて、こうした利害を超越する目標の実現のための道具になっている。この変遷は契約当事者たちの同一性を脅かすとともに、交渉の目的にも影響を与えている。

　労働協約を締結するための条件が、年を追うごとに厳しさを増している。労働協約への署名は、当初はいかなる労使団体にも開かれていた。いつの間にか協約締結能力という条件がそびえ立つようになり、それが徐々に厳しくなっていった。賃金労働者の代表に関して言えば、この能力はまず職業組合に、次いで自らの代表性を証明できる組合に限定されるようになった。一九八一年の逸脱合意とそれに続く週三五時間労働制改革とともに、過半数代表という条件が登場し、労使が要求したその一般化が認められた[96]。このような進展と対をなしているのが、マーストリヒト条約によって制定された立法的合意の署名に「十分な累積的代表性」があることを要請した、共同体法である[97]。

　協約締結能力が要請されるのは、労働協約の役割が変化したことに伴う必然的帰結である。労働協約が一般的な利害に関わる問題を扱っている以上、協約の策定は、公権力（政府や判事）の後ろ盾を受けた、数の法則（過半数代表、一般投票）を証明する法人によってなされなければならない。つまり労働協約の発展を通して非議会的な民主主義を追求することの先にあるのは、契約当事者に正当であるとの資格を与えて、法律の契約的な策定に加わらせるための技術である。

　交渉の義務が広がりを見せるとともに、契約当事者たちには交渉の目的が課されるようにもなった。

契約自由の体制のもとでは、交渉に加わることや、ましてや契約することが、法的な義務として課されることは決してない。フランスの労働法は一九七一年には早くも、賃金労働者に団体交渉権を認めることで、この原則からの逸脱を始め、一九八一年には交渉の義務を初めて制定することにより、その方向性を鮮明化させた。立法府が自ら提案したこの法学的な革新を、判例や学説は、労働者にとっての新たな権利の確立であると解釈した。このような分析は誤りではないが、あまりにも矮小的である。実際のところ、法律は団体交渉を課しているだけでなく、この交渉の目的も定めているのである。これらの目的のリスト、つまり交渉に伴う諸義務のリストは、年を経るに連れてますます長大化している。一九八一年のオルー改革が課していたのは、賃金と労働時間についての毎年の交渉と、職業資格についての五年ごとの交渉、要するに労働関係の本質的な要素についての交渉だけだった。しかしそれ以来、労働法の様々な側面に、次から次へと交渉義務の息がかかるようになった。職業訓練や社内貯蓄、男女平等などの側面である。同様の傾向は共同体法にも見られる。諸々の超国家的企業の中に「欧州企業委員会」を設置するためであれ、欧州株式会社を創設するためであれ、労働者の代表たちの代表団や審議会を組織するためであれ、特殊な交渉（特殊交渉グループ）にせよ一般的な交渉にせよ[98]、諸々の交渉義務が指令によって生み出されるのである。交渉の義務は契約の義務とは別であり、こうした進展が雇用者の一方的な権力の単なる後退であると考えるのは誤りであろう。おそらく本質は以下にある。交渉の参加者はもはや自由な契約当事者、あるいは自分たちの契約の目的の主人ではなくなり、一般利益に関わる政策（職業訓練政策、男女平等政策、雇用政策など）の実行のための作用因になってしまう。つまり自分たちの外で決められたのに自分たちのものとしなければならない目標の実現を強いられた道具になってしまうのである。

法源の道具化が立法権や命令制定権にまで影響を及ぼすことがある。国家が加盟している協定の定める目標の実現のためにそうした権限が行使されるような場合である。大企業の経営陣が価値の創造のための諸目標の実現に従属しているのと同じように、今日では大半の国家（アメリカ合衆国を除く）の政府は、自分たちが自由に合意したことになっているプログラムの実現のための道具を準備するように促されている。それらのプログラムに用いられているのは、諸々の国際的な権威が策定した「技術的」な規範である。発展途上国の多くが、国際的な経済・金融機関の専門家たちの定めた健全経営の指標を用いての「構造改革プラン」に、自発的に従うように促されているのはこのためである。EUが新しい「ガバナンス」の手法を策定してきたのもこれとまったく同じことであり、この手法によれば、欧州委員会の策定した共通指標に加盟国が合意すると、その指標が国内で実施される政策を「案内する」（ガイドライン）ことになる。このような「開かれた調整法」[99]は、社会問題（とりわけガイドラインが毎年定められる雇用政策[100]）に限定されるどころか、経済的集中のための規準と、共通通貨によりもたらされた規律の採用以来、ヨーロッパの「ガバナンス」の核心的な形式と化している。こうしてローマ法という「厳たる法（dura lex）」は、加盟国が各自の法律を定める自由を組み込んだ協定的規則（ソフト・ロー）に取って代わられるのである。国家は自らが合意した目標の実現を好きなように追求することができるが、これらの目標の実現は共同体の権威（欧州委員会や欧州銀行）による「技術的」な規準（ベンチマーキング）に基づいた定期的な評価の対象となるのである。ここでもまた目標による誘導の論理に出くわすのであり、いつもの規範的な装具一式もそろっている。つまり成果についての「中立的」な指標や、法主体たちの織り込み済みの自由、合意済みの目標の実現を監視する専門的な〈権威〉である。

会計的な規範やＩＳＯの規範と同じように、共同体レベルで策定される公共政策についての指標もまた、議会や司法の場での討論をあらかじめ免れているような「純粋に技術的な」規範ではないのは言うまでもない[101]。にもかかわらずそれらの指標がそう扱われてしまうことこそが、「ガバナンス」という新方式によって民主主義にもたらされる最大のリスクの一つであり、これは契約を前にした法律の後退としてではなく、契約と法律とが変質する過程として表面化するのである。今日では規則を定めることよりも、各法主体（国家、組合、賃金労働者、経営者など）の行動を条件づける諸関係を生み出すことの方が主眼とされていることが、この新方式の一般的な特徴である。このようなシステムにおいては、もはや絶対的な主権者たる主体は存在せず、もはやどこでも真に討議されているとは言えない全体的調整の代理人に、各人が自分でならなければならないのである[102]。

以上のような観点からすれば、封建的な様式の法関係の復活を嘆き悲しんでも、基本的には無駄であろう。その代わりに批判しなければならないのは、姿を見せ始めたこの規範的秩序の諸々の基盤であり、技術的規範の中立性であれ、鑑定という科学的な権威であれ、法やその他の現代的信条の条文から自由になった主体であれ、これらの基盤は根本的に新しいものなのだ。確かに契約化は個別利益と一般利益の間の不可欠な和解関係を刷新してくれるかもしれないが、一方でそれは新たな圧制の形態にも道を開きうるからである。制度的な舞台を設営するためには、人格と事物だけでなく行為にも、すなわち事物の状態を再考に付すという、人格に認められた権利にも依拠しなければならないのは、少なくともガイウス以来の私たちの常識である。[103] ガバナンス・イデオロギーの最大の懸案の一つは、諸々の社会の歩みの中に紛争や人々の集団的行為のための余地がまったく残されていない点である。[104] こうして逆説的にもこのイデオロギーが関係を結び直すことになるのは、社会的紛争を一掃した社会という全体主義的なユートピアである。つい最近、巨大な自国の制度の見通しについて問われた、ある中国人指導者は、西洋に学んで「民主主義的専制」にならなければならないと答えた。比較研究の逆説の一つとはこれだ。つまり遠くからの方が見えることが多いのである。

第六章
人間を結ぶ——人権の正しい使用法

事態が絶望的なのを知りつくして、それでも打開の決意を持ちつづけなければならない。

F・スコット・フィッツジェラルド[1]

「グローバル化」と呼ばれるものは根本的に新しい現象ではなく、数世紀にわたる世界化の過程の最終段階であり、その起源はルネサンスと新世界の征服にまで遡ることができる。「アメリカ・インディアン」の絶滅から現代に至るまで、この過程は、西洋諸国による他のすべての国々に対する支配と、常に一致してきた。このような支配が可能になったのは、西洋が身体的・精神的に何らかの優越性を持っていたからではなく、西洋が自らの科学と技術から物質的な力を引き出したからである。西洋の科学技術と、それに伴う市場経済の全世界への拡大は、決して新しくはない以下の問いを、今日において改めて提起している。全人類に共通する信仰は存在するのか。言い換えれば、このようなグローバル化の制度的基盤をもたらしうるような、普遍的に認められた価値、さもなくば普遍的に見出される価値は存在するのだろうか。あるいはその逆に、諸々のドグマ的システムは互いに浸透し合うことがなく、無視をし合うか戦争をするかのどちらかでしかないのだろうか。

こうした問いが何よりもまず人権の問題であるのは言うまでもない。そこでは人権の普遍性を信じる者と、それを信じない者とが対立することになる。一方にとっては人権とは、グローバル化した世界が必要とする普遍的な律法の石板をもたらしてくれるものであるのに対し、他方にとっては人権とは、西洋が残りの世界を支配することを正当化する「白人の権利」でしかない。人権の拒絶の例は、西洋では全体主義や独裁、植民地化の経験によって多数が示されているが、西洋の支配を被らざるをえない国々の住人たちの多くも、人権の拒絶に心が傾き始めている。シモーヌ・ヴェイユが一九四三年にロンドンのフランス亡命政府に向けて書き送った、植民地主義についてのノートの中で述べているように、「アルコール中毒や結核や他の病気と同じく、いやそれ以上に、懐疑の毒がかつては無事だった土地に猛威をふるっている。不幸にして私たちは信じることに篤くない。私たちは、私たちとの接触によって、何ものをも信じない人種を作り出している。もしこうした事態が続くなら、私たちは、［一九四三年の］日本によって与えられているのはその前兆にすぎぬような野蛮さを伴った反動を被ることになるだろう」[2]。

実際のところ人権問題が提起されるのは信仰の領域においてなのである。この主題に関するあらゆる考察は、人権のドグマ的な性質を確認することと、西方キリスト教の諸価値に由来する信条の諸項目こそが人権であるのを認めることから出発しなければならない。しかしこうしたドグマ的な性質が人権のお役御免に結びつくことがあってはならない。ドグマとはすなわち源泉であり、おそらく人生にとってもっとも不可欠な源泉であるのは、人生には裏付けられる意味など何もないのに、人間はそれに意味を付与しなければやっていけないというのが、人生の特徴だからである。それができなければ人間は、ナンセンスと個人的もしくは集合的な狂気に陥るばかりである。私たちの行動に意味を与えてくれる、確約された準拠なしには、私たちは自由に行動することができないのであり、だからこそトクヴィルは次のように記しているのである。「同じ信仰を持つことなしに社会は繁栄しえず、というより、そうでなければ社会は存続しない」[3]。人権が科学技術的な事業に加わるのは、それがドグマ的源泉であるからである。人権は一方で科学技術的な事業を正当化する。他方で人権はそうした事業を方向づけ、それが脱人間化の事業になることを防ぐ。二〇世紀にふるわれた未曾有の暴虐の長大な一覧表は、後者の役割がいかに欠かせないものであるのか、そして人権のドグマ性から解放された科学技術はどこに向かってしまうのかを物語っている。だが人権がこうしたドグマ的役割を引き受け続けるためには、科学と技術の歴史的な進展と地理的な拡大にあわせて、人権の解釈も進化しなければならない。このためには非西洋の人々が人権を自らのものとし、その意味と射程を豊かなものにすることが必要である。そのときにのみ人権は、人類に押しつけられた信条であることをやめ、誰しもが解釈しうる共通のドグマ的源泉となるであろう。

人権の信条

人権のドグマ的性質に異論を差し挟むのは困難である。確かに今日では多くの者が人権を「科学的真理」に基づかせようとしており、たとえば多くの良識ある人々がそこかしこで、人類の生物学的な同一性を論拠にして法的な平等性を正当化しようとしている。[4] 彼らが善意に突き動かされているのだとしても、ナチズムやショアーの温床だった社会生物学の歩みが復活してしまっているのである。なぜならそれでは生物学的な違いには法的な不平等を正当化する性質があると想定されてしまうからだ。つまりそのような違いが存在すると長らく認めてきた科学が、いつの日か新たにそうした違いを立証したとすれば、平等原則を諦めなくてはならなくなってしまうだろう。[5] こうした科学原理主義の誘惑から距離を取ろうとするのなら、人権とはことごとく制度的公準であるということを認めなければならない。つまり私たちの法的な構築物の要石をなしているのは、証明不可能な断定であるということである。神は私たちの制度的な組立から身を引いてしまったので、今日では〈人〉がその場所を引き継ぎ、私たちの社会の世俗化は、オーギュスト・コントの予言に従うのなら、「人類教」を出現させるに至った。[6] だがこれまでの章で明らかにされたように、私たちが世界全体に分け与えようとしているこの〈宗教〉は、西洋を支配し形作ってきた諸々の信仰システムの長い歴史に連なるものなのである。

このような系譜は何よりもまず、私たちのあらゆる権利宣言が参照する非時間的にして普遍的な人間の顔に読み取ることができる。[7]「人権（人間の権利）」の中に含まれている〈人間〉には、「神の似姿」の特徴がすべて備わっているのであり、それらの特徴を私たちは西洋の「法的人間《ホモ・ジュリディクス》」の中に見出してきたのである。[8] 法的人間と同様に、「人権」の〈人間〉は何よりもまず個であり、それは法的起源を持つこの語（ローマ法の indivis）の量的（単位）かつ質的（唯一性）な意味においてである。不可分である人間は、あらゆる人間社会の素粒子であり、不変で一様な法的特性を備えた、加算可能で安定的な粒子である。唯一である人間は、他のいずれとも比較できず、自らの目的を自分で作り出す。この完結した島嶼的な存在は、自らの参加する多様で変化する社会集団を超越している。[9] つまり「人類家族」[10]とは巨大な兄弟姉妹であり、諸個人の権利の衝突が必ず「友愛の精神」[11]と競合することになるような、対等な者たちの社会である。このように形式上は平等な諸個人の集団に還元された社会においては、正しい秩序の鍵を握るのは、個人同士の競争でしかありえない。こうしたイメージが他の多くの文明において優勢なイメージとは大きく異なることは言うまでもない。それらの文明では、人間は自らのうちに複数の存在が共住していると感じていたり、自分を横断し超越する〈全体〉、自分に先立ち自分よりも長生きする〈全体〉の一部であるとみなしていたりするのだ。

　続いて言えるのは、「人権」の〈人間〉が主権を持つ主体＝臣下（sujet）であるということである。「法的人間《ホモ・ジュリディクス》」と同様に、この人間は固有の尊厳を保持し[12]、生まれながらにして自由であり、理性を備え、権利を有している。[13] 語の二重の意味において主体《シュジェ》＝臣下なのである。つまり法の遵守に従属していると同時に、法によって守られてもいる者。[14] そして自らの法を自分で定めることができ、そうであるがゆえに自らの行動に責任を持たなければならないような、行為する「私」。諸々の権利宣言には、このような人間による法の制御が、二通りのやり方で説明されている。一つには科学的法則であり、その「発見」は神による啓示に取って代わり[15]、〈人間〉が〈自然〉の主人になることを可能にした。[16] もう一つには諸々の市民法であり、その正当性はそれらの法が適用される人民より引き出されている[17]。つまり投票（それはもはや任務ではなく個人の権利として定義される）によって表明されるような個人の主権は、各人が主人として行為しうるべき制度の根幹なのだ[18]。このようなヴィジョンが、逆に個人的意思の消去を重視するような諸々の大文明とまったく異質であることは言うまでもない。たとえば日本[19]、あるいは神だけが唯一の正しい立法者とみなされ、神の前での無力を告白しなければ人間は自由にならないような、イスラームの地のように。

最後に言えるのは、「人権」の〈人間〉が人格であるということである。「各人はあらゆる場所において法人格として認められる権利を有する」と、一九四八年の世界人権宣言（第六条）は言明している。すでに見たように、人格をあらゆる人間の属性としたのはキリスト教であり[20]、キリスト教によって人間存在にはキリストと同じように物質的と精神的という二つの性質が授けられ、人間の死すべき身体の中には不死の魂の聖堂が見出されたのである。肉体と魂の結合が人格を形作るのだ。「人格の自由な発展[21]」という主題を繰り返し唱える人権は、こうした着想を受け継いでおり、それによれば各人格の中には唯一の精神があり、この精神は一生をかけて花を開き、作品を通して人格よりも長生きをするのである[22]。このように理解される人格とは、インド哲学におけるような、はぎ取られるべき仮面ではなく、見出されるべき存在である。つまり人格とは、各人の精神の同一性が、その具体化の経験において露わになることである。こうして一九四八年の世界人権宣言が諸々の人権の一覧表の中に法人格を書き加えたのは、他のすべての権利の享受に法人格が技術的に必要であったためばかりではない。本質的理由は別にあるのだ。科学主義の支配下において、生物学的な性質のみが〈人間〉の唯一の現実であり、法人格とは自由に処分できる単なる技術であると、西洋自身が信じるようになってしまった。だがナチズムという恐怖で明らかになったのは、このように〈人間〉を生物学的存在に還元してしまえば、社会は弱肉強食の法則のみに従うダーウィン的世界になってしまうということである。だからこそ世界人権宣言では、人格が普遍的で取り消すことのできない権利の対象になっているのだ。こうして法人格が価値を認められると、それは「第二世代」と呼ばれる新たな人権の承認によって補われることになった。これらの新たな人権はいずれも、人格の肉体的・知的尊厳から必然的に導き出されるものばかりである。[23] こうした「…への権利」（労働への、社会保護への、教育や文化への）の定義が、全体主義よりは福祉国家へと向かうことを選んだ西洋諸国の特殊な経験から派生していることは言うまでもなく、南半球の諸国の経験には対応していない概念（たとえば暗黙裡に賃金労働を意味する「労働」概念のように）も含まれているのはこのためである。

諸々の〈法権利〉をめぐる語彙にも上述の系譜が読み取れるのであり、この語彙が普遍的であるのは自明のことではなく、西洋に固有の信のシステムを説明しているにすぎないのである。世界は普遍的で不可侵の法に従っているという理念は、〈書物〉の文明に固有のものである。人間が厳粛な法に従っているのは、善きムスリムにとってもアインシュタインにとっても無神論の神経生物学者にとっても同じことであり、すでにマイモニデスが記していたように、[24] これらの法の研究と理解ほど重要なことはないのである。ただ解明の仕方が異なるだけだ。つまり神の啓示に〈法〉を求める者もいれば、〈自然〉という大いなる〈書物〉に書き込まれた法則の発見に身を投じる者もいるのである。しかし世界は法によって秩序づけられており、人間はその法を認識し観察できるのだという信仰を分かち持っている点では、どちらも同じである。こうした信仰が中国文明を筆頭とする一部の大文明にとってきわめて異質であったことは、すでに見たとおりだ。[25] 儒教思想においては、各人が自らの場所を内面化することで自然や社会の秩序がもたらされるのであり、すべての者に統一的な法を適用することからもたらされるのでは決してない。これらの文明が西洋起源の法的思考を自らのものにしなければならなかった、あるいは今日でもなおそうしなければならないという事実は、こうした文明が私たちの法的文化に改宗したのだという錯覚をもたらす。しかしそれでは法という理念が、たとえ植民地支配によって押しつけられたのでなかったにしても、西洋との交易のための必要条件として輸入されたのであって、人間的・社会的な価値の表現としてもたらされたわけではまったくないということを見誤るだろう。法的文化を外用として採用しながら、自らの人間秩序観を内用としては優先し続けた日本の場合が、ここではとりわけ示唆に富んでいる。[26]

普遍であることを主張することが〈法（Loi）〉の理念よりもましてできないのは、〈法権利（Droit）〉の理念であろう。〈法権利〉が加わることで、〈法〉は性質を変える。不変の〈テキスト〉に見出された永遠のお告げから、技術的な対象に姿を変えた〈法〉の意味は、〈法〉を生み出したり改正したりすることのできる人間の精神からもたらされる。[27] このように定義される〈法権利〉は、人間が自らを統率する法を支配できるよう導いたヨーロッパの長い歴史の成果である。ハロルド・バーマンやピエール・ルジャンドルの仕事が明らかにしたように、グレゴリウス革命（一一～一二世紀）がこの歴史にとり決定的であった。[28] 教皇位はローマ法を自分用に再利用することで、キリスト教国全体に適用されるべき法の生きた源として自らを制定したのだ。キリスト教国全体とはつまり、やがては世界全体ということである。エリー・フォールがすでに指摘したように、「教皇位とは西洋におけるローマ帝国的な行政を抽象的に延長したものでしかない」[29]。〈法権利〉および国家についての西洋的な諸概念はここに由来している。つまり自律的で集中型の、進化する諸規則のシステムとしての〈法権利〉。そして法律の源にして諸個人の権利の保証人たる、決して死なない人格としての国家である。教会と国家との分離により、この制度的構造は近代的な様相を帯びることになった。〈科学〉が宇宙レベルの〈真〉の審級としての〈宗教〉の位置につき、サン＝シモンの予言どおりに、公共圏に権威を持つ唯一の教権となったのだ。そして国民国家は教会の権威から解き放たれ、国内的場面と国際的場面（諸国家の社会と理解される）の双方での主権主体となった。さらには人間は、あらゆる神への準拠から独立して、自らが自分自身の目的と化した（人権という十戒を備えた人類教がその拠り所である）。

当初は唯一の宗教的〈準拠〉であったものが細分化することで生まれたこの現代的な構築物は、グローバル化とともに白日の下になった矛盾に、初めから悩まされていたのである。国家と〈法権利〉が諸々の国内基盤に立脚しており、国際社会が諸国家からなる社会であると構想されていることは確かである。しかし他方では普遍的な主権や全人類に適用される共通法《ユス・コムーネ》というローマ＝カノン法的理念も存続している[30]。このためそれぞれの大国民国家は、順番に自らの命令権《インペリウム》の普遍的価値への信を、プロパガンダや武力によって押しつけようとしてきた。それがかつてのフランスや大英帝国やドイツ帝国《ライヒ》あるいはソヴィエト帝国の「文明化のミッション」である。今日ではそれはアメリカが世界に広めることを自らの任務だと信じる「善の帝国」になっている。

当然ながらこのような帝国的な思惑は、人権が西洋的なメシア思想の一種だとしか思わない者たち——その数を世界で増やしている——を頑なにするだけであり、彼らはこうした信条に自らのそれで応戦し、自分の武器と技術で西洋に立ち向かおうとしている。だとすれば懸念されるのは、「文明の衝突」[31]のスパイラルに、言い換えれば誰も解決の糸口を見出せないような地球規模の宗教戦争に突入することである。確かに人間を爆弾で改宗させられるかどうかは疑わしい。いずれにせよ人権は尊重に値するものである。人権は西洋思想から生まれた表現の中でももっとも美しいものの一つであり、人類による人類についての知の仲間入りを果たしているのだ。

西洋的原理主義の三つの姿

進歩の機会をとらえたいのなら、「人類の共通価値」をめぐる考察は、あらゆる原理主義的な逸脱の忌避から開始しなければならない。プロテスタントに起源を持つ原理主義《ファンダメンタリズム》という概念は、当初は一九世紀末にアメリカの伝統主義者たちの中から生まれた教義（一八九五年の〔五つの〕根本（ファンダメンタルズ）の採択）を指しており、聖書の字義通りの解釈を擁護し、自由主義神学と社会的福音《ソーシャル・ゴスペル》に反対したのがこの教義だった。このように〈テキスト〉の文字の中に思想を閉じ込めることが、今日においてイスラーム原理主義と呼ばれるものにも見出せるのであり、この原理主義は中世法思想の寄与や博士たちによるコンセンサスという技術を法源から退けて、コーランとスンナに固執しようとする。人権の原理主義的解釈は三つの異なる姿で現れうる。一つはメシア思想であり、それは字義通りの解釈を世界中に押しつけようとした場合である。もう一つは共同体主義であり、逆に人権を西洋の優越性の印として、文化相対主義の名のもとに、他の文明には人権を自らのものにする能力がないとした場合である。最後は科学主義であり、人権の解釈を生物学や経済学のドグマに結びつけて、そうしたドグマこそが人間行動についての正しい不可侵の法則であるとした場合である。

メシア思想

人権を新たな十戒のように扱うのがメシア思想である。つまり人権を「発展した」社会が「発展途上の」社会に向けて知らしめた〈テキスト〉のように扱い、後者の社会に対して、「遅れを取り戻し」、人権と市場経済権のセットからなる近代性に改宗する以外の選択肢を認めないのである。これが原理主義であるのは、人権の字義通りの解釈を、各国の国内法が採用する目的論的な解釈に優先させようとするからである。人権の基盤である平等および個人の自由という原則は、このように字義通りに取られれば、狂った解釈の対象となってしまいかねない。たとえば聖パウロが「男も女もない」[32]と、あるいはシモーヌ・ド・ボーヴォワールが「人は女として生まれるのではない、女になるのだ」[33]と主張したとき、彼らは性別を否定しようとしたわけではなく、宗教的（パウロ）もしくは現世的（ボーヴォワール）な面での完全なる平等、すなわち二人がそれぞれその庇護のもとに置かれている〈第三項〉原理（神もしくは社会）に照らしての平等を主張していただけなのである。数学的意味での等しさとは異なり、法的平等は、適用される存在たちの交換可能性を含まないのだ。息子が父と対等であるという事実（キリスト教の弁神論においてと同様に民法でも）は、息子が父であるということを意味しない。私の娘に熱を上げる男と私が対等であるという事実は、私も娘と結婚する権利を持っているということを意味しない。言い換えれば、法的平等は常に所定の準拠的枠組みの中で解釈される必要があるということだ。人権の原理主義的解釈では、平等原則は自らの外部にあるような準拠のすべてから切り離され、人間は民法でいうところの「種類物」[34]、つまり交換可能で固有の性質を持たない大量生産品として、そして人間社会は基礎的な単位の算術的総和、銀行口座の残高でしか区別できない契約の最小単位の算術的総和として扱われることになる。このように解釈された人権によって、人の身分は、各人が生まれたその日から自由に書き込みをしてよい白紙だとされる。数多くの知識人、そして今日ではそれを引き継ぐ様々な立場の政治家が、社会問題をなおざりにしながら、この「最後のタブー」に対する戦いを自分の専門にして、性差が廃止され、母性が「制度改革」され、親子関係が契約に置き換えられ、子供たちが「抑圧された少数派」という「特別の身分」から解放され、狂気が人間の譲渡不能な権利の一つとして認められる社会を目指して、戦いを繰り広げている[35]。

このような輝かしい未来に同調しないような時代遅れの人々は、当然のことながら西洋でもどこでも報復措置の脅威にさらされている。これこそまさにメシア思想的な原理主義であり、このような過激な人権解釈をあらゆる国に広げようとしているのだ。まずは西洋諸国に、次いで「発展途上」の国々に。このようなメシア思想は、メディアや社会科学をはじめとした現代的な布教手段を何から何まで利用する[36]。「発展途上」と戦うために半世紀前から実施されている「開発」や「構造改革」計画の中に、その例はいくらでも見出せるだろう。人権の尊重のために特別に作られた法廷の判例にも、メシア思想がはびこっている。合法的に選出されながら軍隊によって議席を奪われたトルコの議員たちの訴えを、欧州人権裁判所が棄却したのはこのためである。議員たちの公約が引き合いに出していた聖法《シャリーア》は、「宗教によって規定される神的な戒律とドグマとを忠実に反映した、堅牢で普遍の特徴を示し」、「政治参加における多元主義や公共の自由の絶えざる発展といった原則を知らない」[37]というのがその理由だった。このような判決によりイスラームの法的思想の豊穣な歴史は無に帰され、人権をイスラーム法に順応させようという考えにはあらゆる門戸が閉ざされる。その一方でこの判決は、イスラーム原理主義者が擁護するイスラーム法の解釈に、既判事項の権威〔既判力〕を与えているのである。人権の原理主義的解釈の結果、その見返りに反西洋の原理主義が培われ、人権が宗教戦争に巻き込まれることになるのは確実である。男女平等の問題はその好例だ。性差を否定するような、平等原則の狂った解釈に対しては、女性を一つの役割に永遠に閉じ込めてしまおうとする、同じように狂った解釈が応酬することになるのである。

共同体主義

これとは逆に、人権は西洋のみに啓示された十戒で、自由や平等や民主主義は他の文明では意味を持ちえないと考えるのが、共同体主義である。諸々のドグマ的なコーパス同士の対話不可能性を前提に、文化相対主義に規範的価値が与えられる。これが原理主義であるのは、諸々のコーパスが不動の構造で、解釈を資源にして進化することなどできないとされているからである。これにより共同体主義、特に五〇年の「開発」政策の果てに祖国を追われた移民たちの共同体主義が、西洋諸国の内側そのもので助長され、「多文化主義」という理想が培われる。文化への言及を婉曲話法にしながら、多文化主義によって人種的帰属（北米の場合）や宗教的帰属（ヨーロッパの場合）が人のアイデンティティの最終的な基盤となり、[38] 社会は諸々の民族や信仰の「共同体」の単なるパッチワークに還元される。「地元民」の共同体主義を出現させ、人種差別と暴力の土壌を育むという結果も、すでに目に見え始めている。これがアイデンティティの原理主義であるのは、人々が民族的もしくは宗教的な起源の宿命に閉じ込められるからだ。一方にいるのは自分の人生の統治者になることが定めの人権をもった自由人だが（たとえばアメリカではワスプと呼ばれるアングロサクソン系白人新教徒）、他方にいるのはヒト《アントロポイド》たちである[39]（人類学《アントロポロジー》の新たな研究対象であり、研究フィールドはかつての植民地から「困難を抱えた郊外」に変わっている）。彼らは生まれると同時に共同体的帰属が刻み込まれ（たとえばアメリカならアフリカ系アメリカ人やヒスパニック系アメリカ人あるいはアジア系アメリカ人、フランスなら「外国出身フランス人」やユダヤ系もしくはイスラーム系の「共同体《コミュニティ》」の指定メンバーたち）[40]、自分を否定することでしか、つまり変節者となることでしか、それを逃れられない。国際的にはこれは国民国家の正当性を損なうような発想である。というのもそれはオスマンのミレット制のような帝国的システムの復活につながるからだ。ミレット制とはすなわち、富の全般的な搾取と、信仰や習慣の自由を許した民族的・宗教的共同体の各地への制定を組み合わせた組織である。[41] ローカルだグローバルだとの常套句がまたもや私たちの耳元で繰り返されるようになっているからこそ、このような帝国的モデルによってバルカン半島が巻き込まれることになった一九一四年以来の終わりなき戦争と虐殺を、思い起こしておくべきだろう。相対主義は国内向けや国際向けに普遍的寛容という装身具で自らを着飾ってみせるが、拠り所にしているのはいつも、もしすべての文化が対等なら、そのような対等性を保証する文化が他よりも重要なのは当然であるとの信仰なのである。

科学主義

最後は科学主義であり、これにより人権解釈は、フェティッシュ化した〈科学〉が明るみに出す人間行動の真の法則に従うことになる。[42] このような科学主義的な退化にさらされるリスクの大きさは、科学によって異なる。数学のようなきわめて厳密な科学はほぼ完全に安全圏であり、それは科学というステータスを装ったりはしない分野（たとえば一部の嘆かわしい例外を除いた文学や法学）も同様である。これに対し社会科学や生命科学のような、自らの理論的基盤があまり確立していない科学では、科学主義が猛威をふるっている。とりわけ生物学と経済学はここ一世紀あまり、ときに手を取り合いながら、諸々の規範的な構築物のるつぼと化してきたのであり、人権に真っ向から対立しない場合には、自分たちの人権解釈を押しつけようとしてきた。過去二世紀にわたって西洋史を特徴づけてきた諸々の独裁的ないし全体主義的な逸話、あるいはここ三〇年ほどの間に目立ち始めた基本的な社会権の後退は、諸々の人道的価値が科学主義的な「リアリズム」にとってどれほど耐えがたいのかを浮き彫りにしている。こうして背後に控えるドグマ的なものが法的なものだけになった人権は、西洋においてすら壊れやすく後ろ盾が乏しくなっているように見える。人権の前には、科学を引き合いに出して人権の正当性に疑念を呈したり、実施に横槍を入れたりする様々な信仰が立ちはだかっているからである。

いわゆる第二世代の人権の正当性が、経済学の名のもとに三〇年ほど前から激しい批判にさらされているのはこのためである。「大きな社会」を基礎づけるのだという自由競争の原則を世界中のすべての国の人間生活の全側面にまで拡大しながら、フリードリッヒ・ハイエクのような影響力の強い経済学者たちは、一九四八年の世界人権宣言が経済的・社会的権利を承認したのは全体主義的な思想（彼らはそれをプラトンからスターリンにまで結びつける！）[43]であると断じ、「これらの権利を、強制力をもつ法律の中に書き加えれば、伝統的市民権が目標とする自由秩序を必ず破壊することになる」[44]と主張した。このように諸々の社会的権利を悪者扱いするダーウィニズム的な社会観が[45]、国際通貨基金や世界銀行のような機関でドグマとしての価値を得ていることは周知のとおりである。しかしその影響が経済的・社会的権利の実現を担っているＩＬＯ〔国際労働機関〕のような国際機関にまで及んでいることはあまり知られていない[46]。だがハイエクはＩＬＯに対しても組合活動家に対するのと同じような侮蔑を向けている。一九四八年の世界人権宣言について彼が言うには、「文書全体が組織的メンタリティに特有の隠語《ジャーゴン》で書かれており、労働組合の代表や国際労働機関の宣言にも見出せそうな隠語である［…］。〈大きな社会〉の秩序の拠り所になるような原則と、このような隠語が共鳴するところは何一つない[47]」。こうして諸々の社会的権利を法的領域から締め出すための言い分が、二つ用意される。社会的権利は富の分配を目的とするが、法の領域はその性質上「正しい振る舞いについての規則」に限定される、というのが一つ目である。社会的権利は個人への保証ではなく集団に対する債権という構造を持つ、というのが二つ目である。真の権利はあらゆる債務者から独立して存在するような

「……の権利」であり、「……を享受する権利」は論点先取にすぎず、支払いをしてくれそうな組織の存在に依存しているというのである。

これらは根拠のない批判であり、経済的・社会的権利は、内容からしても構造からしても、紛れもない権利である。内容について言えば、たとえば一七八九年のそれのような初期の権利宣言における「人」とは、純粋な理念的存在であり、肉体的存在が考慮に入れられるのは刑罰法の観点からのみだった。だが人類全体が困窮と恐怖のもとに引き渡されてしまえば、市民や政治に関するこれらの権利は意味を奪われ、消滅の危機にさらされることは、歴史が示しているとおりである。自由や所有権の擁護に気を使いたければ、まずは最低限の身体的・経済的な安全が確保され、暴力や空腹、寒さや病気から守られている必要がある。ナチズムの台頭時に、「食べることを蔑む者は、すでに食べた者である」と記したのはブレヒトである。同様に「リスク恐怖症」をあざ笑う今日の人々は、リスクから守られているのである。困窮と大量失業が独裁者たちにつけ入るすきを与えること、身体的・経済的な不安定のもとでは自由はありえないということが、一九三〇年代の教訓の一つであり、だからこそ戦後に社会的権利の宣言がなされたのである。

第二世代の諸権利の構造について言えば、伝統的な諸権利（個人の自律した領域を守るもの）と同じようなスタイルのものもある（たとえば組合活動の自由）。実施のために集団の組織を必要とする権利（たとえば健康保護を享受する権利）も、〈法権利〉の手前への退行を意味するどころか、進化を先取りしており、その進化は今では所有権のような「第一世代」の個人の権利の一部にも及んでいる。グローバル化にもっとも深く関係する面での所有とは、すでに物質的ではない「知的」なもの、つまり法学者たちが無体財産と呼ぶもの（商標、特許、著作権）を対象としている。音楽の録音や高級バッグやソフトウェアの完璧なコピーとオリジナルとの間に物質的な違いは何もなく、誰かからディスクやバッグやパソコンの使用を奪わなくてもそうしたコピーは製作できるので、超国家的企業にとっての死活問題は、その種のコピーが自由に流通しないこと、つまり企業に上納金をもたらしてくれる製品の製造と流通において自由流通が、知的所有権の尊重によってコントロールされていることである[48]。言い換えれば、知的所有権の尊重とは、対象となる製品の製造・複製・販売への強制的な課金の整備が前提なのである[49]。つまりここでは所有権が諸々の社会的権利と同じ構造をしているということである。ある財を物理的に所持することとは一致せずに、債権という姿を取るこの所有権は、国家がその行使のために積極的に介入することを要請しているのだ。この権利の尊重を確実にするためには、製品のトレーサビリティを組織しなければならない。世界全体に張り巡らさなければ有効ではない集団的組織が必要であるということである。知的所有権と諸々の社会的権利が同じ構造をしているということは、両者を和解させたり、上下関係を定めたりする必要が生じるのは当然である。つまり一九四八年の世界人権宣言から、製薬会社の自らの特許に対する所有権よりも、人々が適切な治療を受ける権利を優先させるべきであるとの解釈を引き出すことも可能なのだ。政治はここでこそ調停能力を取り戻すのであるが、市場原理の博士たちはそれを認めようとしない。このように諸々の社会的権利に近づけてみることで示唆されるのは、（受益者が収入に応じて集団的な連帯の組織に貢献することが必要な）[50]社会的権利と同じように、知的所有にも、その行使を保証する国々に益するような拠出金を課するべきだということである。ハイエクのような原理主義的経済学者たちが禁じることを願っているのは、まさにこの種の解釈である。彼らは人権を「市場の力」に奉仕させようとしているのであって、その逆ではないからだ。

だが第一世代の人権もまた、科学主義によって、経済法則とされるものに照らした解釈が施されようとしている。たとえば世界人権宣言第五条は「何人も拷問や、非人間的・屈辱的な待遇・処罰を受けることはない」と明言しているのに、法の経済学的分析の開祖の一人であるリチャード・ポズナーは、「賭金の大きさ次第では拷問も許容可能だ」[51]と発言しているのである。控えめに言っても大胆なこの解釈が飛び出したのは、「対テロ戦争」や「九・一一以後」の愛国的動員という文脈の中である。とはいえこの解釈は、常に利益の計算で個人の権利の基盤や限界を定めようとする法の経済学的分析の原則に適ってもいるのである。拷問を受けないことによる個人の利益（それが人権の基盤となるのであろう）は、拷問することによって他の人々にもたらされうる利益に照らし合わされることになるだろう。結局のところこれは、人権を遠ざける口実に科学が召喚されていることを別とすれば、アルジェリア戦争中の拷問についてマシュ将軍が行ったような粗雑な正当化と比べても、何ら新鮮味はないのである。

この種のことに引き合いに出されるのは経済学ばかりではなく、同性愛者が親になることに賛同するマスコミが数年前から強く推し進めているキャンペーンでは、社会学や心理学や生物学が持ち出されて、同性カップルが親として法的に認められる権利が確立されようとしている。子供のいないカップルについて人権が、特に異性カップルとの平等原則が引き合いに出されるのは当然である。[52] だが子供についてはどうだろうか？　男だけ（二人の父親の子）や女だけ（二人の母親の子）[53] の親子関係を子供に割り当てることで、母もしくは父を持つ権利を禁じつつ、[54] 一七八九年の人および市民の権利の宣言（第一条）や一九四八年の世界人権宣言（第一条）が掲げる、「人の権利は生まれながらにして平等である」という第一の原則を損なわずにはいられようか？　子供のことになると人権の敷地から飛び出して〈科学〉に鞍替えする、同性愛者が親になることの擁護者たちが、こうした問いを提起することは絶対にない。〈科学〉の敷地内では子供とは法主体として接するべき存在ではなく、「客観的」に（つまり同性カップルの欲望の対象や社会心理学の考察対象として）扱っておけばよい事案であり、「同性愛者が親になることへの反論のうちで科学的なものは一つもない[55]」という簡単な定式を当てはめれば解決したことになってしまう。納得できない人々に対しては、物事をはっきり見極めようとしてみさえすればよいのだとの反論が届けられる。

〈科学〉の教えに合わせて人権を解釈しようとするときに、科学主義的な観点が馬脚を現すのは、拷問であれ、子供の民籍をめぐる実験であれ同じことである。この観点にとって規範問題とは事実の範疇であり、〈法権利〉は単に〈科学〉が明らかにした規範性の到来を後押ししさえすればよいのである。〈法権利〉という道具の正当な使い方は、「押しつけられた役割から脱した各人がクリエイティブなやり方で自分を創造するよう促す、個別的な民主化の深い流れ[56]」を妨げ続ける集団的信仰を打ち破ることなのだという。〈科学〉が私たちに新しい人間の道を指し示してくれているのだから、〈法権利〉にはもはや語るべき言葉がないのは、歴史的経験からも明らかだというのだ[57]。ここで明白になっているのはむしろ、人権が、たとえ全会一致でもっとも根本的と認められているにしても、西洋においてすら、さらに根本的であるとみなされた規則に従属するように促されているということである。

これらの西洋的原理主義の様々な様態が実際に明るみに出るのは南北関係においてであり、メシア思想と共同体主義、そして自然淘汰という「現実主義」を、折々に混ぜ合わせているのが、西洋諸国の国際政策である。人権の名のもとに侵略戦争が繰り広げられるような場合がそれであり、地域の事情の特殊性という名目で人権の尊重に例外が設けられ、軍事的勝利が価値システムの優越性の証拠とされるのである。（革命、ナポレオンそして植民地という）フランスの歴史はこの種の矛盾で満ちているが、今日ではそれは合衆国の旗印のもとに展開される「対テロ戦争」において再び動きを見せている[58]。実際のところ人権の原理主義的な解釈はいずれも「南側諸国」に次のような二者択一を突きつけているのだ。今の自分をあきらめて変身するか、変身をあきらめて今のままの自分でいるか。純粋なアイデンティティという神話的な起源への回帰を説く政治運動が、精神的後退や社会的分断といった副作用を伴いつつも、こうした国々の一部で成功しているのはこのためである。

解釈の扉を開く

〈宗教〉に見えようが見えまいが、諸々のドグマ的な大コーパスにはいずれも、暴力と殺人の欲動の代謝を可能にするという共通点があり、これらのコーパスがどれも人類による人類自身についての知という性質を帯びるのはこのためである。人権をこのようなドグマ的コーパス（あるいは〈人類教〉）として理解することにより、「グローバル化」した社会における諸々の「価値」の問題に別の取り組み方ができるようになる。無限の多様性をもつ言語と同じように、これらの大コーパスの各々は私たちを独自の世界表象のもとに送り届けるのであり、その表象は忠実でありながら他のいずれとも異なるのである。[59] 北斎の富嶽三十六景のように、それぞれがただ一つの対象についての異なる多数の観点なのであり、言語の場合と同様に、どれか一つが他よりも真であると決めることができないのは、それらが実験的な真理の基準には属していないからだ。一方を他方に還元することはできないが、一方から他方への翻訳は可能なのも、言語と同じことだ。このような還元不可能性と翻訳可能性を常に念頭に置いておけば、諸価値についての絶対主義vs.相対主義というジレンマから脱して、あらゆる文明に開かれた人権の解釈学への道筋をつけることができる。この道を進むためには、すべての文明に対して人権の解釈の扉を開くことから始めなければならない。ここで私がイスラーム知識人の諸世代が擁護する概念を用いているのは意図的である。自国の退行を食い止め、自らの文明のもっとも輝かしい時代の復活に向けて腐心する知識人たちである。[60] 西洋の思想や諸価値もまた、原理主義に屈するのであれば、同じような退行の危機に瀕することになるだろう。

人権という人類の共通資源

解釈の扉を開くためには、人権が人類の共通資源で、あらゆる文明に寄与しうるものだと考える必要があるだろう。このような共通資源（ローマ法でいう res communes omnium〔すべての者に共通に属するもの〕）という形容を採用する理由は二つある。これが恣意的な形容ではないというのが一つ目である。国家というモデルの客観的な普及と、人権の国際社会での認知とを、この形容によって確認しているにすぎないからだ。国家的な参照項は多様で変化するとはいえ、国際社会が諸々の国民国家として組織されているのは事実であり、この事実を拠り所にしなければ、西洋は帝国主義的な企図に再び乗り出すことになるが、それはこれまでのどれよりも危険なものとなるだろう。大多数の国家が人権に正式に賛同している以上、人権は西洋諸国が与えた解釈にのみ身を委ねるべきではない。二つ目は、共通資源という形容が、教会一致運動《エキュメニズム》とは区別されるという点である。西洋が他人の陳列棚で買い物をして、都合のよいものは自分のものにし、そうでないものは捨て去るのがこの運動だからだ。共通であるためには、資源は誰もが例外なくそれを自分のものにできなくてはならない。それを可能にすることのみが、各文明に固有の特性を、その文明の中だけに閉じ込めることなしに尊重するための唯一の方法である。[61]

こうした可能性が存在すると考えるに足る理由はいくつもある。西洋的近代性に破壊されることなく、それを自分のものにした国の例は、現代史に多数存在する。確かにそれは日本やインド（最近では中国）のように、自らに固有のドグマ的資源を拠り所にできた国々である。これらのドグマ的資源が収められた成文コーパスは、西洋のそれを羨む必要のないほどの豊かさと深さを備えており、進化論的な解釈が施されている。[62]マハーバーラタで培われた人間が、ウォルト・ディズニーの文化の中で自らを見失う恐れはほとんどない……。だが西洋あるいは一部のイスラーム諸国のように、ドグマ的な資源が原理主義によって脅かされている国々や、成文コーパスにアクセスができない国々（サハラ以南のアフリカの大半）においては事情が異なる。前者の場合にはたとえばイスラームと原理主義を同一視し、あらゆる宗教的準拠を公共圏から排除することが近代化であると考えてしまうようなリスクがあるだろう。これがトルコでの試み（とりわけアラビア文字の廃止によりトルコの若者たちから文書遺産へのアクセスを奪う）の背景であるが、この試みが成功だったとは言えない。人権とイスラームの法との和解に伴って生じる諸々の解釈問題こそが、近代化のための固有の方途を、これらの社会が自ら発明するための、すぐれた培養土を形成してくれるはずだと考えることは可能だ。しかしそのためには、イスラーム原理主義者たちと欧州人権裁判所がやってしまっているように、人権とイスラーム法とが両立不可能であるとアプリオリに決めつけてしまわないことが条件である。

実際にはアフリカのケースの方がもっと深刻である。というのも、西洋はアフリカの豊かな文化の様々な側面（ダンス、音楽、造形芸術など）を自らのものにすることができたのに、対するアフリカは、成文コーパスの不在によって、自らの文明の絶滅の危機に瀕しているからである。人権を「原理主義的」に適用すれば、アフリカ的な諸価値の生きた交流の場である社会構造の荒廃を促進することで、絶滅を早めることにしかなるまい。たとえば学校のない社会で子供の労働を禁じることは、文化を学ぶあらゆる機会を子供から奪うことである[63]。むしろこの禁止を、アフリカにも発言が許されている諸解釈の連鎖へと開いていけば、逆に西洋はそこでの子供の育てられ方が必ずしも模範的ではなく、学校での勉強《ワーク》もまた労働であるのに、労働法からは除外されていることに気づかされるだろう。要するにここでの「共通価値」を見出すのはそれほど難しいことではないのである。つまりそれは子供が子供である権利、子供として扱われる権利であり、それはすなわち子供の必要や固有の能力に配慮をするということである。国際労働機関が推奨する「ディーセント・ワーク」という概念の方が[64]、文明に対して無理解のままに布告される禁止よりも、ずっと有益で可能性があるのである。男女の平等についても同じことが示されうるだろう。この平等が算術的平等つまり普遍的かつ一律に応用できる数学的公式ではなく、差異における平等つまり諸々の差異を尊重した、常に脆弱で宙吊り状態の均衡であることは言うまでもない。いずれにせよ今日でも西洋人たちが、かつての宣教師のように、男性との関係においてどのような姿勢を取るべきかを指図しにやってくることを、アフリカ女性たちがありがたく思わないことは理解できる。

このことはアフリカ諸国が人権の説明する諸価値に対して本来的に逆行するなどということを少しも意味しない。むしろそれはこれらの国々が自らの人権解釈を主張できるようになるべきだということを意味するのである。人権を自らのものにすることの、法的にもっとも特筆すべき試みを、そもそも私たちはアフリカに負っているのである。それが一九八一年六月二七日の、人および人民の権利に関するアフリカ憲章だ[65]。その名が示唆するように、この憲章は西洋の諸宣言で示された個人の諸権利を引き受けつつ、島嶼的な主体としての個人とは別の人間観の中にそれらを組み込んでいるのである。その人間観によると人間とは、同類たちと結びつき、諸々の共同体の連鎖への帰属から自らのアイデンティティを引き出す存在である。この憲章の中には個人や国家とは別の主体が存在し、個人も国家もその主体に対して義務を負っている（第二七条、二九条）。たとえば家族（それは世界人権宣言第一六条のような単なる個人の「権利」の対象ではない）は、「道徳および共同体の認める諸価値の番人」という使命を持つので、国家はそれを手助けしなくてはならない（第一八条）。あるいは人民の「現実およびその権利の尊重は、人権を保証するものであることが必然」であり、「外国による政治的・経済的・文化的な支配からの解放のために戦う権利」を持つ（第二〇条）。

人権についての私たちの発想が、これらの「アフリカ的価値」の一部を取り入れれば、得るものがあると考えられる。それにより解釈の扉が再び開かれ、今日の西洋諸国が直面している問題の一部が解決できるようになるだろう。同類たちと取り結んでいる関係から人間を切り離さない（第二八条）、連帯を原則として打ち立てる（第二九条）、環境保護を人民の権利として認める（第二四条）、家族の教育的役割を擁護する（第一八条、第二九条）。これらはいずれも世界人権宣言には書かれていないが、普遍的な射程を持つ「価値」である。

連帯原則を再訪する

これに納得するために、連帯原則について少しばかり紙幅を割いておくのもよいだろう。これが大いにアクチュアリティのある原則であるのは、グローバル化をきっかけとする主要なリスク（技術、環境、政治、健康など）の相互依存により、どの国も自分は例外であるとは言えなくなった結果、こうしたリスクに対する連帯の組織が、地球規模で死活的な重要性を持つようになっているからだ。一九四八年の世界人権宣言では、連帯原則そのものが表明されているわけではない（前文で「人間家族

（human family）」に言及されているのを別とすれば）。それは個人の権利（社会保障を享受する権利、十分な生活水準を享受する権利、生存手段喪失のリスクに対する保障を享受する権利。第二二条、第二五条参照）という形をとっているからである。これとは逆にアフリカの宣言では、義務という名目でこの原則に場が与えられている（第二九-四条「個人は社会的・国民的連帯を守り強める義務を負う」）。つまり一方では連帯は個人が社会に対して持つ債権として表明されているのに対し、他方ではそれは負債なのである。実際にはどちらの場合でも債権と負債は結びついている。北側諸国で主張される「……を享受する権利」には、義務的な支払い（租税や社会保険料）を履行することで連帯に貢献する義務が、例外なく対応していた[66]。周知のように「古いヨーロッパ」の社会モデルでは負担が非常に大きい、このような義務的な支払いは、資力のあるすべてのアフリカ人にのしかかる連帯義務の構造的な等価物である。だが後者のような伝統的な連帯は個人的な関係の枠組みの中で表明されるのに対して、「近代的」連帯の対価は、公共サービスのためには国家であるにせよ、あるいは社会保障制度であるにせよ、匿名の組織に支払われるのだ。

このような個人的連帯から制度的連帯への移行は、西洋においてすら最近の現象である。実際のところ連帯という概念は民法に由来するのであり、民法における連帯とは、同じ一つの債務に対して複数の債権者（能動的連帯[67]）や債務者（受動的連帯）がいることの弊害を和らげるための概念である。社会法やデュルケーム以降の社会学がこの法的な概念を横取りしたのは、それが集団的義務関係（債権者や債務者の集団）を、個人の合意にも、家族や共同体の絆にも依拠せずに考えることを可能にする、唯一の概念であったからだ。ところが連帯は、このように民法から社会法へと移行するうちに、変異を起こしたのである。債権者たちや債務者たちを直接結びつける法的な絆を示すのではなく、新しいタイプの諸制度の組織原理となったのだ。これらの制度の共通点は、分担金〔社会保険料〕という債権（その額は構成員の資力に応じて変化する）と、給付金という負債（こちらの額は加入時の物質的・金銭的な資力には左右されない）を持つことである。[68] つまり連帯とは、各人が自分の能力に応じて振り込み、自分の必要に応じて引き出す、共同積立制度を意味するのである。[69]

アフリカの頼母子講《トンチン》のような伝統的な再分配メカニズムと異なり、[70] 福祉国家という枠組みの中で制度化されることになったこの連帯は、債権者と債務者の間の個人的なつながりが徹底して排除されている。だからこそこの連帯は、国の社会保障制度（「国民連帯の原則」[71] に基づく）や、公共サービス（健康、エネルギー、交通、教育、情報など、必要不可欠とみなされる財へのアクセスをあらゆる市民に平等に保証することを担う）のように、一国全体に拡大することができる。このような連帯は匿名であるが、それはこの連帯の長所であるとともに短所でもある。長所であるのは、諸個人が個人的な忠誠関係から開放され、多額の資金の動員と、リスクの最大限の分散が可能になるからだ。短所であるのは、匿名性により個人主義が増長し、連帯する者同士の直接的な結びつきは消え失せ、非人称の組織との個人的な直面だけが残るからだ。受給者視点に立つか拠出者視点に立つかに応じて、天の恵みのように見えたり（真の債務者のいない債権）、ゆすりのように見えたり（真の債権者のいない負債）するだろう。[72] 弱点であるのはまた、これらの連帯システムが国家の枠組みでしか発展しえないものだったからであり、国家はこのシステムの管理者であるか、さもなくば保証人であるのだ。

福祉国家の枠組みの中で発達してきた連帯システムが、今日において深刻な危機の真っ直中にあるのは、まさにこのためである。信頼できるのは個人的な連帯関係だけであるような多くの南側諸国では、このシステムの輸出は失敗に終わった[73]。そして北側諸国においては、このシステムは市場原理主義者たちの批判と、悪化する財政難に直面しており、国境開放によって資本と企業が税金と分担金から逃れられるようになって、財政難はいっそう悪化している。こうした困難に対する答えは、あらゆる連帯関係から解放された自給可能な諸個人からなるグローバル社会という神話の中には見出せない。国の連帯システムは社会の脊柱だから、社会と歩みをともにすべきだとして、システムの殻を閉じることも、やはり解答ではない。第二世代の権利の宣言に内在する連帯義務に、国際的な射程を与えることでしか、このシステムの不安定化には対峙できないのである。権利は連帯原則の一側面を表しているにすぎず、権利には拠出金の義務が対応しているのであり、すでに発効中の憲章や宣言にも、この義務は記されている[74]。つまりすでに認められている経済的・社会的権利だけで、経済事業者たちが操業中の国で制度の充足に十分な拠出をするよう義務づけるための法的な武器は手に入るのである。他方で待ち望まれるのは、連帯原則から新たな効力を引き出し、経済的・社会的権利の解釈を、世界における交換の新たな法体制に配慮した方向で進化させることである。国際的な社会分裂と、今日の南北の労働者間での利害の衝突の改善を望むのなら、南側諸国が理解し、実施している連帯の方法へと、解釈を開かなければならない。

ＥＵを旧共産国に拡大するという圧力のもとで、連帯原則の再確認と再解釈の動きが、ヨーロッパですでに始まっていることは、共同体法に示されているとおりである。アフリカ憲章から二〇年を経て、今度は欧州連合基本権憲章がこの原則を確立し、さらに新たな延長を付け加えたのである。[75] こうしてこの憲章では、すでに世界人権宣言が射程に収めていた社会権だけでなく、新たな基本権（労働者が情報を得る権利、団体交渉および活動権、公共サービスへのアクセス権）、さらには公権力や企業に対して立ちはだかる諸原則（家庭生活と職業生活との両立、環境保護、消費者保護）までもが、連帯によってカバーされるようになった。このように定義された連帯ならば、グローバル化に関係する社会的破壊の影響を、二つのやり方で押さえ込むことができるはずだ。一つには、国際取引の自由化によって生存や労働の条件が影響を受けるようになった人々に対して、国際的に団結し、行動し、交渉する権利を認めるように促す。[76] 連帯とはここでは単に存在を脅かすリスクから人間を保護する方法にはとどまらず、ある種の自由を行使する具体的な手段をもたらす方法と考えられており、[77] それは西洋外で実践されている多くの伝統的な連帯の形式と同じなのであって、だから上述した頼母子講《トンチン》などは、驚くほど近代的に見えることになる。もう一つには、こうした連帯原則の定義は、人や物の商品化に歯止めをかける規則の根拠として用いることができる。基本権憲章がそうしているように、環境権や消費者の権利を連帯原則の庇護のもとに置くことで、現代経済のネットワーク組織によって容易になった責任逃れと戦うことができる。[78] 経済の操業の恩恵を受けているすべての者が、環境や消費者に対してもたらされた損害の連帯責任者とみなされるべきなのであり、それは企業がどのような法の組み合わせを採用していようと関係がない。[79]

連帯の第一の意味、つまり保険由来の技術によって長らく社会的題材の影に隠れてきた民法的な意味が、再び表舞台に立つと、不思議なことにそれは西洋外でなお現役の「伝統的な」連帯の形態によく似て、連帯が結びつける人々の個人的な責任を相手にするものだった。[80] 国際的に操業する企業の責任は、グループや多国間ネットワークの様々な単位間にこの種の連帯が存在することを前提とするはずである。これに基づくなら、企業が本社を置く国において、「他者の活動に多大な影響を及ぼすことのできる[81]」単位の責任を追及し、「受け入れ国」における、同じネットワークやグループに属する単位による、連帯原則違反の責任を取るよう義務づけることができるはずだ。このような義務づけによって下請けの健全化が促され、悪質なものは抑制されるだろう。[82] 責任をめぐるこうした取り組みは、ネットワークやグループの労働組合と協調しつつ行うことも可能であるはずだ。

　このように刷新された連帯原則の解釈は、それを実行に移すことによって、関係するすべての国々に寄与するものへと開かれていくことは必然的である。こうした寄与は、人権が本来の役割、つまり人間の全能感によって引き起こされる様々な影響を制御するという役割を取り戻すのに役立つことだろう。科学や技術の進歩に伴い、この全能感は人類自身の生存にとっての脅威になっているが、こうした脅威から私たちを守るのは、〈法権利〉の本来の役割である。[83]

新たな解釈装置のために

　人権解釈を、世界人権宣言の宛先である「人類家族のすべてのメンバー」に寄与するものへと開いていくことは、どのようにすれば想像可能になるだろうか。この問いに向き合うにあたって念頭に置くべきなのは、「ドグマ的システムそのものは、拙速なメディア・コミュニケーション理論の意味でのような対話はせず、交渉しかできない[84]」ということである。つまり開かれた人権解釈に必要なのは、この交渉を容易にし、交渉から帰結する合意に法的な力を与えるのに適した、制度的装置の存在である。国際人権裁判所のような機関が設置されたとしても、経済の「グローバル化」や、資本と商品の流通の国境開放に関係するこの種の交渉に、それが適した場であるかどうかは疑わしい。国境は物には開かれても、人には閉ざされたままであり、国際的な人の自由流通は存在しない。かつては共産国を逃れた反体制派を英雄として祝福した西洋諸国は、今日では南側諸国を逃れる「不法入国者」たちを追いかけ回している。西洋諸国がこの逃亡の理由についてとやかく言いたがらないのは、そうすれば自らが世界に押しつけている交換の体制の破壊的効果に面と向き合わざるをえなくなるからだ。世界貿易機関（WTO）は、自らの立場から射程に入る非常に限定的な問題を除いては、人間の運命は自分の管轄外であると、あからさまに知らしめている。だが経済的交換への世界の開放は、この開放に伴う人間的帰結を斟酌することなしには持続不可能である。今日では物（商品、資本）を扱う国際機関と人（労働、健康、社会保障、文化、教育）を扱うそれとの分業が明白化しているのもこのためだ。

市場経済の諸原則と、世界各地の異なる文明に固有の諸価値とを、いかに結びつけるかという問題が問われているのは、このような文脈においてである。民族や文化の画一化の過程ではなく、多様性を消し去ろうとせずに尊重するような統合の過程として考えなければ、グローバル化は耐えがたいものとなってしまうだろう。つまり人権の解釈学は、経済的交換の自由化が提起する諸問題の一部をなしているのである。この自由化が引き起こす諸々の争いに際してこそ、人権（および基本権）の解釈というプロセスは始動しうるのであり、始動しなければならないのである。国際通商条約に社会的条項を含めるというアイデアを失敗に導いた、北側由来の一方向主義は、こうした方法により避けることができる。[85]

「グローバル化の社会的側面[86]」は、南側諸国が自らに固有の基本権解釈を、北側諸国に対して突きつけることを可能にするような、適切な制度的装置がなければ、スローガンのままにとどまることを定めづけられている。たとえばEUが農作物の巨大な「ダンピング」システムを働かせ、南側諸国の食糧生産の生存条件を破壊している場合には、南側諸国は住人たちがディーセント・ワークを享受する権利を擁護し、国際的な審級において、しかるべき補償を得ることができなければならない。こうして基本的な労働の権利とともに、国際的舞台においても、国内レベルではここ二世紀の間に産業諸国で労働法とともに可能となったことが、成し遂げられなければならない。つまり〈法権利〉という武器を弱者に取り戻させて、弱者を搾取するために〈法権利〉を用いる者たちに立ち向かえるようにし、そのことにより〈法権利〉全体の進展に弱者を加えることである。〈法権利〉に対して採るべき態度は、そもそもの始めから労働運動を二分していたことが思い出される。つまりそこにブルジョワ的搾取の隠れ蓑しか見出さず、〈法権利〉と国家の衰退を目標に掲げていた者たち——革命派——と、逆に法源を自分のものにして〈法権利〉の変革のために戦うことを選んだ者たち——改革派——である。前者の選択が行き着いたのは、階級闘争から解放された世界というユートピアを追求する共産主義の経験である。後者が行き着いたのは、社会的な民法解釈を土台とする、福祉国家の発明である。こうした解釈を可能にしたのは、〈法権利〉に対する異議申立ての権利の承認であり、これは法治国家のもたらした貢献の中でももっとも革新的にして持続的なものであり続けている。

市場経済の「グローバル化」に直面する今日の私たちは、経済法の人間的・社会的解釈を可能にしてくれるメカニズムも同様に必要としている。この解釈は国家の庇護のもとではもはや行うことができないという点が、労働運動の経験との違いだ。つまり国際的な交換の統制手続の中にこそ、そうした解釈の場が与えられなければならない。一番簡単な解決策は、世界貿易機関（ＷＴＯ）による紛争処理手続の当事者双方に、裁判用語で言う「無管轄抗弁」を認めることであろう。そうなると紛争は、所轄の国際機関（労働や社会保障については国際労働機関、文化についてはユネスコなど）の庇護のもとに置かれる特別紛争処理機関に差し戻されることになるだろう。係争中の異なる文化間でバランスの取れた代表制を保証するために、この紛争処理機関はＷＴＯのパネル〔紛争処理小委員会〕の技法を取り入れてもよいかもしれない。こうしたバランスの探求、あるいはむしろ国際舞台におけるアンバランスのできる限りの解消の追求には、富裕国との経済関係において貧困国に特別な行動の権利を認めることも必要である。

平等が存在するためには、平等を主張するだけでは不充分であるというは、社会史の教えの一つである。単なる形式的な平等宣言は、まずもっとも弱い者たちから、彼らを守っているものを奪い取ることにしかならないからである。雇用者と労働者との平等が一方による他方の搾取の正当化ではなくなるには、一世紀の時間と、経済的・社会的権利の出現が必要だった。男女平等は今日でも現実的であるよりは形式的であり、共同体法によるその承認は、主として勤労生活の侵食から家庭生活を守ってきた諸規則の廃止を正当化するのに役立っただけで、男性への恩恵を女性にも広げるには至っていない。富裕国と貧困国との平等という主張も、前者による後者の過剰な搾取を正当化しているだけだ。

個人や人民を抽象的な単位として考えるのはやめて、人間としての彼らを念頭に置くときに初めて、平等に実体を与えることができるのである。これを忘れて、強者と弱者を同じように扱えば、弱者たちが平等の敵の仲間入りをするというリスクを冒すことになる。

ダーバン〔二〇〇一年に開かれた反人種主義・差別撤廃会議の開催地〕で露見したように、今日の南側諸国は、人権に対して採るべき態度をめぐって、かつて産業革命に直面した労働運動の進む方向に影響を与えた議論と、同じような議論に貫かれている。人権を脱ぎ捨てるのを厭わずに、人種差別的な世界観を標榜する者がいる一方で、北側諸国が人権におとなしく従い、自分たちに対する人権侵害を認めるよう要求する者もいる。それはまさしく、ヨーロッパとアメリカに対して、黒人貿易および何百万のアフリカ人の隷従と移送の責任を認めるよう要求することだった。これが人道に対する罪であり、そうであるからには時効はないということを、否定するのは困難である。政治的な目的のための民間人の意図的な虐殺という意味のテロリズムが、西洋で広く実施され、理論化されてきたのを、否定できないのも同じことだ（フランス革命の恐怖政治《テロル》に始まり[87]、ゲルニカやドイツに対する連合国の「地域爆撃」を経て、広島に至る）。これを認めることこそが、ここでもまた解釈の作業への入口を開き、誰もが承認できるテロリズムの法的定義をそこから引き出すことも可能になるだろう。それは同時に、明確に特定された敵のいない「対テロ戦争」の不穏な影響から、私たちを守ることにもなるはずだ。

あらゆる者に解釈を真に開いた〈法権利〉という道こそが、進むべき道であるのは、人類がその無限の多様性を保ちながら、互いを結びつける諸価値について同意に至るための、唯一の道がそれだからだ。そのための前提は、北側諸国が自分自身の着想を常にあらゆるところで押しつけることをやめ、人間による人間への問いかけという共通の作業において、他者たちの教えに耳を傾けることである。

注

プロローグ

1 Cf. Platon, *Cratyle*, in *Œuvres complètes*, trad. L. Robin, Gallimard, 1950, t. I, p. 620 *sq*〔プラトン「クラテュロス」、水地宗明訳、『プラトン全集』、第二巻、岩波書店、一九七四年、二二頁〕.

2 Signum は古典ラテン語ではギリシア語の sêma に対応し、「目印」、「刻印」という一般的な意味を持つほか、看板や旗印、描かれたイメージや彫られたイメージを意味するだけでなく、人を区別する「名前」、さらには信号、号令、予兆や症候をも意味する。フランス語では、初期の用法からすでに、そこにないものが存在するのだと結論づけるために用いられた。「通告する（signifier）」や「通告（signification）」は、非常に早くから、「知らせる」、「証書をその受取人に公式に知らしめる」という法的な意味を持っていた。Cf. A. Rey (dir.), *Dictionnaire historique de la langue française*, Robert, 1992, *s.v.* signe; A. Ernout, A. Meillet, *Dictionnaire étymologique de la langue latine*, Klincksieck, 2001, 4ᵉ éd., *s.v. signum*.

3 以下を参照。P. Legendre, *De la Société comme Texte. Linéaments d'une anthropologie dogmatique*, Fayard, 2001.

4 H. Arendt, *The Origins of Totalitarianism*, New York, Harcourt, Brace and World, 1951, trad. fr. *Les Origines du totalitarisme. Le système totalitaire* (dorénavant: *Le Système totalitaire*), Seuil, 1972, p. 185〔ハンナ・アーレント『全体主義の起原3 全体主義』、大久保和郎、大島かおり訳、みすず書房、二〇一七年、二五七頁〕.

5 世界人権宣言（一九四八）第六条。

6 人間存在の法的な事物化の様々な側面については以下を参照。B. Edelman, *La Personne en danger*, PUF, 1999.

7 Cf. R. Guénon, *Le Règne de la quantité et les signes des temps*, Gallimard, 1945〔ルネ・ゲノン『量の支配と時の徴』、漆原健訳、Kindle、二〇一四年〕.

8 理性（raison）の語源であるラテン語の ratio は、動詞 reor（数える、計算する）に由来し、この語は判断や教説、決定理由などを意味するようになる前から、ラテン語で計算を意味する語だった（A. Ernout, A. Meillet, *Dictionnaire*

étymologique de la langue latin, *op. cit.*, *s.v. reor*）。なおratio（数的な割合）はこの意味を現代フランス語にとどめている。

9 E. Kant, *Beantwortung der Frage: was ist Aufklärung?* [1783], trad. fr. H. Wismann, *Réponse à la question: qu'est-ce que les Lumières ?*, in *Œuvres philosophiques*, Gallimard, « Bibliothèque de la Pléiade », 1985, t. II, p. 209 *sq*〔カント『啓蒙とは何か』、篠田英雄訳、岩波文庫、一九七四年、七頁〕.

10 G. Canguilhem, « Le problème des régulations dans l'organisme et dans la société », *Cahiers de l'Alliance israélite universelle*, 92, sept.-oct. 1955, p. 64 *sq*. 以下に再録。*Ecrits sur la médecine*, Seuil, 2002, cité p. 108.

11 G. Vico, *Principi di Scienza nuova d'intorno alla comune natura delle nationi* [1744], trad. fr. A. Pons, *Principes d'une science nouvelle relative à la nature commune des nations*, Fayard, 2001, p. 536 *sq*〔ジャンバッティスタ・ヴィーコ『新しい学3』、上村忠男訳、法政大学出版局、二〇〇八年、二三六頁以下〕.

12 「西洋」への言及の源をたどると、東と西のローマ帝国の大分裂に行き着く。これらは中世キリスト教の制度的な構築を受け継いだ異なる文化である。このような帝国的遺産は、自らの世界観の絶対的な普遍性を何よりも信じる西洋人が、自分たちを他の文明と平等のレベルに置いてしまう、西洋という準拠に自らを見出すことを拒むのはなぜかを、とりわけ説明してくれる。

13 Cf. J.-C. Schmitt, « La croyance au Moyen Age », *Raison présente*, 115, 1995, p. 15, repris in *Le Corps, les rites, les rêves, le temps. Essais d'anthropologie médiévale*, Gallimard, 2001, p. 77 *sq*〔ジャン＝クロード・シュミット『中世歴史人類学試論 身体・祭儀・夢幻・時間』、渡邊昌美訳、刀水書房、二〇〇八年、五九頁以下〕.

14 Cf. L. Parisoli, « L'involontaire contribution franciscaine aux outils du capitalisme », in A. Supiot (dir.), *Tisser le lien social*, MSH, 2004, p. 199 *sq*.

15 E. Kantorowicz, *The King's Two Bodies: A Study in Medieval Political Theory*, Princeton, Princeton University Press, 1957, trad. fr. *Les Deux Corps du roi*, Gallimard, 1989〔エルンスト・H・カントーロヴィチ『王の二つの身体 中世政治神学研究』、小林公訳、平凡社、一九九二年〕.

16 「宣誓の誓いの中での神への祈りは、法の侵害を構成するものではない。実際のところそれは、独立宣言で主張されているように、私たちが自らの法を神より受け取ったということの確認なのである」。二〇〇二年六月にカナダで開かれた、世界で最も豊かな八カ国のサミットにおいて、ブッシュ大統領はこのように宣言した（"The declaration of God in the Pledge of Allegiance doesn't violate rights. As a matter of fact, it's a confirmation of the fact that we received

our rights from God, as proclaimed in our Declaration of Independence," *United Press International*, June 28, 2002, and *USA Today*, June 27 2002)。

17 Cf. A. Supiot, « The dogmatic foundations of the market », *Industrial Law Journal*, vol. 29, 4, December 2000, p. 321-345.

18 エンロンとワールドコムのスキャンダルの後で、二〇〇二年七月末に可決されたサーベンス・オクスリー法は、上場企業の経営陣に、自社の会計の清廉さを名誉にかけて証明することを課している。誓約違反は二〇年の禁錮刑に処されるべきとされ、責任を逃れるために破産法を用いることを許されない。

19 Cf. A. Pichot, *La Société pure. De Darwin à Hitler*, Flammarion, 2000.

20 国連開発計画の一環で刊行された以下を参照のこと。*Rapport mondial sur le développement humain*, Bruxelles, De Boeck et Larcier, 2002. 人間開発指数の作成はこのリポートの付録にある技術的な注記の中に説明されている（p. 252 *sq*）。二〇〇二年にはノルウェー人が地球上でもっとも発達した人間であるということにされている。

21 以下を参照。K. Löwith, *Weltgeschichte und Heilsgeschehen. Die theologischen Voraussetzungen der Geschichtsphilosophie* [1983], trad. fr. M.-C. Challiol-Gillet, S. Hurstel et J.-F. Kervégan, *Histoire et Salut. Les présupposés théologiques de la philosophie de l'histoire*, Gallimard, 2001〔カール・レーヴィット『世界史と救済史　歴史哲学の神学的前提』信太正三、長井和雄、山本新訳、創文社、一九六四年〕.

22 司法的言説に特有のこの時間性は、聖典宗教に由来する異文化にも見出される。イスラームの場合については以下を参照。Aziz Al-Azmeh, « Chronophagous discourse: a study of cleric-legal appropriation of the world in an Islamic tradition », in F.E. Reynolds, D. Tracy (eds.), *Religion and Practical Reason*, Albany, State University of New York Press, 1994, p. 163 *sq*.

23 とりわけ以下を参照。P. Legendre, *L'Empire de la vérité. Introduction aux espaces dogmatiques industriels*, Fayard, 1983〔ピエール・ルジャンドル『真理の帝国　産業的ドグマ空間入門』西谷修、橋本一径訳、人文書院、二〇〇六年〕; *Sur la question dogmatique en Occident*, Fayard, 1999〔ピエール・ルジャンドル『ドグマ人類学総説　西洋のドグマ的諸問題』、嘉戸一将、西谷修、佐々木中、橋本一径、森元庸介訳、平凡社、二〇〇三年〕; *De la société comme Texte*, *op. cit.*

24 Cf. M. Herberger, *Dogmatik. Zur Geschichte der Begriff und Methode in Medizin und Jurisprudenz*, Frankfurt, Klostermann, 1981.

25 P. Legendre, *Sur la question dogmatique en Occident*,

op. cit., p. 78〔ルジャンドル『ドグマ人類学総説』、前掲書〕.

26 A. de Tocqueville, *De la démocratie en Amérique*, II, I, chap. II: « De la source principale des cryoances chez les peuples démocratiques », *Gallimard*, « Bibliothèque de la Pléiade », t. II, 1992, p. 518〔トクヴィル「民主的諸国民における信仰の主要な源泉について」、『アメリカのデモクラシー』、第二巻（上）、松本礼二訳、岩波文庫、二〇〇八年、二六頁〕.

27 Cf. Auguste Comte, *Considérations sur le pouvoir spirituel* [1826], in *Appendice général du système de politique positive*, Thunot, 1854, p. 204〔オーギュスト・コント「精神的権力論」、『コント・コレクション　科学＝宗教という地平』、杉本隆司訳、白水社、二〇一三年、一二二頁〕.

28 E.B. Pasukanis, *La Théorie générale du droit et le marxisme* [1924], trad. fr., EDIm 1970〔パシュカーニス『法の一般理論とマルクス主義』、第二版、稲子恒夫訳、日本評論社、一九六七年〕.

29 たとえばダンカン・ケネディ（「クリティカル・リーガル・スタディーズ」の旗手）は自らの法学研究のスタートを次のように語る。「一九六七年に私が法学部に入った頃には、「システム」が多くの不正義を抱えていると感じていた。つまり富や所得や権力の分配、あるいは知へのアクセスが、不平等に歪められているように見えたのだ」（« I started law school in 1967 with a sense that the "system" had a lot of injustice in it, meaning that the distribution of wealth and income and power and access to knowledge seemed unfairly skewed along class and race lines », « The Stakes of Law, or Hale and Foucault ! », *Legal Studies Forum*, 1991, vol. 15, p. 327）。

30 フランスの「法批評」運動は明白にマルクス主義の勢力圏にあるが（cf. M. Bourjol, Ph. Dujardin, J.-J. Gleizal, A. Jeammaud, M. Jeantin, M. Miaille, J. Michel, *Pour une critique du droit. Du juridique au politique*, Paris, Grenoble, Maspero et PU de Grenoble, 1978）、このことは今日の「批評的実証主義者たち」がそれにほとんど言及しない理由を説明してくれるのかもしれない。彼らが好んで標榜するのはアメリカの「クリティカル・リーガル・スタディーズ」運動である（Crits と呼ばれる。以下を参照。R.M. Unger, *The Critical Legal Studies Movement*, Cambridge, Mass., Harvard University Press, 1986; A.C. Hutchinson, P.J. Monahan, « Law, politics, and the Critical Legal Scholars: the unfolding drama of American Legal thought », *Stanford Law Review*, vol. 36, 1984, p. 199. フランス語での紹介は以下を参照。P. Gabel, « "Critical legal studies" et la pratique juridique », *Droit et Société*, 36/37, 1997, 379; M. Fabre-Magnan, *Les Obligations*, PUF, « Thémis », 2004, n° 43）。フーコーやデリダの仕事に多くを依拠しなが

ら、Critsの運動は、〈法権利〉の「衰退」という古い企図に若者の一撃を加えて、「脱構築」と呼びなおすことで、現実の共産主義の不都合な記憶を消し去っているのである。

31　S. Weil, *L'Enracinement. Prélude à une déclaration des devoirs envers l'être humain* [1943], in *Œuvres*, Gallimard, « Quatro », 1999, p. 1179–1180〔シモーヌ・ヴェイユ『根をもつこと』、下巻、冨原眞弓訳、岩波文庫、二〇一〇年、九三―九五頁〕.

32　H・デュペイルーが一九三八年にすでに彼らに投げかけていた痛烈な批判を参照のこと。「我らが実証主義法学者たちが、正義というやっかいな概念をいくら追放しようとしても無駄なことだ。正義と縁を切って、どこかに幽閉し、すべての出口を塞いでも、法権利の目的論的な性格は、正義を必然的に元の場所に戻すのだ。正義は規則の一つひとつに染み込んでいる。執行や執行の拒否のたびに正義は姿を現し、封印の試みはあらかじめ失敗を定め付けられている。正義は言わばあらゆるところからにじみ出るのだ」(H. Dupeyroux, « Les grands problèmes du Droit », *Archives de philosophie du droit*, 1938, vol. 1–2, p. 20–21)。

33　科学者のステータスにあるという一部の法学者の奢り（物理学者と自らを引き比べる者もいる！）は、ナチス法についての論集に序文を寄せたジョルジュ・リペール（Georges Ripert）が以下のように書いたことに憤りを覚えないのであれば、単なる滑稽なものになるだろう。「科学者は自らの研究の実際的な帰結に興味を持たずにいる権利がある」(*Etudes de droit allemand*, LGDJ, 1943, p. VI-VII. 引用は以下による。C. Singer, *Vichy, l'Université et les juifs*, Les Belles-Lettres, 1992, p. 179)。パリ大学法学部長にしてヴィシー政権の公教育国務長官となったG・リペールは、教育機関における最初の政治的・人種的な純化《エピュラシオン》を指揮した。私的には彼は最初の反ユダヤ法を「粗暴で不当」だとしながら、「技術者」としてそれを施行すると述べていた（C. Singer, *Vichy, l'Université..., op. cit.*, p. 95. この点についてはD・ロシャクによる以下の勇気ある解明も参照。F. Lochak *et al.* (dir.), *Les Usages sociaux du droit*, PUF, 1989, p. 252 *sq*)。

34　この点では支配的な経済主義に従っている。J・ロールズの有名な著作（*Théorie de la justice* [1971], trad. fr., Seuil, 1987〔ジョン・ロールズ『正義論』、川本隆史、福間聡、神島裕子訳、二〇一〇年〕）がこれほどまでに成功したのは、有用性の計算を一般化することが、契約の基盤だと想定したからである。この種の社会の捉え方の、より粗暴だがより明快な紹介としては、以下を参照のこと。G.S. Becker, *The Economic Approach to Human Behavior*, Chicago, University of Chicago Press, 1976.

35　R.A. Posner, *Economic Analysis of Law*, 1st ed. 1972, 5th ed., New York, Aspen Law & Business, 1998; R. Cooter, TH. Ulen, *Law and Economics*, Glenview-Illinois, Scott,

Foreman & Cie, 1988, 2nd ed. 1996〔ロバート・D・クーター、トーマス・S・ユーレン『法と経済学』、新版、太田勝造訳、商事法務研究会、一九九七年〕; E. Mackaay, « La règle juridique observée par le prisme de l'économiste, une histoire stylisée du mouvement de l'analyse économique du droit », *Revue internationale de droit économique*, 1986, t. 1, p. 43, et *id.*, *L'Analyse économique du droit*, vol. 1: *Fondement*, Montréal et Bruxelles, Thémis et Bruylant, 2000.

36　役目は判決を下すことであって、学説を支持したり広めたりすることではないはずのこの高等審級は、二〇〇四年に（パリ政治研究学院の「規制」講座とのパートナーシップにより）、以下のような示唆的なタイトルの連続シンポジウムを主催した。「法、経済、正義にとっての経済分析の妥当性と利点」。その初代議長はメディアに対して次のように説明した。「破毀院の裁判官たちは経済分析を法理の中に取り入れることができなければならない」(G. Canivet, « La Cour de cassation doit parvenir à une analyse économique “pertinente” », *Les Echos*, 1er mars 2004)。法理に取り込まれることで、それ自体が法となることを求められた経済分析には、フランスの最高司法官も認める規範的な側面が付け加わることになった。

37　このような流れの中で、〈法権利〉は契約において作用する利害計算に還元されようとしている。だがそれにより破壊されるのは契約の理念自体であることは、たとえば現代の効率的契約違反（efficient breach of contract）という理論が示しているとおりであり、この理論によれば、約束を守ることと、約束違反の帰結を賠償することの間に差異はないのである。本書第三章を参照。

38　Cf. J. Carbonnier, *Flexible droit. Pour une sociologie du droit sans rigueur*, LGDJ, 6e éd., 1988, p. 85.

39　道を引く、指揮するという意味の dirigo の派生語（cf. A. Ernout, A. Meillet, *Dictionnaire étymologique de la langue latine, s.u. rego*）。

40　たとえばガイウス『法学提要』一―三を参照。Ius という概念の起源については以下を参照。A. Magdelain, « Le Ius archaïque » [1986], repris in *Ius imperium auctoritas. Etudes de droit romain*, Rome, Ecole française de Rome, 1990, p. 3-93.

41　ヘーゲルの *Grundlinien der Philosophie des Rechts*〔法の哲学〕の英訳がこの困難を物語っている。というのも *Philosophy of Right*（以下の翻訳を参照。T.M. Knox, Oxford, Oxford University Press, 1965. あるいは S.W. Dyde, New York, Prometheus Books, 1996）というタイトルは英語読者にとってきわめて晦渋なものだからだ。

42　Cf. L. Gernet, « Droit et prédroit en Grèce ancienne », *L'Année sociologique*, 1951, p. 21 *sq*. 以下に再録。*Droit et institutions en Grèce antique*, Flammarion, 1982, cité p.

110.

第1章

1　*« Das ist eben das Charakteristische am erwachenden Geist des Menschen, dass ihm eine Erscheinung bedeutend wird »*, « Remarques sur *Le Rameau d'or* », trad. fr. J.-P. Cometti et E. Rigal, in L. Wittgenstein, *Philosophica III*, Mauvezin, TER, 2001, p. 32〔L・ウィトゲンシュタイン「フレーザー『金枝篇』について」、杖下隆英訳、『ウィトゲンシュタイン全集6』、大修館書店、一九七五年、四〇二頁〕.

2　*Pensées*, in *Œuvres complètes*, Gallimard, « Bibliothèque de la Pléiade », 1962, p. 1108〔パスカル『パンセ』、上巻、塩川徹也訳、岩波文庫、二〇一五年、二四六―二四七頁〕.

3　*L'Epopée de Gilgameš. Le grand homme qui ne voulait pas mourir*, trad. fr. J. Bottéro, Gallimard, 1992〔『ギルガメシュ叙事詩』、矢島文夫訳、ちくま学芸文庫、一九九八年〕.

4　*L'Epopée de Gilgameš*, *op. cit.*, p. 69〔『ギルガメシュ叙事詩』、前掲書、一〇二頁〕.

5　Saint Augustin, *Les Confessions*, livre X, VIII, 15, Gallimard, « Bibliothèque de la Pléiade », 1998, p. 991〔アウグスティヌス『告白』(下)、服部英次郎訳、岩波文庫、一九七六年、二二頁〕.

6　Cf. A.-G. Haudricourt, *La Technologie, science humaine. Recherches d'histoire et d'ethnologie des techniques*, MSH, 1987, p. 37.

7　人間の言語の特異性については以下を参照のこと。T. Deacon, *The Symbolic Species. The Co-Evolution of Language and the Human Brain*, London, Penguin, 1997〔テレンス・W・ディーコン『ヒトはいかにして人となったか　言語と脳の共進化』、金子隆芳訳、新曜社、一九九九年〕.

8　Cf. E. Husserl, *La Crise des sciences européennes et la phénoménologie transcendantale* [1936], trad. fr., Gallimard, 1976〔エドムント・フッサール『ヨーロッパ諸学の危機と超越論的現象学』、細谷恒夫、木田元訳、中央公論社、一九七四年〕.

9　人間の知性のドグマ的な基盤については以下を参照のこと。A. Comte, *Considérations sur le pouvoir spirituel*, *op. cit.*, p. 204; A. de Toqueville, *De la démocratie...*, II, I, chap. II, in *Oeuvres*, *op. cit.*, p. 518 *sq*.

10　F. de Saussure, *Ecrits de linguistique générale*, Gallimard, 2002, p. 79〔フェルディナン・ド・ソシュール『「一般言語学」著作集I　自筆草稿『言語の科学』』、松澤和宏校註・訳、岩波書店、二〇一三年、一二八頁〕(強調はソシュールによる).

11　あらゆる人間が誕生という事実のみによって背負い込むことになる、生命の負債という考え方については、以下を参照されたい。Ch. Malamoud, *La Dette*, EHESS, 1980. Ch. Malamoud, *Liens de vie, noeuds mortels. Les représentations de la dette en Chine, au Japon et dans le monde indien*, EHESS, 1988. 同著者〔シャルル・マラムー〕による以下の書物への寄稿も参照のこと。M. Aglietta, A. Orléan (dir.), *La Monnaie souveraine*, O. Jacob, 1998, p. 65 *sq*〔M・アグリエッタ、A・オルレアン編『貨幣主権論』、坂口明義監訳、藤原書店、二〇一二年、六一頁以下〕.

12　死は諸々の規範のシステムを基礎づける原型的な限界であり、ヴェーダにおける死の神ヤマは、同時に法の神ダルマでもある（Cf. Ch. Malmoud, *Le Jumeau solaire*, Seuil, 2002, p. 8 *sq*）。

13　Cf. Vercors, *Les Animaux dénaturés*, Albin Michel, 1952, rééd. Le Livre de pohce〔ヴェルコール『人獣裁判』、小林正訳、白水社、一九五三年〕.

14　現代における死体の法的なステータスの変遷については以下を参照のこと。J.-R. Binet, *Droit et progrès scientifique. Science du droit, valeurs et biomédecine*, PUF, 2002.

15　Cf. Ch. Malamoud, *Le Jumeau solaire*, *op. cit.*, p. 36.

16　Cf. R. Zapperi, *L'uomo incinto. La donna, l'uomo e il potere*, trad. fr. *L'Homme enceint*, PUF, 1983.

17　Cf. C. Isler Kerényi, *Dionysos nella Grecia arcaica. Il contributo della immagini*, Pisa-Roma, Instituti editoriali et poligrafici internazionali, 2001.

18　Cf. A. Pichot, « Clonage: Frankenstein ou Pieds-Nickelés ? », *Le Monde*, 30 novembre 2001, et *id*, « Qui se souvient de M. J. ? », *Le Monde*, 27 décembre 2002.

19　古代ギリシアについては以下を参照のこと。C. Isler Kerényi, *Dionysos nella Grecia arcaica*, *op. cit.*, p. 120 *sq.* インドについては以下を参照されたい。Ch. Malamoud, *Le Jumeau solaire*, *op. cit.*

20　J・ドレヴィルの映画。パリ、一九四七年。

21　P・グリモーの映画。パリ、一九七九年。

22　E. P. Jacobs, *Les 3 formules du prof. Sato*, 1er partie: *Mortimer à Tokyo*, Bruxelles, Ed. Du Lombard, 1977.

23　人類学者でコレージュ・ド・フランス教授のフランソワーズ・エリティエが、単性の親に賛成して展開させた理路を参照のこと。Françoise Héritier, « Quand les choses sont possibles et commencent à être pensables, elle finissent un jour ou l'autre par être réalisables », *Le Monde*, 3 mai 2001, p. 10.

24　J.-L. Baudouin, C. Labrusse-Riou, *Produire l'homme: de quel droit ? Etude éthique et juridique des procréations artificielles*, PUF, 1987.

25　Cf. G. Bataille, *Théorie de la religion* [1948], Gallimard, 1973, p. 50 *sq*〔ジョルジュ・バタイユ『宗教の理論』、湯浅

博雄訳、ちくま学芸文庫、二〇〇二年、四八頁以下〕.

26 Cf. J. Escarra, *Le Droit chinois. Conception et évolution*. Sirey, 1936; L. Vandermeersch, *La Formation du légisme. recherche sur la constitution d'une philosophie politique caractéristique de la Chine ancienne*, Ecole française d'Extrême-Orient, vol. LVI, 1965, réimp. 1987, p. 192 *sq*.

27 『世界人権宣言』（一九四八年）第一条。

28 Cf. E. Cassirer, *L'individu et cosmos dans la philosophie de la Renaissance* [1927], trad. fr., Minuit, 1983〔エルンスト・カッシーラー『個と宇宙　ルネサンス精神史』薗田坦訳、名古屋大学出版会、一九九一年〕.

29 Cf. A. Wijffels, « European private law: a new software package for an outdated operating system ? », in M. van Hoecke, F. Ost, *The Harmonisation of European Private Law*, Oxford, Hart Publishing, 2000, p. 103–116: *id.*, « Qu'est-ce que *ius commune* ? », in A. Suppiot (dir.), *Tisser le lien social*, *op. cit.*, p. 131 *sq*.

30 Cf. M. Gauchet, *Le Désenchantement du monde. Une histoire politique de la religion*, Gallimard, 1985. この「脱魔術化（Entzauberung）」という概念はマックス・ヴェーバーによるものである（*L'Ethique protestante et l'esprit du capitalisme*, trad. Fr. J.-P. Grossein, Gallimard, 2003, spéc. p. 106–107〔『プロテスタンティズムの倫理と資本主義の精神』、大塚久雄訳、岩波文庫、一九八九年、一九六―一九八頁〕. 以下も参照のこと。*Id.*, *Sociologie des religions*, textes réunis et traduits par J.-P. Grossein, Gallimard, 1996, p. 380)。ヴェーバーはこの概念をやや異なる意味で用いており（救済の探求のための魔術的な手法の断念）、その始まりを、ギリシアの科学的思考と結びついた古代ユダヤ教の預言に位置づけている。

31 Cf. A. Comte, *Cathéchisme positive ou Sommaire exposition de la religion universelle* [1852], Garnier-Flammarion, 1966.

32 Cf. A. Hampâté Bâ, « La notion de personne en Afrique noire », in *La Notion de personne en Afrique noire*, ouvrage coll., préface de M. Cartry, CNRS, *reprint* L'Harmattan, 1993, p. 182.

33 Cf. M. Leenhardt, *Do kamo. La personne et le mythe dans le monde mélanésien*, Gallimard, 1947, rééd. « Tel », 1985, p. 248 *sq*〔モーリス・レーナルト『ド・カモ　メラネシア世界の人格と神話』坂井信三訳、せりか書房、一九九〇年、二六五頁以下〕.

34 たとえば以下を参照。L. Dumont, « Absence de l'individu dans les institutions de l'Inde », in I. Meyerson (dir.), *Problèmes de la personne*, Paris, La Haye, Mouton, 1973, p. 99 *sq*. ; O. Nishitani, « La formation du sujet au Japon », *Intersignes*, 8/9, 1994, p. 65–77, spéc. p. 70; M.

Chebel, *Le Sujet en islam*, Seuil, 2002.

35 『ガラテア人への手紙』三・二八。

36 ここで立ち返るべきなのはもちろんトクヴィルであり（とりわけ以下。*De la démocratie en Amérique*, II, II, chap. I, in *Œuvres, op. cit.*, p. 607 *sq*〔トクヴィル『アメリカのデモクラシー』第二巻（上）、前掲書、一六七頁以下〕）、また人類学的な問いを西洋へと送り返した第一人者のルイ・デュモンである（*Homo aequalis*, Gallimard, t. I, 1977, t. II, 1991; *Essais sur l'individualisme. Une perspective anthropologique sur l'idéologie moderne*, Seuil, 1983〔『個人主義論考』、渡辺公三、浅野房一訳、言叢社、一九九三年〕）。

37 「あらゆる市民は平等にして［…］、各人の能力に応じて、あらゆる尊厳や地位、公的な職業につくことが等しく認められており、各人の徳や才能以外で区別されることはない」（人および市民の権利に関する宣言〔人権宣言〕、一七八九年八月二六日、第六条）。

38 Cf. L. Dumont, *Homo hierarchicus. Le système des castes et ses implications*, Gallimard, 1966, rééd. « Tel », 1979〔ルイ・デュモン『ホモ・ヒエラルキクス　カースト体系とその意味』、田中雅一、渡辺公三訳、みすず書房、二〇〇一年〕.

39 この発想の中世的な起源については以下を参照のこと。L. Moulin, « Les origines religieuses des techniques électorales et délibératives modernes », *Revue internationale d'histoire politique et constitutionnelle*, avril-juin 1953, p. 143-148. *Id.*, « *Sanior et maior pars*. Etude sur l'évolution des techniques électorales et délibératives dans les ordres religieux du VIe au VIIIe siècle », *Revue historique de droit français et étranger*, 3 et 4, 1958, p. 368-397 et p. 491-529. フランス革命以後のこの発想の勝利については以下を参照。P. Rosanvallon, *Le Sacre du citoyen. Histoire du suffrage universel en France*, Gallimard, 1992.

40 Cf. G. Canguilhem, *Le Normal et le Pathologique*, PUF, 3e éd., 1975〔ジョルジュ・カンギレム『正常と病理』、滝沢武久訳、法政大学出版局、一九八七年〕. こうした「客観的」な規範に基づく秩序の探求こそが、新たな管理《ガバナンス》や調整の方法を生み出す源泉となっており、それは昔ながらの政府や規制に対置されている（cf. A. Supiot, « Un faux dilemme: la loi ou le contrat ? », *Droit social*, 2003, p. 59 *sq*）。

41 H. Hauriou, *Leçons sur le mouvement social*, Libr. de la soc. du recueil général des lois et arrêts, 1899, p. 148-149, cité par A. David, *Structure de la personne humaine*, PUF, 1955, p. 1.

42 Cf. R. de Berval (dir.), *Présence du bouddhisme*, Gallimard, 1987, p. 113 *sq.* ; A. Bareau, « La notion de personne dans le bouddhisme indien », in I. Meyerson (dir.), *Problème de la personne, op. cit.*, p. 83 *sq.*

43 Cf. M. Weber, *L'Ethique protestante… op. cit*〔M・ヴ

ェーバー『プロテスタンティズムの倫理と資本主義の精神』、前掲書〕; E. Troeltsch, *Protestantisme et modernité*, Gallimard, 1991〔E・トレルチ『プロテスタンティズムと近代世界』、堀孝彦、佐藤敏夫、半田恭雄ほか訳、ヨルダン社、一九八四―八五年〕.

44 Cf. F. G. Dreyfus, « Les piétismes protestants et leur influence sur la notion de personne aux XVIIIe et XIXe siècles », in I. Meyerson (dir.), *Problème de la personne*, *op. cit.*, p. 171 *sq.*

45 以下に収録のルイ・デュモン（L. Dumont）の講演。I. Meyerson (dir.), *Problème de la personne*, *op. cit.*, p. 185.

46 以下を参照のこと。Ph. Thureau-Dangin, *La Concurrence et la Mort*, Syros, 1995.

47 基本文献は以下のとおり。O. von Gierke, *Das deutsche Genossenschaftsrecht*, Berlin, 1868–1913, 4 vol.; R. Saleilles, *De la personnalité juridique. Histoire et théories*, Rousseau, 1910; L. Michoud, *La Théorie de la personnalité morale. Son application en droit français*, LGDJ, 1924 [rééd. 1998], 2 t. この概念のカノン法的な起源については以下を参照のこと。P. Gillet, *La Personnalité juridique en droit canon, spécialement chez les décrétistes et les décrétalistes et dans le Code de droit canonique*, thèse, Université catholique de Louvain, Malines, W. Godenne, 1927.

48 Cf. M. Griaule, *Dieu d'eau. Entretiens avec Ogotemmêli*, Fayard, 1966, cité p. 86〔マルセル・グリオール『水の神　ドゴン族の神話的世界』、坂井信三、竹沢尚一郎訳、せりか書房、一九八一年、一一四頁〕.

49 Cf. M. Granet, *La Pensée chinoise* [1934], Albin Michel, 1988, p. 363 *sq.*

50 Cf. Platon, *Cratyle*, *op. cit.*（本書「プロローグ」を参照）〔プラトン「クラテュロス」、前掲書〕. この織物のイメージは『政治家』（*Œuvres complètes*, *op. cit.*, t. II, p. 375 *sq*〔プラトン「ポリティコス（政治家）」、水野有庸訳、『プラトン全集』第三巻、岩波書店、一九七六年、二六二頁以下〕）においても、政治術を描写する際に、示唆的な形で再登場している。Cf. A. Laks, « Pour une archéologie du lien social », in A. Supiot (dir.), *Tisser le lien social*, *op. cit.*, p. 61–72.

51 Cf. L. Gardet, *La Cité musulmane. Vie sociale et politique*, Vrin, 4e éd. 1981, p. 80 *sq.*

52 Cf. G. Alpa, *I principi generali*, in G. Iudica, P. Zatti (*a cura di*), *Trattato di diritto privato*, Milan, Giuffrè, 1993, p. 58.

53 本書第二章を参照。

54 Cf. L. Gardet, *La Cité musulmane*, *op. cit.*, p. 117.

55 Cf. J. de Romilly, *La Loi dans la pensée grecque*, Les Belles-Lettres, 1971, rééd. 2001.

56 Cf. C. Herrenschmidt, « L'écriture entre mondes visible

et invisible en Iran, en Israël et en Grèce », in J. Bottéro, C. Herrenschmidt, J.-P. Vernant, *L'Orient ancien et nous*, Albin Michel, 1996, p. 173 *sq*. J・ド・ロミイ（J. de Romilly, *La Loi dans la pensée grecque*, *op. cit.*, p. 14）が指摘するノモス〔法〕の語源（nemô 分有する）にも注意のこと。人間同士のあらゆる分有の原理である法は、どんな人間にも属するものとはなりえないのである。

57 Cf. C. Herrenschmidt, « L'écriture... », *op. cit.*, p. 162 *sq*.

58 Cf. L. Gardet, *La Cité musulmane*, *op. cit.*, p. 36 *sq*. 以下も参照のこと。M. Chebel, *Le Sujet en islam*, *op. cit.*

59 Cf. K. Löwith, *Histoire et Salut*, *op. cit.*, p. 242〔カール・レーヴィト『世界史と救済史』、前掲書、二五一頁〕。したがって聖書の契約を意味する berith とは、神とイスラエルの民のみの間の双務契約にほかならないのであり（cf. F. Ost, *Du Sinaï au Champ-de-Mars. L'autre et le même fondement du droit*, Bruxelles, Lessius, 1999）、またイスラームの類義語 mithaq は、すべての人間に対する神の側からの無償の契約であり、この一方的な契約のおかげで人間は感覚の奴隷となるのをやめ、権利と義務の所有者となることができる（以下を参照。L. Gardet, *La Cité musulmane*, *op. cit.*, p. 53 *sq*）。

60 Cf. M. Pinguet, *La Mort volontaire au Japon*, Gallimard, 1984, p. 59 *sq*〔モーリス・パンゲ『自死の日本史』、竹内信夫訳、講談社学術文庫、二〇一一年、一三二頁以下〕.

61 たとえば古代ギリシアにおいては、技術は「伝統的な知恵と実践的な工夫のシステム」の段階を決して超えることはなかった（J.-P. Vernant, « Remarques sur les formes et les limites de la pensée technique chez les Grecs », *Revues d'histoire des sciences*, 1957, p. 205-225. 以下に再録。*Mythe et pensée chez les Grecs*, Maspero, 1971, t. II, p. 44 *sq*〔ジャン＝ピエール・ヴェルナン「古代ギリシア人が抱く技術の思考。その形式と限界について」、『ギリシア人の神話と思想』、上村くにこ、ディディエ・シッシュ、饗庭千代子訳、国文社、二〇一二年、四二四―四五一頁〕）。

62 Cf. P. Legendre, *Les Enfants du texte. Etude sur la fonction parentale des Etats*, Fayard, 1992（とりわけ八七頁以下の、西洋の法的伝統における vitam instituere〔生を制定する〕について、および以下を参照。P. Legendre, *Sur la question dogmatique en Occident*, *op. cit.*, p. 106 *sq*).

63 たとえば身分制が尊重されているイスラエルでは、ラビ法廷が家族の非財産権を承認する全権を担っている（cf. C. Klein, *Le Caractère juif de l'Etat d'Israël*, Cujas, 1976. *Id.*, *Le Droit Israélien*, PUF, 1990, p. 69 *sq*）。

64 この論争の簡潔にして明解な紹介は以下を参照。C. Labrusse-Riou, F. Bellivier, « Les droits de l'embryon et du foetus en droit privé », *Revue internationale de droit comparé*, 2, 2002, p. 579 *sq*.

65　顔の痕跡である葬送のイマーゴ〔デスマスク〕とは、死者の「イメージ」ではない。つまり死者を表象する図形、フィクティオ〔見た目〕ではないのだ。それは死者の印章、現実の物理的な痕跡である。その価値は換喩的なものであり、隠喩的なものではない。これらのイマギネス〔イマーゴの複数形〕はキャビネットの中にしまわれているので、通常は隠されている（それらが取り出されるのは、葬送儀礼において子孫を迎え入れるためだけだった）。その代わり系統樹の描かれたキャビネットの外面に取り付けられた文字板（tituli）には、死者の名前（nomina）と称号（honores）が記されていた。名と仮面は分かちがたく結びついており、仮面が手元にある者の名しか表示することはできなかった（cf. F. Dupont, « L'autre corps de l'empereur-dieu », in Ch. Malamoud, J.-P. Vernant, *Corps des dieux*, Gallimard, 1986, p. 315 *sq*）。

66　Cf. M. Mauss, « Une catégorie de l'esprit humain: la notion de personne, celle de "moi" » [1938], repris in *Sociologie et anthropologie*, PUF, 8e éd. 1983, p. 333 *sq*〔マルセル・モース「人間精神の一つの範疇・人格の概念、《自我》の概念」、『社会学と人類学II』、有地亨、山口俊夫訳、弘文堂、一九七六年、七三頁以下〕.

67　『法学提要』の有名な分類（personœ, res, actiones）を参照のこと。それによれば奴隷は人格に分類されているが、別の箇所では物として扱われている（Gaius, *Institutes*, éd. bilingue par J. Reinach, Les Belles-Lettres, 1991）。

68　Cf. P. F. Girard, *Manuel élémentaire de droit romain*, Rousseau, 5e éd. 1911, p. 91 *sq*.

69　Cf. J. Daniélou, « La notion de personne chez les Pères grecs », in I. Meyerson (dir.), *Problèmes de la personne*, *op. cit.*, p. 114 *sq*.

70　Cf. G. Le Bras, « La personne dans le droit classique de l'Eglise », in I. Meyerson (dir.), *Problèmes de la personne, op. cit.*, p. 189 *sq*.

71　O. von Gierke, *Das deutsche Genossenschaftsrecht*, *op. cit.*; P. Gillet, *La Personnalité juridique en droit canon*, *op. cit.*; E. Kantorowicz, *Les Deux corps du roi*, *op. cit*〔E・カントーロヴィチ『王の二つの身体』、前掲書〕.

72　M. Mauss, « Une catégorie de l'esprit humain… », *op. cit.*, p. 357〔モース「人間精神の一つの範疇」、前掲書、一一二頁〕.

73　Cf. E. Kantorowicz, *Les Deux corps du roi*, *op. cit.*, p. 278 *sq*〔E・カントーロヴィチ『王の二つの身体』、前掲書、三七六頁以下〕.

74　*Ibid.*, p. 326 *sq*〔同上、四四〇頁以下〕. この主題はダンテの後継者たち、とりわけピコ・デッラ・ミランドラによって、『人間の尊厳について（*Oratorio de hominis dignitate*）』の中で展開されることになった。ピコが記すところによれば、「われわれは自分がそうありたいと欲するところのものになるという条件の下に生まれついているからには、われわれの高き責務を蔑ろにして駄獣や理性なき動物に類するものとなってしまったと咎められないように細心の注意を払うことは、われわれの使命である」(Pic de la Mirandole, *De la dignité de l'Homme*, éd. bilingue par Y. Hersant, Combas, Ed. de l'éclat, 1993, p. 13〔ジョヴァンニ・ピコ・デッラ・ミランドラ『人間の尊厳について』、大出哲、阿部包、伊藤博明訳、国文社、一九八五年、二一頁〕)。

75 « Sic ego, hoc mundi theatrum conscensurus, in quo hactenus spectator existi, larvatus prodeo » (Descartes, *Cogitationes privatae* [1619], in *Œuvres*, Vrin, t. X, 1986, p. 213〔ルネ・デカルト「思索私記」、森有正訳、『デカルト著作集』第四巻、白水社、一九九三年、四三七頁〕).

76 Cf. H. Zimmer, *Les Philosophies de l'Inde* [1943], trad. fr. M.-S. Renou, Payot, 1953, p. 188 *sq.*

77 H. Zimmer, *Les Philosophies de l'Inde*, *loc. cit.*

78 *Ibid.*, *loc. cit.*

79 Cf. H. Zimmer, *Les Philosophies de l'Inde*, *op. cit.*, p. 191.

80 Cf. Ph. Arièrs, *L'Homme devant la mort*, Seuil, 1977〔フィリップ・アリエス『死を前にした人間』、成瀬駒男訳、みすず書房、一九九〇年〕. 同著者による注解つきの以下の図像解釈も参照。*Images de l'Homme devant la mort*, Seuil, 1983〔『図説死の文化史　ひとは死をどのように生きたか』、福井憲彦訳、日本エディタースクール出版部、一九九〇年〕.

81 Cf. Ch. Malamoud, *Le Jumeau solaire*, *op. cit.*, p. 67 *sq.*

82 Cf. E. Troeltsch, « L'édification de l'histoire de la culture européenne », in *Religion et histoire*, Genève, Labor et Fides, 1990, p. 141 *sq.* K. Löwith, *Histoire et salut*, *loc. cit*〔レーヴィト『世界史と救済史』〕. 同様の理念はシモーヌ・ヴェイユの著作において批判的に展開されている。「進歩というこれまで知られていなかった概念を世界に導入したのはキリスト教である。そして近代世界の毒となったこの概念が、世界を脱キリスト教化したのだ。この概念を放棄しなければならない」(« Lettre à un religieux » [1942], in *Œuvres*, *op. cit.*, p. 1001〔「ある修道者への手紙」『シモーヌ・ヴェイユ著作集4』、春秋社、一九九八年〕)。

83 L. Wittgenstein, « Remarques sur *Le Rameau d'or* », *op. cit.*, p. 33〔L・ウィトゲンシュタイン、「フレーザー『金枝篇』について」、杖下隆英訳、『ウィトゲンシュタイン全集6』、前掲書、四〇三―四〇四頁〕.

84 Cf. B. Edelman, *Le Sacre de l'auteur*, Seuil, 2004. *Id.*, *La Propriété littéraire et artistique*, PUF, 3e éd. 1999.

85 文化遺産については以下を参照。A.-H. Mesnard, *Droit et politique de la culture*, PUF, 1990, p. 419 sq. F. Choay, *L'Allégorie du patrimoine*, Seuil, 1992.

86 Cf. Alain Supiot, *Critique du droit du travail*, PUF,

« *Quadrige* », 1994, 2e éd. 2002, p. 39 *sq*.

87　自らのアイデンティティを剝奪され、追い詰められた獣の状態に貶められた人間というテーマは、文学的創造の強力な原動力であり続けてきたのであり、古代の神話から、『千匹皮』（系譜の混乱の犠牲者）やグリム童話の熊に変えられた王子たちを経て、ハリウッド映画に至るまで、一貫して見出すことができる。

88　Cf. P. Legendre, *Les Enfants du texte*, *op. cit.*

89　Cf. L. Dumont, *Essais sur l'individualisme*, *op. cit.*, p. 69–70〔デュモン『個人主義論考』、前掲書、八二頁〕.

90　今日における状況の概観については以下を参照のこと。J. Pousson-Petit (dir.), *L'Identité de la personne humaine. Etude de droit français et de droit comparé*, Bruxelles, Bruylant, 2002.

91　P. Bourdieu, *Réponses*, Seuil, 1992, p. 82〔ピエール・ブルデュー、ロイック・J・D・ヴァカン『リフレクシヴ・ソシオロジーへの招待』、水島和則訳、藤原書店、二〇〇七年、一四二頁〕.

92　Cf. A. Pichot, *Histoire de la notion de vie*, Gallimard, 1993.

93　H. Atlan, *La Fin du « tout génétique » ? Vers de nouveaux paradigmes en biologie*, INRA, 1999, p. 52.

94　以下に示唆されていることである。J.-J. Kupiec, P. Sonigo, *Ni Dieu, ni gène. Pour une autre théorie de l'hérédité*, Seuil, 2000.「人間は存在するのか」と問いながら、二人の優秀な生物学者は以下のように答えている。「私たちはこの問いを慎重に分析しなければならない」(*op. cit.*, p. 32 *sq*)。リチャード・ドーキンスはこんな用心をすることなく、存在するのは遺伝子だけだと単刀直入に認めている（R. Dawkins, *Le Gène égoïste*, trad. fr., O. Jacob, 1996〔『利己的な遺伝子』、日高敏隆他訳、紀伊國屋書店、一九九一年〕）。

95　以下で主張されている語源に従うならば、humanitas〔人間〕もまた humare（埋め隠す）に由来する。Vico, *La Science nouvelle*, *op. cit.*, p. 14〔ジャンバッティスタ・ヴィーコ『新しい学1』、上村忠男訳、法政大学出版局、二〇〇七年、一六頁〕.

96　それは慧眼な生物学者たちが認めていることである。彼らによれば倫理は「生物学的なデータとは関係のない選択を引き受ける必要性がますます高まっている」(P. Sonigo; « Une vague idée de l'individualité », in M. Fabre-Magnan, Ph. Moullier, *La Génétique, science humaine*, Belin, 2004, p. 170)。

97　ノルベルト・エリアスによる優れた指摘を思い起こそう。そこで指摘されていたのは、他者および自己の観察におけるデカルト的な分離の動きが、いかにして絶えず一つの姿勢に落ち着いてしまい、すべての他者から切り離され、彼らから独立して在る一存在というヴィジョンを、観察者のうちに生み落としがちであるのかということだった。N. Elias, *La*

Société des individus, op. cit., p. 152 *sq*〔ノルベルト・エリアス著、ミヒャエル・シュレーター編『諸個人の社会』、宇京早苗訳、法政大学出版局、二〇〇〇年、一〇六頁以下〕.

98 *Le Monde*, 27 juin 2000.

99 Cf. P. Legendre, « L'attaque nazie contre le principe de filiation », in *Filiation*, Fayard, 1990, p. 205 *sq*.

100 Cf. J.-C. Guillebaud, *Le Principe d'humanité*, Seuil, 2001.

101 Cf. O. Nishitani, « La formation du sujet au Japon », *op. cit.*

102 ヒトラーが一九二八年二月五日に行った演説。以下の引用による。Louis Dumont, *Essais sur l'individualisme, op. cit.*, p. 178〔ルイ・デュモン『個人主義論考』、前掲書、二四五頁〕.

103 L. Dumont, *Essais sur l'individualisme, op. cit.*, p. 182〔ルイ・デュモン『個人主義論考』、前掲書、二四九頁〕.

104 L. Dumont, *Essais sur l'individualisme, op. cit.*, p. 185〔ルイ・デュモン『個人主義論考』、前掲書、二五三頁〕. エルンスト・トレルチは一九一一年にすでに、諸価値の調和に代わって生存闘争を歴史の動因とする進化論が、「世界の意味に対する宗教的な信仰の、最後のわずかな残滓でしかない」と記していた（Ernst Troeltsch, *Die Bedeutung des Protestantismus für die Entstehung der modernen Welt* [1911], trad. fr. in *Protestantisme et modernité, op. cit.*, p. 116〔E・トレルチ『プロテスタンティズムと近代世界』、前掲書、一三一頁〕）。

105 以下に引用された、ヒトラーユーゲントの教科書。H. Arendt, *Le Système totalitaire, op. cit.*, p. 76〔アーレント『全体主義の起原3 全体主義』、前掲書、ただし当該箇所は邦訳には含まれていない〕.

106 本書第四章を参照。

107 質的に異なるものの側への転倒を意味する、極限への接近の論理的な意味において（cf. R. Guénon, *Les Principes du calcul infinitésimal*, Gallimard, 1946, p. 77 *sq*）。エルンスト・トレルチは二〇世紀初頭にすでに、資本主義の歴史におけるそのような転倒を見抜いていた。「算術的に厳密で、非人間的、略奪的にして同情を欠き、利益のための利益に取り憑かれ、その競争は無慈悲かつ粗暴、打ち破ることを攻撃的に必要とし、商業の支配が各地に定着するのを喜びとともに眺めて勝ち誇るような、資本主義の今日的な発展は、本来の道徳との関係をすっかり失ってしまい、真のカルヴァン主義ともプロテスタンティズムとも真っ向から対立する力に成り果ててしまった」（*Protestantisme et modernité, op. cit.*, p. 94〔E・トレルチ『プロテスタンティズムと近代世界』、前掲書〕）。

108 L. Dumont, *Essais sur l'individualisme, op. cit.*, p. 186〔デュモン『個人主義論考』、前掲書、二五五頁〕.

109 Cf. P. Legendre, « L'attaque nazie... », *loc. cit.*

110　ナチスの収容所の恐怖は、解放時に制作された映画や写真に依拠することができるが、グラーク〔ソ連邦強制収容所〕の記憶や、クラーク〔富農〕虐殺の記憶を維持するためのイメージは、まったくと言っていいほど存在しない。

111　以下の精緻な調査を参照のこと。A. Pichot, *La Société pure. De Darwin à Hitler, op. cit.*

112　Cf. A. Pichot, *Histoire de la notion de gène*, Flammarion, 1999.

113　信頼できるとされている新聞の一面に伝えられた最新の発見により（*Le Monde*, 9 mai 2003, « La mutation du gène FOXP2 pourrait avoir engendré la parole »）、この説明領域において、言語の遺伝子が、同性愛遺伝子、知能遺伝子、暴力性の遺伝子等々の仲間入りをすることになった。これらは今はなき骨相学の、頭蓋骨の数学突起やその他の突起の後継者たちである。

114　Cf. L. Dumont, *Essais sur l'individualisme*, *op. cit.*, p. 292〔デュモン『個人主義論考』、前掲書、三七八頁〕.

115　G. Canguilhem, « Le problème des régulations dans l'organisme et dans la société », *op. cit.*, cité p. 114. 形態の復権によって新たに生物学に開かれた視座については、シェルドレイクが展開した形態形成場の概念を参照のこと。R. Sheldrake, *Une nouvelle science de la vie. L'hypothèse de la causalité formative*, Monaco, Ed. du Rocher, 1985〔ルパート・シェルドレイク『生命のニューサイエンス　形態形成場と行動の進化』、新装版、幾島幸子、竹居光太郎訳、工作舎、二〇〇〇年〕.

116　「生を制定する（vitam instituere）」という概念については以下を参照。P. Legendre, *Les Enfants du texte*, *op. cit.*, p. 87 *sq. Id.*, *Sur la question dogmatique en Occident*, *op. cit.*, p. 106 *sq.*

117　ローマ法における類と種の区別については以下を参照。J.-H. Michel, *Les Instruments de la technique juridique*, Cahiers du Centre de recherches en histoire du droit et des institutions, Bruxelles, Publications des facultés universitaires Saint-Louis, 2002, p. 3 *sq.* キケロの定義によれば、「類とは何らかの共通の要素によって類似しているが、種は異なる、二つないしそれ以上の数の諸部分を集めるものである」（*De oratore*〔『弁論家について』〕, 1, 42, 188）。

118　この権利は破毀院総会によって正式に認められた（Cass., Ass. Plén., 11 déc. 1992, *Bulletin civil*, 1992, n° 13, *Gazette du Palais*, 1993, 1, jur. 180, concl. Jéol.）。民籍の不可処分性の原則を退けたこの総会は、性転換者の私生活の保護に関する欧州人権裁判所の求め（CEDH, 25 mars 1992, Botella c/France, *Recueil Dalloz*, 1993, J, 101, note Marguénaud）のさらに先にまで行くものだった。

119　Cf. J.-P. Dupuy, *Pour un catastrophisme éclairé. Quand l'impossible est certain*, Seuil, 2002〔ジャン＝ピエール・デュピュイ『ありえないことが現実になるとき　賢明

な破局論にむけて』桑田光平、本田貴久訳、筑摩書房、二〇一二年).

120 法学者たちお得意の二部構成がこのイデオロギーをあからさまに示している。彼らは諸人格のアイデンティティの問題の一覧を作成しようとするときには、(法によって)「課せられたアイデンティティ」と(個人によって)「選ばれたアイデンティティ」を区別するのだ。以下を参照。J. Pousson-Petit (dir.), *L'Identité de la personne humaine*, *op. cit.* こうして人々のアイデンティティの保証人としての法は、法学者たちの精神においては、「アイデンティティ感情」の個人的な探求の前にかすんでしまう (cf. D. Gutmann, *Le Sentiment d'identité. Etude de droit des personnes et de la famille*, LGDJ, 1999)。

121 「信仰の到来以前は、私たちは〈法〉の保護下に置かれて、現れるべき信仰から距離を取らされていた。こうして〈法〉が私たちにとっての教師の役割を果たしてきたのである。[…] しかし信仰が到来すれば、私たちはもはや教師の下にあるのではない」『ガラテヤ人への手紙』三・二三―二五。

122 性差は「イデオロギー」であり、「私たちの平等主義的、普遍主義的な展望とは相容れない」(Association Mix-Cité Paris [性の平等のための男女共同の運動], « Quels parents pour demain ? », *Le Monde*, 19 juin 2001, p. 15)。法的な性の区別は「余分」であるとの主張は、今日では国立科学研究センター(CNRS)の法学者たちによりメディアで展開されている(以下を参照。M. Iacub, « Filiation: le triomphe des mères », *Le Monde des Débats*, mars 2000, p. 16–17)。また高等師範学校の社会学者たちによれば、人間存在を性的同一性に閉じ込める代わりに、各自が自由に選ぶ「性的オリエンテーション」が必要とのことである(以下を参照。E. Fassin, « Les pacsés de l'an I », *Le Monde*, 14 oct. 2000, p. 20)。

123 M. Iacub, *Le Monde*, 9–10 mars 2003.

124 「性の平等の確立の必要性が、女性の母性的なもののラディカルな脱制度化を求めたのと同じように、セクシュアリティの平等や親の平等は、母性の脱制度化や、子供の教育における異性カップルの脱制度化を必要としている」(« Quels parents pour demain ? », *op. cit.*)。同様にCNRSの法学者たちによるフランス法の遅れについての批判も参照。彼らによればフランス法はまだ「女性たちを子供という古典的で第一の執着から解放」しておらず、「「人間の補完的な二半分」という、古いイデオロギー特有の有性の二主体という制度を継続し、固定している」(M. Iacub, « Filiation… », *op. cit.*, p. 17)。

125 「子供の弱さとその「特別な」地位についての議論は、女性の自律を阻む「弱い性」という議論と同じである」(« Quels parents pour demain ? », *op. cit.*)。子供の権利条約(国連、一九八九年)は不幸にもこの方向に与している。この条約が子供を、すべての権利(結社の自由、良心の自由、思想の自由、信教の自由、表現の自由、平和集会の自由等）を有しながら、子供であることの権利だけは持たない、ミニ大人として扱っているからである。

126 Cf. F. de Singly, « Le contrat remplace la lignée », *Le Monde des Débats*, mars 2000, p. 19. この著名な社会学者は、近親姦の禁止は歴史的な特質であり、現代人はいずれそれから自由になることもありうると語ってもいた（« La suite dans les idées », *France Culture*, 14 mars 2002）。

127 フランスで社会科学高等学院（ＥＨＥＳＳ）の一部の法学者たちによって要求されている。彼らは自由を「譲渡不能な狂気への権利のようなもの」として定義している（O. Cayla, Y. Thomas, *Du droit de ne pas naître*, Gallimard, 2002, p. 65 *sq*）。

128 V・ナウム＝グラプ（V. Naoum-Grappe）とP・ジュアネ（P. Jouannet）の主宰によるシテ科学博物館（Cité des sciences）のセミナー『生殖、セクシュアリティ、親子関係（*Procréation, sexualité et filiation*）』、二〇〇三年一月から三月。

129 Cf. Ph. d'Iribarne, *Vous serez tous des maîtres. La grande illusion des temps modernes*, Seuil, 1996.

130 G. Canguilhem, « Le problème des régulations dans l'organisme et dans la société », *op. cit.*, p. 106 *sq*.

131 この概念については以下を参照。P. Legendre, *L'Empire de la vérité*, *op. cit.*, p. 29 *sq*〔ピエール・ルジャンドル『真理の帝国』、前掲書、五六頁以下〕.

132 本書第四章参照。

133 N. Elias, *La Société des individus*, *op. cit.*, p. 120〔ノルベルト・エリアス著、ミヒャエル・シュレーター編『諸個人の社会』、前掲書、九〇頁〕.

第二章

1 起源の不明瞭なイウスという語は、もっとも一般的な意味においては正義の慣用句であり、このためにエミール・バンヴェニストは次のように主張することになった。「〝法権利〟を構成するのは常に、それを行うことではなく、宣告することである」（E. Benveniste, *Vocabulaire des institutions indo-européennes*, Minuit, 1969, t. II, p. 114〔エミール・バンヴェニスト『インド＝ヨーロッパ諸制度語彙集Ⅱ』、前田耕作監修、蔵持不三也ほか訳、言叢社、一九八七年、一〇七頁〕）。同様にA・マグドレンも参照のこと。それによれば「古代ローマでは法権利とは言語だった」（A. Magdelain, *Jus imperium auctoritas. Etudes de droit romain*, Rome, Ecole française de Rome, 1990, p. 33 *sq*）。

2 Cf. N. Elias, *La Dynamique de l'Occident*, [1969], trad. fr., Calmann-Lévy, 1975, p. 324〔ノルベルト・エリアス『文明化の過程・下』波田節夫ほか訳、法政大学出版局、一九七八年〕.

3 M. Granet, *La Pensée chinoise, op. cit.*, cité p. 475–476（強調はグラネによる）.

4 M. Granet, *La Pensée chinoise, loc. cit.*

5 以下のとりわけ第一部「社会と官僚制」を参照。E. Balazs, *La Bureaucratie céleste*, Gallimard, 1968, p. 15 *sq*〔E・バラーシュ『中国文明と官僚制』、村松祐次訳、みすず書房、一九七一年、ただし当該箇所は邦訳書には未収録〕.

6 Cf. J. Escarra, *Le droit chinois, op. cit.* これほど断定的ではない以下の観点も参照。Xiaoping Li, « L'esprit du droit chinois: perspectives comparatives », *Rev. internat. dr. comp.*, 1–1997, p. 7 *sq*. 用語分析については以下を参照。Tche-hao Tsin, « Le concept de "loi" en Chine », *Archives de philosophie du droit*, t. 25, p. 231. 現代的な展開については以下を参照。X.-Y. Li-Kotovtchikhine, (dir.), *Les Sources du droit et la réforme juridique en Chine*, Litec, 2003, bilingue fr.-angl.

7 L. Vanermeersh, *La Formation du légisme, op. cit.*; *id.*, « An inquiry into Chinese conception of the law », *The Scope of State Power in China*, London, European Science Foundation, St. Martin's Press, 1985, p. 3–26.

8 F. Kafka, *In der Strafkolonie*, in *Ein Landarzt und andere Erzählungen*, Gallimard, « Folio bilingue », 1996, p. 23 *sq*〔フランツ・カフカ「流刑地にて」、『カフカ短篇集』、池内紀編訳、岩波文庫、一九八七年、五〇頁以下〕.

9 以下の引用より。L. Vandermeersch, *La Formation du légisme, op. cit.*, p. 200.

10 『使徒行伝』一五・一―三四、聖パウロ『ローマの信徒への手紙』二・二五以下を参照。「汝が法に背けば、汝の割礼は無割礼となる［…］割礼とは体に見えるものではない」。この議論のその意味については、以下を参照。J. Taubes, *Die politische Theologie des Paulus* [1993], trad. fr. *La Théologie politique de Paul. Sch,itt, Benjamin, Nietzsche et Freud*, Seuil, 1999〔ヤーコプ・タウベス『パウロの政治神学』、高橋哲哉、清水一浩訳、岩波書店、二〇一〇年〕; P. Legendre, *Les Enfants du texte, op. cit.*, spéc. p. 220 et 243.

11 中国のいわゆる百刻みの刑に対して割かれた以下のページを参照。*Les Larmes d'Eros*, J.-J. Pauvert, nouvelle éd. 1971, p. 239 *sq*〔ジョルジュ・バタイユ『エロスの涙』、森本和夫訳、ちくま学芸文庫、二〇〇一年、三一〇頁以下〕. あるいはジル・ド・レの処刑について割かれた以下のページを参照。*Gilles de Rais*, J.-J. Pauvert, 1965, p. 92 *sq*〔ジョルジュ・バタイユ『ジル・ド・レ論　悪の論理』、伊東守男訳、二見書房、一九六九年、一五二頁以下〕.

12 以下を参照。*Surveiller et punir*, Gallimard, 1975, p. 9 *sq*〔ミシェル・フーコー『監獄の誕生』、田村俶訳、新潮社、一九七七年、九頁以下〕.

13 このような主観的な権利の不在は、当然ながら主観的ではなく客観的な責任の概念を導き出すことになる（この点については以下を参照。J. Gernet, *L'Intelligence de la Chine. Le social et le mental*, Gallimard, 1994, p. 70 *sq*. また日本については以下の名著を参照。M. Pinguet, *La Mort volontaire au Japon, op. cit.*, p. 49 *sq*〔モーリス・パンゲ『自死の日本史』、前掲書、特に一一一頁以下〕）。

14　A.-G. Haudricourt, *La Technologie, science humaine, op. cit.*, p. 285.

15　A.-G. Haudricourt, « Domestication des animaux, culture des plantes et traitement d'autrui », *L'Homme*, 1962, p. 40–50; 以下に再録。*La Technologie, science humaine, op. cit.*, p. 277 *sq*.

16　『農書』。以下の引用より。A.-G. Haudricourt, *La Technologie, science humaine, op. cit.*, p. 284.

17　*Ethique à Nicomaque*, VIII, 2〔アリストテレス『ニコマコス倫理学』、下巻、高田三郎訳、岩波文庫、九六頁〕. 以下の引用より。A.-G. Haudricourt, *La Technologie, science humaine, op. cit.*, p. 282.

18　たとえばプラトンが政治術の起源を考えるために持ち出した、神の牧者と人の牧者との比較を参照（*Le Politique, op. cit.*, p. 362 *sq*〔プラトン「ポリティコス（政治家）」、前掲書、二四九頁以下〕）。

19　*Les Entretiens de Confucius*, XIII-6, trad. P. Ryckmans, Gallimard, 1987, p. 72〔『論語』、金谷治訳注、岩波文庫、一九九九年、二五二頁〕.

20　以下の引用より。S. Van der Sprenkel, *Legal Institutions in Manchu China: A Sociological Analysis*, London, Athlone, 1966, p. 77.

21　Montesquieu, *L'Esprit des lois*, I, 1, in *Œuvres complètes*, Gallimard, « Bibliothèque de la Pléiade », t. II, 1951, p. 232〔モンテスキュー『法の精神』、上巻、野田良之ほか訳、岩波文庫、一九八九年、三九頁〕.

22　Montesquieu, *L'Esprit des lois, loc. cit*〔『法の精神』、前掲書、四八頁〕.

23　とはいえこの主題について以下を参照。Chr. Atias, *Epistémologie juridique*, PUF, 1985, spéc. p. 99 *sq*.

24　とりわけ以下を参照。R. Draï, M. Harichaux (dir.), *Bioéthique et droit*, PUF, 1988; G. Braibant (dir.), *Science de la vie. De l'éthique au droit*, étude du Conseil d'Etat, La Documentation française, 1988; N. Lenoir, *Aux frontières de la vie: une éthique biomédicale à la française*, rapport au Premier ministre, La Documentation française, 1991; Cl. Neirinck, *De la bioéthique au bio-droit*, LGDJ, 1994. 今日では道徳よりも倫理の方が積極的に語られるようになっている。これはおそらく倫理が技術や数学、物理学や生物学（「生命倫理」を見よ）の語彙場に属するため、論理的な世界に導いてくれるのに対し、道徳（morale）は死（mort）と喘ぎ声（râle）の残滓によって、底知

れぬもののほとりへと導かれてしまうからであろう。国家倫理委員会ならば安心する者もいるが、国家道徳委員会では誰もが怯えてしまうだろう。

25　豊富な書誌の中から、とりわけ以下を参照。J.-L. Baudouin et C. Labrusse-Riou, *Produire l'homme: de quel droit ?*, PUF, 1987; B. Edelman, M.-A. Hermitte, C. Labrusse-Riou, M. Rémond-Gouilloud, *L'Homme, la nature et le droit*, C. Bourgois, 1988; C. Labrusse-Riou (dir.), *Le Droit saisi par la biologie. Des juristes au laboratoire*, LGDJ, 1996; B. Feuillet-Le Mintier, *Normativité et biomédecine*, Economica, 2003. これに加えて以下の雑誌特集号も参照。« Biologie, personne et droit », *Droits*, 13, PUF, 1991; « Droit et science », *Archives de philosophie du droit*, tome 36, 1991.

26　この点について以下を参照。M. Fabre-Magnan, Ph. Moullier (dir.), *La Génétique, science humaine*, *op. cit.*

27　J. Needam, « La loi humaine et les lois de la nature » (1re publication in *Journal of History of Ideas*, 1951, 12, 3, p. 194), trad. fr. in *La Science chinoise et l'Occident*, Seuil, 1973, p. 204 *sq*〔ジョゼフ・ニーダム『文明の滴定　科学技術と中国の社会』、橋本敬造訳、法政大学出版局、一九七四年、三二七頁以下〕.

28　Cf. J. Needam, « La loi humaine... », *op. cit.*, p. 215〔J・ニーダム、前掲書、三三二―三三三頁〕. ハンムラビ法典がこのような表象と同時代であることは強調されてしかるべきである。ハンムラビ法典はその体系的な様式により科学思想の先駆者とみなされたこともある。以下を参照。J. Bottéro, *Mésopotamie. L'écriture, la raison et les dieux*, Gallimard, 1987, p. 191 *sq*〔ジャン・ボテロ『メソポタミア　文字・理性・神々』、松島英子訳、法政大学出版局、二〇〇九年、二三三頁以下〕.

29　メソポタミアの宇宙開闢神話と聖書の創世記との関係については以下を参照。J. Bottéro, *La Naissance de Dieu. La Bible et l'historien*, Gallimard, nouvelle éd. 1992〔ジャン・ボテロ『神の誕生　メソポタミア歴史家がみる旧約聖書』、角山元保訳、ヨルダン社、一九九八年〕.

30　Digeste〔『学説彙纂』〕, 1, 1, 1, 3.

31　中世の動物裁判の慣行については以下を参照。M. Pastoureau, *Une histoire symbolique du Moyen Age occidental*, Seuil, 2004〔ミシェル・パストゥロー『ヨーロッパ中世象徴史』、篠田勝英訳、白水社、二〇〇八年〕.

32　*Discours de la méthode* [1637], cinquième partie（*Œuvres et lettres*, Gallimard, « Bibliothèque de la Pléiade », 1953, p. 153-154）〔デカルト『方法序説』、谷川多佳子訳、岩波文庫、一九九七年、五八頁〕.

33　J. Needham, « La loi humaine... », *op. cit.*, p. 238-239〔ニーダム『文明の滴定』、前掲書、三六五頁〕.

34　デカルト自身が、メルセンヌ神父への書簡において、数学的真理に関して「神がこの法を自然のうちに打ち立て、王が法を王国のうちに打ち立てる」と記すことにより、こうした接近を行っている（一六三〇年四月一五日の書簡。*Œuvres et lettres*, *op. cit.*, p. 933）。デカルトの自然法理念については、以下の精緻な考察も参照のこと。P. Thuillier, *La Grande Implosion*, Fayard, 1995, spéc. p. 280 *sq*. またボダンにおける主権の理念については、本書第五章を参照。

35　Cf. J. Needam, « La loi humaine… », *op. cit.*, p. 222–223〔ニーダム『文明の滴定』、前掲書、三三九頁〕. ニーダムはこの箇所でエドガー・ツィルゼルの仕事を参照している（ツィルゼルのとりわけ以下を参照。Edgar Zilsel, « The genesis of the concept of physical law », *The Philosophical Review*, May 1942）。このような科学史と制度史の関係は目新しいものではない。星辰の立法者という理念と、ハンムラビ時代の政治的集中の関係についてはすでに述べた。もう少し後代では、ストア派の普遍法の教説は、アレクサンダー大王による征服を追うようにして発展した。

36　Cf. E. Kantorowicz, *Les Deux Corps du roi*, *op. cit.*〔エルンスト・H・カントーロヴィチ『王の二つの身体』、前掲書〕; P. Legendre, *La Pénétration du droit romain dans le droit canonique classique*, Jouve, 1964; *id.*, *Les Enfants du texte*, *op. cit.*, spéc. p. 237 *sq.* ; H.J. Berman, *Law and Revolution. The Formation of the Western Legal Tradition*, Cambridge, Mass., Harvard University Press, 1983（trad. fr. R. Audouin, *Droit et Révolution*, Aix, Librairie de l'université d'Aix-en-Provence, preface de Chr. Atias, 2002); spéc. p. 85 *sq*〔ハロルド・J・バーマン『法と革命I』、宮島直機訳、中央大学出版部、二〇一一年、特に一一一頁以下〕. バーマンもまた法の研究のうちに実験科学の原型を見出しているが、この領域においてグレゴリウスの革命が果たした役割を見誤っているとしてニーダムを批判している（*op. cit.*, p. 151 *sq.*, et note 78 p. 587〔前掲書、一九六頁以下および二一二頁の注七八〕）。

37　ピエール・ルジャンドルはこのように形容している（*Les Enfants du texte*, *loc. cit.*）。

38　モンテスキューのはるか以前に、グラティアヌスは区別と階層化を行っている。(a)神の法（啓示により到達可能）。(b)やはり神の意志を説明するが、人間理性によって到達可能な、自然の法（ius naturale）。(c)前二者のいずれにも背くことのできない、人間の法（王子たちの法と教会の法）（cf. H.J. Berman, *Law and Revolution*, *op. cit.*, p. 145〔バーマン『法と革命I』、前掲書、一八四頁〕）。

39　アベラールの知的貢献については、以下の国際シンポジウムの記録を参照のこと。J. Jolivet, P. Habrias (dir.), *Pierre Abélard à l'aube des universités*, Nantes, Presses de l'université de Nantes, 2001.

40　原因説がある程度の地位を保っているのは民法だけである。つまり契約法と責任問題においてだけだ（以下を参照。J.

Carbonnier, *Droit civil*, t. IV, *Les Obligations*, PUF, 20e éd., 1996, § 58 *sq.* et 213 *sq.* 同書の文献リストも参照）。

41 Cf. P. Legendre, *Le Désir politique de Dieu. Etude sur les montages de l'Etat et du Droit*, Fayard, 1988, p. 21.

42 H・J・バーマンが disembeddedness〔取り外し〕という概念を用いている。以下を参照。H.J. Berman, *Law and Revolution*, *op. cit.*, p. 121〔バーマン『法と革命Ⅰ』、前掲書、一五六頁〕.

43 E. Panofsky, « Die Perspektive als symbolische Form », in *Vorträge der Bibliothek Warburg*, Leipzig, 1927, p. 258–330, trad. fr. *La Perspective comme forme symbolique*, Minuit, 1975, cité p. 180〔エルヴィン・パノフスキー『〈象徴《シンボル》形式〉としての遠近法』、木田元監訳、川戸れい子、上村清雄訳、ちくま学芸文庫、二〇〇九年、七六頁〕.

44 確かに遠近法のヴィジョンは宗教芸術から以下を取り除いてしまう。すなわち「芸術作品が自ら奇跡を惹き起こすことになる呪術的なものの領域や、芸術作品が奇跡を預言もしくは奇跡の存在を証言する、ドグマ的・象徴的なものの領域」である（cf. E. Panofsky, *La Perspective...*, *op. cit.*, p. 181〔パノフスキー、前掲書、七七頁〕）。

45 *Ibid.*, p. 160〔同書、七〇―七一頁〕.

46 デカルトを読む限り、神もまた国家に先立って tu patere legem quam ipse fecisti（「汝自身の法に甘んじよ」）の規則に従っているようである。「神がこれらの［数学的］真理を打ち立てたのだとしたら、自らの法を作る王と同じように、それらの真理を変えることもできるだろうと言う人もいるでしょう。これに対しては、神の意志が変わるのならば然りであると答えなければなりません。ですが私はそれらの真理が永遠で不変であると理解しています。そして私は神もまた同じであると判断します」（マルセンヌ宛の書簡、一六三〇年四月一五日。*Œuvres et lettres*, *op. cit.*, p. 934）。

47 とりわけオッカムのウィリアムの唯名論的批判からデカルト的コギトまでの経過については以下を参照。H. Blumenberg, *La Légitimité des temps modernes*, trad. de la 2e éd. allemande [1988], Gallimard, 1999, p. 164〔ハンス・ブルーメンベルク『近代の正統性Ⅰ』、法政大学出版局、斎藤義彦訳、一九九八年、二二一頁〕. この箇所では以下のように述べられている。「唯名論が人間にとって頼りになる宇宙の根本的な破壊をもたらしていたからこそ、自然についての機械論哲学が、自己の確立の道具とみなされえたのである」。

48 この概念については以下を参照。P. Legendre, *Les Enfants du texte*, *op. cit.*, p. 254 *sq.*

49 周知のようにこれがライプニッツ、グロティウス、ホッブズ、プーフェンドルフらの目標だった。以下を参照。A. Dufour, « La notion de loi dans l'Ecole du Droit naturel moderne », *Arch. de philo. du droit*, t. 25, p. 212 *sq.*

50 この指摘はジャン・ドンブル（Jean Dhombres）の教示による（communication au séminaire de la MSH Guépin

sur le fait national, 1995)。

51　本書第五章を参照。

52　Cf. Luther, *Von der Freiheit eines Christenmenschen* [1520], éd. bilingue *De la liberté du chrétien*, Seuil, 1996, voir §8 et 9, p. 34 *sq*〔マルティン・ルター『新訳キリスト者の自由・聖書への序言』、石原謙訳、岩波文庫、一九五五年、一八頁以下〕. Saint Paul, *Epître aux Romains*〔パウロ『ローマの信徒への手紙』〕.「法のないところには、侵犯もない」(IV,15)。「法がなければ罪を背負わされることもない」(V,13)。「私は法を通してしか罪を知らない。そして法が以下のように述べていなければ、渇望を知ることもなかったろう。「欲しがるな！」」(VII)。

53　『審判』の全テキストの中でカフカが生前に発表したのはこの物語だけである。死後に刊行された版では第九章に掲載されている（以下を参照。Kafka, *Œuvres complètes*, t. I, Gallimard, « Bibliothèque de la Pléiade », p. 453-455〔カフカ「掟の門」、『カフカ短篇集』、前掲書、九—一三頁〕)。

54　この版画と、書斎の聖ヒエロニムスを描いた版画との関係については以下を参照。E. Panofsky, *La Vie et l'Œuvre d'Albrecht Dürer*, 1re éd. 1943, trad. fr., Hazan, 1987, p. 237-265〔アーウィン・パノフスキー『アルブレヒト・デューラー　生涯と芸術』、中森義宗、清水忠訳、日貿出版社、一九八四年、一五一—一七三頁〕.

55　E. Panofsky, *La Perspective*..., *loc. cit*〔パノフスキー『〈象徴形式《シンボル》〉としての遠近法』、前掲書〕.

56　『実証主義者の教理問答』に要約された彼のテーゼを参照。Auguste Comte, *Catéchisme positiviste* [1852], *op. cit.*, notamment p. 238 *sq*. まずは『社会再組織のための科学的研究プラン』（以下に収録。*Appendice général du système de politique positive*, *op. cit.*, p. 47 *sq*〔『コント・コレクション　ソシオロジーの起源へ』、杉本隆司訳、白水社、二〇一三年、八九頁以下〕）において一八二二年に定式化された三態（神学的、形而上学的、実証的）の法は、とりわけ彼の『実証主義哲学講義』において語られている。Auguste Comte, *Cours de philosophie positive* [1830-1842], t. II, *Physique sociale*, présentation et notes de J.-P. Enthoven, Hermann, 1975, spéc. la 51 leçon, p. 202 *sq*.

57　Cf. W. Lepenies, *Die drei Kulturen. Soziologie zwischen Literatur und Wissenshaft*, München, Hanser, 1985, trad. fr. *Les Trois Cultures*, MSH, 1990〔ヴォルフ・レペニース『三つの文化』、松家次朗、吉村健一、森良文訳、法政大学出版局、二〇〇二年〕.

58　この批判のもっとも知的でもっとも体系的な提示は、おそらく以下に見出すことができる。E.B. Pasukanis, *La Théorie générale du droit et le marxisme*, *op. cit*〔パシュカーニス『法の一般理論とマルクス主義』、前掲書〕.

59　以下に立ち戻ること。P. Legendre, *La 901e Conclusion. Etude sur le théâtre de la Raison*, Fayard, 1998, p. 95.

60　*Tractatus de legibus* [1612]. 以下の引用より。J. Needham, « La loi humaine », *op. cit.*, p. 221〔ニーダム『文明の滴定』、前掲書、三四三頁〕. スアレスについては以下も参照のこと。J.-L. Vullierme, « La loi dans le droit, les sciences, la métaphysique », « La loi », *Archives de philosophie du droit*, t. XXV, Sirey, 1980, p. 47 *sq.*, p. 55. M. Bastit, *Naissance de la loi moderne. La pensée de la Loi de saint Thomas à Suarez*, PUF, 1990.

61　このようなシステムが依拠するのはもはや合法や非合法、許されたものや禁じられたものといった範疇ではなく、正常と病理というそれである。ソ連で実施されていたような「白衣の司法」（つまり対立者や反対者の精神病棟への収容）は、このような理性原理の転覆の好例である（これについてはすでに以下に記した。Alain Supiot, *Critique du droit du travail, op. cit.*, 3e partie: « Le légal et le normal », p. 187 *sq*)。

62　以下の引用より。H. Arendt, *Le Système totalitaire, op. cit.*, note 52, p. 260〔アーレント『全体主義の起原3　全体主義』、前掲書、三八二―三八三頁〕.

63　Hitler, *Mein Kampf*. 引用はシモーヌ・ヴェイユによる。彼女によれば「これらの行文は非の打ちどころのない流儀で、われわれの科学に組みこまれている世界の構想から合理的に導きうる唯一の結論を表明する。ヒトラーの全生涯はこの結論の具現化にすぎない」（Simone Weil, *L'Enracinement, op. cit.*, p. 1177-1178〔シモーヌ・ヴェイユ『根をもつこと』、下巻、前掲書、八九―九〇頁〕）。

64　この表現については以下を参照。V. Klemperer, *LTI. Notizbuch eines Philologen*, Leipzig, Reclam Verlag, 1975, trad. fr. *LTI, la langue du IIIe Reich*, Albin Michel, 1996, p. 197 *sq*〔ヴィクトール・クレムペラー『第三帝国の言語〈LTI〉　ある言語学者のノート』、羽田洋ほか訳、法政大学出版局、一九七四年、二一四頁以下〕. このような思考の図式は、戦後に消滅するどころか、今日でも繁栄を続けている。「人的資源」とはもはや言われなくとも、「人的資本」などと言われることで、知らず知らずのうちにスターリンの語彙が拝借されている。

65　H. Arendt, *Le Système totalitaire, op. cit.*, p. 185〔アーレント『全体主義の起原3　全体主義』、前掲書、二五七頁〕.

66　Hitler, *Mein Kampf*, trad. fr. Nouvelles éd. latines, 1982, p. 393〔アドルフ・ヒトラー『わが闘争2』、平野一郎、高柳茂訳、黎明書房、一九六一年、一八九頁〕.

67　以下の引用より。H. Arendt, *Le Système totalitaire, op. cit.*, p. 76〔アーレント『全体主義の起原3　全体主義』、前掲書、邦訳に含まれない箇所〕.

68　*Ibid.*, p. 286〔同上、四一一頁〕.

69　*Ibid.*, p. 258〔同上、三八〇頁〕.

70　この点で典型的なのがアイヒマンの場合である。以下を参照。H. Arendt, *Eichmann à Jérusalem* [1re éd. 1963], trad fr., Gallimard, 1966〔ハンナ・アーレント『イェルサレムのアイヒマン』、大久保和郎訳、みすず書房、一九六九年〕. アーレントが強調するように、SSたちが自らの行為の恐怖について沈黙を強いていたことは、彼らの問題の一つである。たとえばヒムラーは次のように述べていた。「われわれが諸君に期待しているのは超人的なこと、つまり超人的に非人間的であることだ」(*op. cit.*, p. 175〔前掲書、八三頁〕)。

71　H. Arendt, *Le Système totalitaire*, *op. cit.*, p. 211〔アーレント『全体主義の起原3　全体主義』、前掲書、二九七頁〕.

72　H. Arendt, *The Image of Hell* [1946], trad. fr. in *Auschwitz et Jérusalem*, Deuxtemps Tierce, 1991, cité p. 154–155〔「地獄絵図」、矢野久美子訳、『アーレント政治思想集成1』、みすず書房、二〇〇二年、二七二頁〕. ナチスの大虐殺の記憶の利用と濫用については、以下の仔細な分析を参照。T. Todorov, *Les Abus de la mémoire*, Arléa, 1995.

73　法学者たちの間での「中立的で客観的な」法実証主義の猛威については以下を参照。D. Lochak, « La doctrine sous Vichy ou les mésaventures du positivisme », *op. cit.* : Chr. Jamin, « L'oubli et la science », *op. cit.* 以下によって展開された実証主義批判も合わせて参照。L. Fuller, *The Morality of Law*, Haven, Yale University Press, 1964. 今日でもなお多くの法学者たちが、法技術の中立性というしぶとい学説を蘇らせようと頑張っているが（以下を参照。M. Troper, « La doctirne et le positivisme » [à propos d'un article de Danièle Lochak], in D. Lochak *et al.*, (dir.), *Les Usages sociaux du droit*, PUF, 1989, p. 291; Y. Thomas, « Le sujet de droit, la personne et la nature », *Le Débat*, 100, mai-août 1998, p. 85 *sq*)、法技術とはあらゆる技術と同様に、その着想をもたらした目的に照らし合わせなければ意味をなさないということが忘れられている。

74　以下の引用より。H. Arendt, *Le Système totalitaire*, *op. cit.*, p. 124〔アーレント『全体主義の起原3　全体主義』、前掲書、一六〇頁〕.

75　以下を参照。M. Rebérioux, « Le génocide, le juge et l'historien », *L'Histoire*, 138, nov. 1990, p. 93. 加えて以下も参照。J.-P. Le Crom et J.-C. Martin (dir.), *Vérité historique, vérité juridique*, in *Droit et Société*, 38, 1998.

76　P. Legendre, *La 901e Conclusion*, *op. cit.*, cité p. 139.

77　これはレヴィ＝ストロースの表現である。C. Lévi-Strauss, *Anthropologie structurale*, Plon, 2e éd. 1974, p. 374〔クロード・レヴィ＝ストロース『構造人類学』、荒川幾男ほか訳、みすず書房、一九七二年、三四六頁〕.

78　R. Musil, *L'Homme sans qualités*, trad. fr. Ph. Jaccottet, Seuil, t. I, 1982, p. 45〔ムージル『特性のない男』、第1巻、加藤二郎訳、松籟社、一九九二年、四五頁〕.

79　R. Pérez, présentation de l'ouvrage d'Ibn Khaldûn, *La Voie et la Loi, ou le maître et le juriste*, Sindbad, 1991, cité p. 58.

80 Cf. T. Kuhn, *The Structure of Scientific Revolutions*, Chicago, University of Chicago Press, 2e éd., 1970, trad. fr. *La Structure des révolutions scientifiques*, Flammarion, 1983〔トーマス・クーン『科学革命の構造』、中山茂訳、みすず書房、一九七一年〕.

81 R. Pérez, présentation d'Ibn Khaldûn, *La Voie et la Loi …, op. cit.*, p. 14.

82 M. Weber, *Wissenschaft als Beruf* [1919], trad. fr. *Le Savant et le Politique*, Plon, 1959, 10/18, p. 77〔マックス・ウェーバー『職業としての学問』、尾高邦雄訳、岩波文庫、一九八〇年、四四頁〕.

83 法に自分の名前をつけようとするのはもはや政治家だけではない（蛇足ながら共和国法の個人化は悪化している。ワルデック＝ルソー法は一つだったが、オルー法は四つで、オブリー法はいくつになるのか？）。科学の方では法則に名前をつけることは断念されているようだが（ケプラー、ニュートンやラプラスのような）、著者を不死身にするような理論や概念への命名はそうではない。ルネサンスから広がり始めた、作品の個人化という巻物は、まだ末端ではないのだ。

84 In *Gombrowicz*, Cahier de l'Herne, s.d., p. 228.

85 以下で引用されているヤコブソンより。C. Lévi-Strauss, *Anthropologie structurale, op. cit.*, p. 100〔レヴィ＝ストロース『構造人類学』、前掲書、九三頁〕（強調はシュピオによる）.

86 C. Lévi-Strauss, *Anthropologie structurale, op. cit.*, p. 71〔レヴィ＝ストロース『構造人類学』、前掲書、六三頁〕（強調はシュピオによる）.

87 *Ibid.*, p. 74〔同上、六五頁〕.

88 *Ibid.*, p. 107〔同上、一〇〇頁〕.

89 Cité *ibid.*, p. 334-335〔同上、三〇六—三〇七頁〕.

90 法学者に対してすら！ 以下を参照。A.-J. Arnaud, *Essai d'analyse structurale du Code civil français. La règle du jeu dans la paix bourgeoise*, LGDJ, 1973, préface de M. Villey et postface de G. Mounin.

91 C. Lévi-Strauss, *Anthropologie structurale, op. cit.*, p. 353〔レヴィ＝ストロース『構造人類学』、前掲書、三二五頁〕（強調は原著による）。ゲーム理論への言及にも注意のこと。この理論も諸規則のシステムという理念の上に成り立っている。

92 J.-C. Perrot, *Une histoire intellectuelle de l'économie politique* (*XVIIe-XVIIIe siècle*), EHESS, 1992, p. 335.

93 どちらも人類に特有の、言葉の交換と財産の交換との類推は、すでにアダム・スミスの中にも見受けられる（ロックやヒューム、テュルゴーやコンディヤックらの思想家に見受けられる、言語と貨幣の比較が古くからあったことを強調した以下を参照。J.-C. Perrot, *Une histoire intellectuelle…, op. cit.*, p. 333）。

94 G.S. Becker, *The Economic Approach to Human Behavior*, Chicago, University of Chicago Press, 1976.

95　「最大化行動、市場の均衡、変化しない性向という関連しあう仮説が、情け容赦なく決然と用いられることにより、経済学的アプローチの核心を形成する［…］。このアプローチと関係する多くの定理の責任は、これらの仮説が担っている」(G.S. Becker, *The Economic Approach to Human Behavior, op. cit.*, p. 5)。

96　A. Smith, *Recherches sur la nature et les causes de la richesse des nations* [1re éd. 1776]〔アダム・スミス『国富論』、水田洋監訳、岩波文庫、二〇〇〇―二〇〇一年〕, trad. fr., Gallimard, 1976, cité par J.-C. Perrot, *Une histoire intellectuelle..., op. cit.*, p. 335. ゲーリー・ベッカー流に言えば、「経済学的アプローチは、諸々の決定単位が最大化の努力を意識していることは必ずしも前提ではないし、行動が体系的なシステムに従っている理由を、何らかの情報的方法で定式化したり、ないしは記述したりできる必要もない」(G. Becker, *The Economic Approach to Human Behavior, op. cit.*, p. 7)。

97　この重要な点については以下を参照。G.S. Becker, *The Economic Approach to Human Behavior, op. cit.*, p. 153 *sq.*

98　「価格および他の市場手段が、社会における資源配分を定め、参加者の欲望を束縛し、彼らの行動を調整する。経済学的アプローチにおいては、こうした市場手段が、社会学的理論において「構造」に割り振られた機能の、すべてではないにせよ大半を担っている」(*ibid.*, p. 5)。

99　*Ibid.*, p. 14.

100　*Ibid.*, p. 205 *sq.* 犯罪も同じように、心理＝社会的な考察とは無関係に、国家と犯罪者の両者にとっての、費用と利益の関わりで分析することができる（*ibid.*, p. 39 *sq*）。政治の分野では、選挙は政治家が競合する市場として分析することができる（*ibid.*, p. 34 *sq*）。出生率の変化は、人口統計学は観察するだけだが、経済分析は、両親たちを動かす実益の機能を明るみに出すので、説明をすることができる（*ibid.*, p. 171 *sq*）、等々。

101　「法と経済学」運動によって英米諸国において体系化されている学説（とりわけ以下を参照。R.A. Posner, *Economic Analysis of Law, op. cit.*)。フランス語においては以下の批判的な分析を参照。M. Fabre-Magnan, *De l'obligation d'information dans les contrats. Essai d'une théorie*, LGDJ, 1992, n° 66 *sq.*, p. 57 *sq.*（重要な書誌目録を含む）; *id.*, *Les Obligations, op. cit.* エクサンプロヴァンスとコルテでのシンポジウム「法の経済分析」の記録は以下に収録されている。*Droit prospectif*, Presses universitaires d'Aix-Marseille, 1987; E. Mackaay, « La règle juridique observée par le prisme de l'économiste », *op. cit.*

102　P. Bourdieu, *Réponses, op. cit.*, p. 82〔ブルデュー、ヴァカン『リフレクシヴ・ソシオロジーへの招待』、前掲書、一四二頁〕.

103　界とは「諸々の立場の客観的な関係のネットワークあるいは布置として」定義される。「これらの立場は、その存在内や、その位置を占めるもの――行為者や諸制度――に対してそれが課す決定において、界の中で働くさまざまな種類の力（あるいは資本）の配分構造における現実的・潜在的な状況（situs）によって、また同時に他の立場（支配、従属、相同など）との客観的な関係によって、客観的に定義される」（*ibid.*, p. 73〔同上、一三一頁〕）。

104　*Ibid.*, p. 74〔同上、一三三頁〕.

105　P. Bourdieu, *La Distinction. Critique sociale du jugement*, Minuit, 1979, p. 93〔ピエール・ブルデュー『ディスタンクシオン』、I、石井洋二郎訳、藤原書店、一九九〇年、一三三頁〕（強調は原著による）.

106　これらの概念が用いられている以下を参照。*La Distinction, op. cit*〔ブルデュー『ディスタンクシオン』、前掲書〕.

107　*Réponses, op. cit.*, p. 90〔『リフレクシヴ・ソシオロジーへの招待』、前掲書、一五一―一五二頁〕.

108　ブルデューは自分に対して当然ながら投げかけられた、経済主義との苦情に対し、自分が経済の正統主義と分かち持っているのは「いくつかの語」だけだと述べることで自己弁護している（*ibid.*, p. 94〔前掲書、一五七頁〕）。だがこの回答に説得力は乏しい。彼自身が言語の哲学的な使用に対して向けた批判によって、彼に反論することができるだろう。その使用とは彼によれば「部分的にしか交差するところがない個人言語の総体であって、それを適切に使用できる話者とは、各語をシステムに準拠させることのできる話者のみであり、話者がその語に与えようとする意味をその語が帯びるのは、そのシステムの中でのことである」（P. Bourdieu, *Ce que parler veut dire. L'économie des échanges linguistiques*, Fayard, 1982, p. 188〔ピエール・ブルデュー『話すということ　言語的交換のエコノミー』、稲賀繁美訳、藤原書店、一九九三年、三一三頁〕）。

109　*Réponses, op. cit.*, p. 94〔『リフレクシヴ・ソシオロジーへの招待』、前掲書、一五八頁〕（強調はシュピオによる）.

110　P. Bourdieu, *Questions de sociologie*, Minuit, 1980, p. 113〔ピエール・ブルデュー『社会学の社会学』、藤原書店、田原音和監訳、一九九一年、一四三頁〕（強調は原著による）. ここでは法が理性原理の保証人であり続けていることが確認できる……。

111　P. Bourdieu, *Ce que parler veut dire, op. cit.*, p. 15〔ブルデュー『話すということ』、前掲書、二五頁〕（強調はシュピオによる）.

112　*Ibid.*, p. 14〔同上、二四頁〕（強調はシュピオによる）.

113　すでに「法家」において法の理念を基礎づけていたのは、個人の利益の追求の普遍性であったが、それは一八世紀西洋の功利主義の悲観的なヴァージョンの様相を呈している（cf. L. Vandermeersch, *La Formation du légisme, op. cit.*, p. 219 *sq*）。

114 *Op. cit*〔プラトン「クラテュロス」、前掲書〕.

115 この〈手〉には隠された神の特徴がすべて備わっている。Cf. J.-C. Perrot, *Une histoire intellectuelle..., op. cit.*, p. 333 *sq.* このような隠された神、地下の立法者、人類の潜在的な規則の支配者は、多くの知識人の精神の中で、天上の〈立法者〉に取って代わったようである。

116 以下を参照。M. Castells, *The Rise of the Network Society*, Oxford, Blackwell, 1996, trad. fr. *La Société en réseaux*, Fayard, 1998; G. Teubner, « The many-headed hydra: networks as higher-order collective actors », in J. McCahery, S. Picciotto, C. Scott, *Corporate Control and Accountability*, Oxford, Oxford University Press, 1993, p. 41 *sq.*; F. Ost, M. van de Kerchove, *De la pyramide au réseau? Pour une théorie dialectique du droit*, Bruxelles, Publications des facultés universitaires Saint-Louis, 2002.

117 よくまとまった概略については以下を参照。S. Goyard-Fabre, *Les Fondements de l'ordre juridique*, PUF, 1992.

118 たとえば以下において。H.L.A. Hart, *The Concept of Law*, Oxford, Clarendon Press, 1961, trad. fr. *Le Cocept du droit*, Bruxelles, Publications des facultés universitaires Saint-Louis, 1976〔ハート『法の概念　第3版』長谷部恭男訳、ちくま学芸文庫、二〇一四年〕.

119 生物学とサイバネティクスに着想を得たオートポイエーシスの概念は、閉じたシステムを示すのに有用であり、このシステムはその構成要素を自己生産し、自己保存することに長けている。ニクラス・ルーマンの社会学の鍵を握るこの概念は（以下を参照。Niklas Luhmann, *Soziale System. Grundriss einer allgemeinen Theorie*, Francfort, Suhrkamp Verlag, 1984〔ニクラス・ルーマン『社会システム理論』佐藤勉監訳、恒星社厚生閣、一九九三―一九九五年〕）、とりわけグンター・トイプナーによって司法の領域での発展を遂げた（cf. Gunther Teubner, *Recht als autopoietisches System*, Francfort, Suhrkamp Verlag, 1989, trad. fr. *Le Droit, un système autopoiétique*, PUF, 1993〔グンター・トイプナー『オートポイエーシス・システムとしての法』土方透、野崎和義訳、未來社、一九九四年〕; et *id.*, *Droit et réflexivité. L'autoréférence en droit et dans l'organisation*, LGDJ, 1994）。

120 とりわけフランスでは、A・ジャモーが、「法的規範性の道具的概念化」を主張している。それによれば法とは、社会によって規範的であるとみなされた総体の中に組み込まれているという事実により、評定のモデルとして、行動の測定具としての役割を満たす言表である（cf. A. Jeammaud, « La règle de droit comme modèle », *Rec. Dalloz*, 1990, chr. p. 199 *sq*）。

121 とりわけ法学者におけるハーバーマスの仕事の影響を参照（特に以下を参照。*Faktizität und Geltung. Beiträge zur Diskurstheorie des Rechts und des demokratischen Re-*

chtsstaats, Francfort, Suhrkamp Verlag, 1992, trad. fr. *Droit et démocratie*, Gallimard, 1997〔ユルゲン・ハーバーマス『事実性と妥当性　法と民主的法治国家の討議理論にかんする研究』、河上倫逸、耳野健二訳、未來社、二〇〇二―二〇〇三年〕。ロールズの仕事についても同様である（John Rawls, *A Theory of Justice*, Cambridge, Mass., Harvard, 1971, trad. fr. *Théorie de la justice*, Seuil, 1987〔ジョン・ロールズ『正義論』、川本隆史、福間聡、神島裕子訳、紀伊國屋書店、二〇一〇年〕）。

122　S. Weil, « Quelques réflexions autour de la notion de valeur », in *Œuvres, op. cit.*, p. 121〔シモーヌ・ヴェイユ「価値の観念をめぐる省察」、『シモーヌ・ヴェイユ選集』第三巻、冨原眞弓訳、みすず書房、二〇一三年、四頁〕.

123　M. Troper, « La doctrine et le positivisme »（à propos d'un article de Danièle Lochak）, in D. Lochak *et al.*, *Les Usages sociaux du droit*, PUF, 1989, p. 291.

124　« *Omnia in corpore iuris inveniuntur* », cité par P. Legendre, in *La 901e conclusion, op. cit.*, p. 409. 今日でも大半の法学教授は、「法学者は経済学や社会学、心理学あるいは人類学に通じている必要があるか」という問いに対しては、アックルシウスと同じように答えるだろう。また法学部は一九世紀末以来、これらの知の特徴を持ちうるものはすべて、自らの縄張りから追い出している。

125　P. Bourdieu, « La force du droit. Eléments pour une sociologie du champ juridique », *Actes de la recherche en sciences sociales*, 64, 1986, p. 5 *sq.*

126　P. Legendre, *Sur la question dogmatique en Occident, op. cit.*, p. 246〔ルジャンドル『ドグマ人類学総説』、前掲書、二一五頁〕.

127　この章を教示してくれたボブ・ハンケ（Bob Hancké）（WZB/Berlin）に感謝する。

128　この仮説が下敷きにしている人間中心主義的な偽推理に注目しておこう。人間界を説明するために、人間の経験に由来する思考カテゴリーが投影されている（ここでは利他主義）。そこから人間と動物が同じ規則に従うことが推論されている。人間の経験に固有の言語という媒介は、このアクロバットにおいては隠されているが、私の猫（非常に利己的である）が話すことさえできれば、これを聞いて大喜びしたことだろう！　このような逸脱が物語っているのは、象徴の取り扱いによって動物と人間の間にもたらされた切断に対する、驚くべき無知であるが、この切断は生物学者自身によっても明るみに出されているのである（この点については以下の記念碑的著作を参照。A. Leroi-Gourhan, *La Geste et la Parole*, Albin Michel, 1964, t. II, *La Mémoire et les Rythmes*, p. 20 *sq*〔アンドレ・ルロワ＝グーラン『身ぶりと言葉』、荒木亨訳、ちくま学芸文庫、二〇一二年、三六〇頁以下〕. より最近のものでは以下を参照。T. Deacon, *The Symbolic Species. The Co-evolution of Language and the Human*

Brain, New York, W.W. Norton, 1997〔テレンス・W・ディーコン『ヒトはいかにして人となったか　言語と脳の共進化』、金子隆芳訳、新曜社、一九九九年〕.

129 「社会生物学者のアプローチが経済学者にとってきわめてなじみ深いのは、彼らが依拠しているのが、競争や資源配分——つまり食糧とエネルギーの配分——、環境への効果的な適応など、経済学者にも同じように用いられている概念であるからだ」(G.S. Becker, *The Economic Approach to Human Behavior*, *op. cit.*, p. 283)。社会科学と生物学の関係はすでにオーギュスト・コントによって認められていた。彼によれば「社会の体系的な研究のためには、生命の一般的な法則をあらかじめ知っている必要がある」。だが彼によれば生物学は「あらゆる存在に対して生命が等しく提供しているものについてしか、生命を研究することができないため〔…〕、「人間についての」真の研究を大雑把に素描することしかできない」(*Catéchisme positiviste*, *op. cit.*, p. 96)。したがってコントを戯画化するのは控えなければならない。かれは人間と社会とのドグマ的な基盤を見誤ってはいなかったのであり、彼の「人類教」は、とりわけ「人権」のドグマ性を通して、今日の西洋で科学主義に抵抗する唯一の理念なのだ（本書第四章を参照）。

130 たとえばリチャード・ドーキンス（*Le Gène égoïste*, *op. cit*〔『利己的な遺伝子』、前掲書〕）を参照。彼によれば「われわれはサバイバル機械であり、遺伝子という名で知られる利己的な分子の保存のために盲目的にプログラムされたロボットである」(p. 7)。以下も参照。M. Ridley, *The Origin of Virtue: Human Instincts and the Evolution of Cooperation*, New York, Viking Press, 1997〔マット・リドレー『徳の起源　他人をおもいやる遺伝子』、古川奈々子訳、翔泳社、二〇〇〇年〕; J. Barkow, L. Cosmides, J. Tooby, (eds.), *The Adapted Mind: Evolutionary Psychology and the Generation of Culture*, Oxford, Oxford University Press, 1992. この主題について多大なる示唆を与えてくれたテル・アビブ大学生物学教授のエヴァ・ジャブロンカ（Eva Jablonka）に感謝する。フランスでは人間＝機械のテーマは、国立倫理諮問委員会の元議長であるジャン＝ピエール・シャンジュー（Jean-Pierre Changeux）の「ニューロン人間」との関連の方が知られている。この機械論的イデオロギーの批判については以下を参照。P. Thuillier, *La Grande Implosion*, *op. cit.*, *passim* et spéc. p. 447 *sq*.

131 以下を参照。P. Singer, « Evolutionary workers' party », *The Times Higer*, 15 May 1998, p. 15.

132 Cf. H. Arendt, *Le Système totalitaire*, *op. cit.*, p. 205 *sq*〔アーレント『全体主義の起原3　全体主義』、前掲書、二八七頁以下〕.

133 世界銀行や国際通貨基金の経済的聖典の分析については以下を参照。M. Michalet, in *La Régulation sociale: le rôle des organisations européennes et internationales*, Institut

d'études politiques de Paris, 23–24 mai 1997, actes publiés par la fondation nationale des sciences politiques; J. Stiglitz, *Globalization and Its Discontents*, New York, W.W. Norton, 2002, trad. fr. *La Grande Désillusion*, Fayard, 2002〔ジョセフ・E・スティグリッツ『世界を不幸にしたグローバリズムの正体』、鈴木主税訳、徳間書店、二〇〇二年〕.

134　アーレントによって提唱された悪の凡庸さの概念に今日性があるのはこのためである。Cf. C. Dejours, *Souffrance en France. La banalisation de l'injustice sociale*, Seuil, 1998, p. 93 *sq*. このテーマを映画化したのがJ＝M・ムトゥ（J.-M. Moutout）による以下の作品である。*Violence des échanges en milieu tempéré*（2003）〔『ワーク・ハード、プレイ・ハード』〕.

135　奴隷船一等航海士ロベール・デュラン（Robert Durand）の航海日誌についての研究の中での、ロバート・ハームズによる以下の考察を参照のこと。「ロベール・デュランを読んでいて背筋が凍るのは、ビジネスライクで散文的なその語調である。彼はワイン樽や麦の積み荷を売るのと同じような調子で、人間を売ることについて語っている。自らのミッションについて、何らかの恥じらいの感情や、道徳的な両義性を感じているそぶりは、少しも見せていない。さもなければ彼はこれほどの熱意を持って航海を「神と聖母マリアの偉大なる栄光」に捧げることはなかっただろう。デュランは冷酷な奴隷商人というわけでもなかった。彼は弱冠二六歳で、これが最初のアフリカ航海だったのだ」（R. Harms, *The Diligent. A Voyage Through the Worlds of the Slave Trade*, New York, Basic Books, 2002, p. 5）。

136　P. Bourdieu, *Réponses*, *op. cit.*, p. 86〔ブルデュー『リフレクシヴ・ソシオロジーへの招待』、前掲書、一四八頁〕.

137　P. Bourdieu, *Contre-feux. Propos pour servir à la résistance contre l'invasion néo-libérale*, Liber-Raisons d'agir, 1998, p. 46〔ブルデュー『市場独裁主義批判』、加藤晴久訳、藤原書店、二〇〇〇年、七四頁〕.

138　P. Bourdieu, *Réponses*, *op. cit.*, p. 87〔ブルデュー『リフレクシヴ・ソシオロジーへの招待』、前掲書、一四九頁〕（強調は原著による）.

139　P. Bourdieu, *Contre-feux*, *op. cit.*, p. 31〔ブルデュー『市場独裁主義批判』、前掲書、五〇頁〕（強調は原著による）.

140　とりわけ以下を参照。M. Mauss, « Une catégorie de l'esprit humain… », *op. cit.*, p. 331 *sq*〔モース「人間精神の一つの範疇」、『社会学と人類学Ⅱ』、前掲書、七三頁以下〕.

141　ところがフランスでは、特に法学部において、社会保障についての研究に対しての無関心が広がっている。

142　R. Salais, « La politique des indicateurs. Du taux de chômage au taux d'emploi dans la stratégie européenne pour l'emploi », in B. Zimmermann, P. Wagner (dir.),

Action publique et sciences sociales, MSH, 2004.

143 Cf. P. Legendre, *De la Société comme Texte, op. cit.*

144 労働法に関しての諸々の特例についての合意の拡大を参照（J. Pélissier, A. Supiot, A. Jeammaud, *Droit du travail*, Dalloz, 22e éd. 2004, n° 847 *sq*）。

145 Montesquieu, *L'Esprit des lois*, I, 3, in *Œuvres complètes, op. cit.*, p. 238〔モンテスキュー『法の精神』、上巻、前掲書、四八―四九頁〕（強調は原著による）。モンテスキューは暗黙裡にパスカルに応答している（「心地よき法」など）。今日の一部の学者たちと同じように、パスカルは法を一つの絶対としてしか見ることができなかった。

第三章

1 L. Josserand, « Le contrat dirigé », *Recueil hebdomadaire Dalloz* 1933, n° 32.

2 Charles Greenstreet Addison, *A Treatise on the Law of Contracts*, 1847. 以下の引用より。P.S. Atiyah, *Essays on Contract*, Oxford, Clarendon Press, 1986, p. 17. 同様の揺ぎない確信は同じ時期に大陸の法学者たちによっても書き記されている。「あらゆる契約に由来する義務は、市民法に先立って存在する。立法者がそれを見出したときには、すでにできあがっていたのであり、彼はその実施の詳細や追求の方法を定めるだけでよかった」（L. Larombière, *Théorie et pratique des obligations*, 7 vol., 1re éd. A. Durand, 1857, vol. I, p. 379）。

3 H. Sumner Maine, *Ancient Law. Its Connection with the Early History of Society and Its Relation to Modern Idea*, 1861, trad. fr. de la 4e éd. par J.-G. Courcelle-Seneuil, *L'Ancien droit considéré dans ses rapports avec l'histoire de la société primitive et avec les idées modernes*, Durand et Pédone, 1874, spéc. chap. IX, p. 288 *sq*〔ヘンリー・サムナー・メイン『古代法』、安西文夫訳、史学社、一九四八年〕.

4 L. Bourgeois, *Solidarité*, A. Colin, 1896, 3e éd. 1902, p. 132.

5 このような楽観主義に屈することなく、このイデオロギーの影と光を同時に見るためには、トクヴィルのような例外的な慧眼が必要だった。

6 とはいえきわめて有益でもあるこの分野については以下を参照。D. Tallon, D. Harris (dir.), *Le Contrat aujourd'hui: comparaisons franco-anglaises*, LGDJ, 1987; G. Alpa, « L'avenir du contrat: aperçu d'une recherche bibliographique », *Rev. inerna. dr. comp.*, 1–1985, p. 7–26; D. Tallon, « L'évolution des idées en matières de contrat: survol comparatif », *Droits*, 1990, p. 81–91.

7 これは非常に長い歴史である。以下を参照。Etiemble, *L'Europe chinoise*, Gallimard, vol. I, 1988, vol. II, 1989.

8　以下を参照。M. Griaule, *Dieu d'eau, op. cit*〔マルセル・グリオール『水の神』、前掲書〕.

9　あらゆる中国政治思想に共通の、いわゆる改名説はここに由来する。以下を参照。M. Granet, *La Pensée chinoise, op. cit.*, p. 47 *sq.* ; J. Escarra, *Le Droit chinois, op. cit.*, p. 21 *sq.* ; X. Li, « L'esprit du droit chinois: perspectives comparatives », *op. cit.*, p. 7 *sq.*, p. 33–35.

10　第一章を参照。

11　以下を参照。M. Granet, *La Pensée chinoise, op. cit.*, p. 33 *sq.*

12　M. Pinguet, *La Mort volontaire au Japon, op. cit.*, p. 180〔モーリス・パンゲ『自死の日本史』、前掲書、三六八頁〕. 以下も参照のこと。Y. Noda, « La conception du contrat des Japonais », in T. Awaji *et al.*, *Etudes de droits japonais*, Société de législation comparée, 1989, préface de J. Robert et X. Blanc-Jouvan, p. 391 *sq.*

13　この重要な概念についての教育的な紹介は以下を参照のこと。R. Benedict, *The Chrysanthemum and the Sward*, Boston, Houghton Mifflin, 1946, trad. fr. *Le Chrysanthème et le Sabre*, Arles, Ed. Ph. Picquier, 1995, p. 157 *sq*〔ルース・ベネディクト『菊と刀』、越智敏之、越智道雄訳、平凡社ライブラリー、二〇一三年、一六五頁以下〕. 以下も合わせて参照。I. Kitamura, « Une esquisse psychanalytique de l'homme juridique au Japon », *Rev. interna. dr. comp.*, 4–1987. 以下に再録。T. Awaji *et al.*, *Etudes de droit japonais, op. cit.*, p. 25 *sq.*

14　M. Pinguet, *La Mort volontaire au Japon, op. cit.*, p. 345〔モーリス・パンゲ『自死の日本史』、前掲書［邦訳書では割愛された語句説明箇所］〕.

15　以下を参照。E. Hoshino, « L'évolution du droit des contrats au Japon », in T. Awaji *et al.*, *Etudes de droit japonais, op. cit.*, p. 403 *sq.*

16　以下を参照。R. Abel, Ph. S. C. Lewis（eds.）, *Lawyers in Society*, Berkeley, University of California Press, 1988.

17　Cf. T. Awaji, « Les Japonais et le droit », *Rev. interna. dr. comp.*, 2–1976. 以下に再録。T. Awaji *et al.*, *Etudes de droit japonais, op. cit.*, p. 9.

18　以下を参照。I.R. MacNeil, *The New Social Contract. An Inquiry into Modern Contractual Relations*, New Haven, Yale University Press, 1980. この「関係的契約」という概念から、数々の理論的な議論が生まれることになった。とりわけ以下を参照。M.A. Eisenberg, « Relational contracts », in J. Beatson, D. Friedmann（eds.）, *Good faith and Fault in Contract Law*, Oxford, Oxford University Press, Clarendon Paperbacks, 1997, p. 291–304; H. Muir-Watt, « Du contrat "relationnel" », in Association H. Capitant, *La Relativité du contrat*, LGDJ, 2000, p. 169.

19　ドイツ語や英語は「世界化（mondialisation）」（典型的な

フランス的概念！）を知らず、グローバリゼーション（*Globalisierung, globalization*）について語る。フランスがこの概念に入れあげていることを示すのは、ロバート・ライシュの『ザ・ワーク・オブ・ネーションズ』（Robert Reich, *The Work of Nations*, New York, Alfred Knopf, 1991〔中谷巌訳、ダイヤモンド社、一九九一年〕）の表題が（アダム・スミスの『諸国民の富（*The Wealth of Nations*）』を明らかに意識しているのに）、『世界化した経済（*L'Economie mondialisée*）』（Dunod, 1993）と仏訳されたことである。おそらく労働や国民という言葉が、「終わり」という看板を掲げていなければ、フランスではもはや売れなくなってしまったためだろう。

20　「イデオロギー」とはここでは決して蔑称ではない。諸々の価値を序列化する諸観念のシステム、つまりイデオロギーを持たない社会は立ち行かないのである（Cf. L. Dumont, *Homo aequalis, op. cit.*, tome I, *Genèse et épanouissement de l'idéologie économique*, p. 26 *sq*）。

21　H. Sumner Maine, *L'Ancien droit..., op. cit.*, p. 289〔ヘンリー・サムナー・メイン『古代法』、前掲書、二二四―二二五頁〕.

22　とりわけ以下を参照。R.A. Posner, *Economic Analysis of Law, op. cit.*; R. Cooter, Th. Ulen, *Law and Economics, op. cit.*〔クーター、ユーレン『法と経済学』、前掲書〕; B. Coriat et O. Weinstein, *Les Nouvelles Théories de l'entreprise*, Le Livre de poche, 1995. 経済分析のムーブメントの概観については以下を参照。E. Mackaay, *L'Analyse économique du droit*, vol. 1: *Fondements, op. cit.*; Th. Kirat, *Economie du droit*, La Découverte, « Repères », 1999.

23　R. Cooter, Th. Ulen, *Law and Economics, op. cit.*, p. 7〔クーター、ユーレン『法と経済学』、前掲書、九頁〕.

24　Cf. A.T. Kronman, R.A. Posner, *The Economics of Contract Law*, Boston-Toronto, Little, Brown & Cie, 1979, p. 2-3.

25　たとえば以下を参照。R. Cooter, Th. Ulen, *Law and Economics, op. cit.*, p. 234 *sq*〔クーター、ユーレン『法と経済学』、前掲書、二〇三頁以下〕. 同書二四一頁の図表六・一〔邦訳書二三五頁表四・一〕も参照。

26　たとえば以下を参照。M. Miaille, *Une introduction critique au droit*, Maspero, 1976.

27　以下の引用より。C. A. Michalet, « Le nouveau rôle des institutions de Bretton Woods dans la régulation et la mondialisation », in M. Berthod-Wurmser, A. Gauron, Y. Moreau (dir.), *La Régulaton Sociale: le rôle des organisations européenes et internationales*, IEP, 1997, p. 66.

28　Cf. G. Davy, *La Foi jurée. Etude sociologique du problème du contrat. La formation du lien contractuel*, Alcan, 1922. ここでダヴィが用いている人工的な親子関係と

いう概念は、親子関係の生物学的な定義を、反対推論により採用することには帰結しない。むしろ彼は「親子関係は原始的には身体的な概念ではない」ということを認めている。

29　そのうちの筆頭にあげられるのがヘロドトスである。スキュタイ人の誓約の交換についての記述を参照のこと（「彼らは大盃に酒を注ぎ、これに誓約を交す当事者の血を混ぜる……」）。*L'Enquête*, IV-70, trad. fr. in *Œuvres complètes*, Gallimard, « Bibliothèque de la Pléiade », 1964, p. 310〔ヘロドトス『歴史』中巻、松平千秋訳、岩波文庫、二〇〇八年、四九頁〕。より最近のものでは、以下に挙げられた例と書誌を参照。G. Davy, *La Foi jurée*..., *op. cit.*, p. 43 *sq.*

30　以下を参照のこと。A. Chouraqui, « L'alliance dans les Écritures », *Revue de sciences morales et politiques*, 1995, p. 5.

31　Cf. G. Davy, *La Foi jurée*, *op. cit.*, p. 72 *sq.*

32　フランス経営者全国評議会（Conseil national du patronat français）がフランス企業運動（Medef）に名前を変えたのは一九九八年である。

33　「主人（patron）が解放奴隷に人格を与えるのは、父が子にそうするのと近い」（P.F. Girard, *Manuel élémentaire de droit romain*, *op. cit.*, p. 123）。

34　解放奴隷は主人の名（属格の）の頭にl（libertus〔自由〕）をつけたものを、父の名に代わる自分の名とする（G. Sicard, « L'identité historique », in J. Pousson-Petit (dir.), *L'identité de la personne humaine*, *op. cit.*, p. 119）。

35　社会保障への加入（affiliation）は、被用者に対する人為的な親子関係から雇用者を解放し、この関係を連帯的な機関の方に移し替える。連帯という、債務法と家族法のハイブリッド概念は（cf. Alain Supiot, « Les mésaventures de la solidarité civile », *Droit social*, 1999, p. 64）、加入者同士の間に人為的な親子関係を打ち立てる。しかし社会保障においては交換が第一であり、人格同士の関係は結果的なものでしかない（この先で見る退職者のケースを参照）。

36　M. Mauss, « Essai sur le don. Forme et raison de l'échange dans les sociétés archaïques », *L'Année sociologique*, 1923-1924, repris in *Sociologie et anthropologie*, *op. cit.*, p. 145 *sq*〔マルセル・モース「贈与論」『贈与論 他二篇』森山工訳、岩波文庫、二〇一四年、五一頁以下〕.

37　M. Mauss, « Essai sur le don », *op. cit.*, p. 159〔モース「贈与論」、前掲書、九四頁〕.

38　以下の年金に関する政府白書を参照。*Un contrat entre les générations*, Gallimard, 1991, préface de M. Rocard. 世代間契約という理念は、人と人との関係を契約の用語でしか考えることができないという私たちの不能を暴きだしている。人と自然との関係についても同様であり、我らが卓越した科学哲学者の一人によれば、この関係は自然と「契約」を交わすことでしか保護できないのだという（M. Serres, *Le Contrat naturel*, F. Bourin, 1990〔ミッシェル・セール『自然契約』、及川馥、米山親能訳、法政大学出版局、一九九四年）。社会法と環境法はこうして契約主義に従属するが、それは事物と人格の区別を反故にすることによってである。

39　拘束行為、およびその解釈の難しさについては以下を参照。P.F. Girard, *Manuel élémentaire de droit romain, op. cit.*, p. 478 *sq.* ; P. Noailles, *Fas et Jus. Etudes de droit romain*, Les Belles-Lettres, 1948, p. 91 *sq.* ; A. Magdelain, *Ius imperum auctoritas, op. cit.*, p. 25 *sq.* et p. 713 *sq.* ; P. Ourliac, J. de Malafosse, *Histoire du droit privé*, PUF, t. I, *Les Obligations*, 2e éd., n° 15 et la bibliographie citée p. 36–37.

40　Cf. M. Mauss, « Essai sur le don », *op. cit.*, p. 229 *sq.*, spéc. p. 230 *sq*〔モース「贈与論」、前掲書、三〇三頁以下、特に三〇六頁以下〕.

41　ユスティニアヌスの『法学提要』のプランを参照。フランス民法に影響を与えたこのプランは、ガイウスが伝えた以下の三区分を取り入れたものである。すなわち、あらゆる法は、その主体であり、それを行使する人格と、その客体である事物、そしてその応報であり、その実現を可能にする行為を前提としている（cf. P.F. Girard, *Manuel élémentaire de droit romain, op. cit.*, p. 7 *sq*）。

42　Cf. M. Villey, « Préface historique à l'étude des notions de contrat », in « Sur les notions du contrat », *Arch. philo. droit*, t. XIII, Sirey, 1968, p. 1 *sq.*, p. 7. ローマ法の中では、contrahere の過去分詞である contractus が名詞として用いられることはほとんどない。Contrahere は法的に結びつく行為を名指していたが、この行為の結果は総称的に obligatio と呼ばれるか、あるいは当該の契約の固有名（emptio〔売買〕, locatio〔賃貸借〕, societas〔組合〕, mandatum〔委任〕など）で呼ばれた。以下も参照。W. Wolodkiewicz, « Contrahere-contractum-contractus dans le droit romain classique », in *Le Droit romain et sa réception en Europe*, actes d'un colloque, Varsovie, éd. H. Kupiszewski et W. Wolodkiewicz, 1978, p. 295.

43　歴史家たちも合意しているこの宗教的な起源については、約束の交換を意味したはずの spondere という動詞の語源（spondai: 献酒をする）が裏付けているとおりである（以下を参照。P.F. Girard, *Manuel élémentaire de droit romain, op. cit.*, p. 486; P. Ourliac, J. de Malafosse, *Histoire du droit privé, op. cit.*, n° 18, p. 31. より一般的には以下。P. Noailles, *Du droit sacré au droit civil*, Sirey, 1949）。約款が儀礼的な棒（*stips*）の使用に由来するとする説は議論の分かれるところである。以下を参照。P.F. Girard, *Manuel élémentaire de droit romain, op. cit.*, p. 485 *sq.* ; M. Mauss, « Essai sur le don », *op. cit.*, p. 230〔モース「贈与論」、三〇六―三〇七頁〕.

44　« Du pacte nu ne naît aucune action en justice »: Ulpien (I, 7, § 4, D., 2, 14, *de pactis*); Paul (*Sentences* 2, 14, I).

45 以下を参照。P.F. Girard, *Manuel élémentaire de droit romain, op. cit.*, p. 432.

46 Cf. J. Imbert, « De la sociologie au droit: la "Fides" romaine », in *Droit de l'Antiquité et sociologie juridique, Mélanges Henry Lévy-Bruhl*, Sirey, 1959, p. 409 *sq*. 同様に古代ギリシアの場合については以下を参照。L. Gernet, « Droit et prédroit en Grèce ancienne », *op. cit.*, p. 138 *sq*.

47 以下を参照。P. Ourliac, J. de Malafosse, *Histoire du droit privé, op. cit.*, n° 69, p. 84 *sq*. et bibliographie, p. 104 *sq*.

48 Institutes coutumières, L. III, t. I. ロワゼルは、ユスティニアヌスの法学提要の iuris vinculum〔法の鎖〕の注釈が、まさしく約定の儀礼的言葉の言い渡しに対して用いた、次の格言を、もともとの意味とは別の方向にねじ曲げているのである。« ut enim boves funibus visualiter ligantur, sic homines verbis ligantur intellectualiter… voce ligatur homo » (cf. F. Spies, *De l'observation des simples conventions en droit canonique*, Sirey, 1928, p. 228).

49 以下を参照。F. Spies, *De l'observation des simples conventions…, op. cit.* 同じく以下も参照のこと。H.J. Berman, *Law and Revolution, op. cit.*, p. 246 *sq*.〔バーマン『法と革命I』、前掲書、三三〇頁以下〕; P. Legendre, *Les Enfants du texte, op. cit.*, p. 269. 以下と比較のこと。J. Bärmann, « *Pacta sunt servanda*. Considérations sur l'histoire du contrat consensuel », *Rev. interna. dr. comp.*, 1961, p. 18 *sq*.

50 Cf. F. Spies, *De l'observation des simples conventions…, op. cit.*, p. 24 *sq*. この決議では約束違反は処罰に値する軽罪と規定された。アンティゴノスとオプタンティウス（Optantius）の二人の司教は、合意により互いの司教区の境界を定めた。アンティゴノスはオプタンティウスが約束を守らずに自分の領土に侵入することについて公会議に不服を申し立て、公会議の議長は、「約束を守るか、さもなくば教会の懲罰を受けるかだ」と答えた。そして会議はこう付け加えたのである。「Pax servetur, pacta custodiantur（平和は守られるべきであり、協定は尊重されるべきである）」。

51 C. 22, qu. 5, c. *iuramenti*, glose *distantiam* : *Ex nudo pacto oritur actio* (cité par F. Spies, *De l'observation des simples conventions…, op. cit.*, p. 139 *sq*).

52 Cf. H.J. Berman, *Law and Revolution, op. cit.*, p. 246〔バーマン『法と革命I』、前掲書、三三一頁〕.

53 Cf. F. Spies, *De l'observation des simples conventions…, op. cit.*, p. 139 *sq*.

54 この定式の起源については以下を参照。F. Spies, *De l'observation des simples conventions…, op. cit.*, p. 258; A.-J. Arnaud, *Les Origines doctrinales du Code civil français*, LGDJ, 1969, p. 199 *sq*.

55 この要求に由来するものとして特筆されるのが適正価格の

理論である。以下を参照。H.J. Berman, *Law and Revolution, loc. cit.*〔バーマン『法と革命I』、三三二頁〕; A. Söllner, « Die causa im Kondiktionen- und Vertragsrecht des Mittelalters bei den Glossatoren, Kommentatoren und Kanonikern », *Zeitschrift des Savigny-Stiftung für Rechtgeschichte (romanistische Abteilung)*, 77 (1960), p. 182–269; K.S. Cahn, « The Roman and Frankish roots of the just price of medieval canon », *Law Studies in Medieval and Renaissance Story*, 6 (1969), p. 1.

56　Cf. K. Polanyi, *La Grande Transformation. Aux origines politiques et économiques de notre temps* [1944], trad. fr., Gallimard, 1983, p. 102 *sq*〔カール・ポラニー『大転換』、吉沢英成、野口建彦、長尾史郎、杉村芳美訳、東洋経済新報社、一九七五年、九一頁以下〕.

57　本文内では英語（"Why pay me if he doesn't believe in anything?"）。M. Weber, « "Eglises" et "sectes" en Amérique du Nord » [1906], trad. fr. J.-P. Grossein, in *L'Ethique protestante..., op. cit.*, p. 260〔マックス・ウェーバー「アメリカ合衆国における〝教会〟と〝ゼクテ〟」、『プロテスタンティズムの倫理と資本主義の《精神》』、梶山力訳、安藤英治編、未來社、一九九四年、三六八頁〕.

58　*De la démocratie en Amérique*, II, 29, cité par L. Dumont, *Homo hierarchicus, op. cit.*, p. 29〔デュモン『ホモ・ヒエラルキクス』、前掲書、二五頁〕.

59　民法典一一三四条。「適法に形成された合意は、それを行った者に対しては、法に代わる。合意は、それを行った者の相互の同意、あるいは法が許す原因によってでなければ、撤回することができない。合意は誠実に履行されなければならない」。

60　契約債務の準拠法に関する一九八〇年六月一九日のローマ条約、第三条第一項。

61　したがって法なき契約という幻想によって生み出された国際私法における論争にはここでは立ち入らない。関心のある向きには以下の解説が有用である。P. Mayer, V. Heuzé, *Droit international privé*, Montchrestien, 7e éd. 2001, n°. 700. 法なき契約という考え方が何らかの一貫性を持ちうる唯一の仮説は、国家と交わす「契約」の仮説である。しかし国家とはもちろん通常の契約当事者ではないし、国家が結ぶ合意は常に契約法と対立している（この先の本書の議論を参照）。今日において法と契約を結びつけている非常に複雑な関係については、以下を参照のこと。Ph. Gérard, F. Ost, M. van de Kerchove (dir.), *Droit négocié, droit imposé ?*, Bruxelles, Publications des facultés universitaires Saint-Louis, vol. 72, 1996.

62　「貨幣が経済的な実体ではないのは、私たちの社会においても同様である。なぜなら経済は貨幣によって思考可能となるからであり、そしてこのことは経済的ではない他所からしかなされえないからだ」。M. Aglietta, A. Orléan (dir.),

La Monnaie souveraine, *op. cit.*, cité p. 20. Add. G. Simmel, *Philosophie de l'argent*, trad. fr., PUF, 1987〔ジンメル『貨幣の哲学』、居安正訳、白水社、一九九九年〕, R. Libchaber, *La Monnaie en droit privé*, LGDJ, 1992, et la bibliographie citée.

63　Cf. A. Orléan, « La monnaie autoréférentielle: réflexions sur les évolutions monétaires contemporaines », in M. Aglietta, A. Orléan (dir.), *La Monnaie souveraine*, *op. cit.*, p. 359 *sq*〔M・アグリエッタ、A・オルレアン編『貨幣主権論』、前掲書、五四五頁以下〕.

64　「時は金なり」というベンジャミン・フランクリンの有名な定式と、それに劣らず有名なマックス・ヴェーバーによるその註釈を参照。Max Weber, *L'Éthique protestante et l'esprit du capitalisme*, trad. fr., Plon, 1964, p. 46 *sq*〔マックス・ウェーバー『プロテスタンティズムの倫理と資本主義の精神』、大塚久雄訳、岩波文庫、一九八九年、四〇頁以下〕.

65　これらの異なる諸相については以下を参照。Association H. Capitant, *La Relativité du contrat*, *op. cit.*

66　M. Mauss, « Essai sur le don », *op. cit.*, p. 260〔モース「贈与論」、前掲書、三九九頁〕.

67　製造者がハッキングを防ぐためにソフトの中に紛れ込ませたパソコンウイルスは、非合法の（さらには合法の……）所有者に鉄槌を下す事物の不吉な精神のハイテク版である。

68　それらを全面的な私的所有から守るために、人類共通の遺産であるということがよく述べられる。その際には遺産という概念の両義性が作用しているのであり、私たちは交換という平面に乗っていると同時に、親子関係という垂直面にも位置づけられるのである（以下を参照。A. Sériaux, « Brèves notations civilistes sur le verbe avoir », *Rev. trim. dr. civ.*, 1994, p. 801-813; F. Ost, *La Nature hors la loi. L'écologie à l'épreuve du droit*, La Découverte, 1995, p. 306 *sq*）。

69　ヴァルミーの戦いの兵士たちの「国民万歳！」はフランス国民を指しているのではなく、共通の利害に基づいた諸社会の組織のための普遍原理としての国民である（以下を参照。E. Hobsbawm, *Nations et nationalismes depuis 1780*, trad. fr., Gallimard, 1992, p. 32〔E・J・ホブズボーム『ナショナリズムの歴史と現在』、浜林正夫、嶋田耕也、庄司信訳、大月書店、二〇〇一年、二五頁〕）。今日でもなお、国家は自らの制定する社会保障を「普遍的」と宣言するが（たとえば最近では「普遍的医療保障（CMU）」）、この普遍性は国民や住人に限定されている。

70　とはいえ神とは前契約的な盟約が結ばれていたが、これを合意と同一視することはおそらく軽率であろう（本書のこれまでの議論を参照）。

71　以下を参照。A. Orléan (dir.), *Analyse économique des conventions*, PUF, 1994.「コンヴァンシオン経済学

(L'économie des conventions)」としてまとめられた、以下に収録の諸論文も参照。*Revue économique*, 40 (2), numéro spécial, mars 1989.

72　標準経済分析の人間は行動せず、振る舞うだけである。しかし現実には「具体的な人間は振る舞うのではなく、ある考えを頭に抱いて行動する、たとえそれが慣例に合わせるものであっても」(L. Dumont, *Homo hierarchicus*, *op. cit.*, p. 19〔デュモン『ホモ・ヒエラルキクス』、前掲書、一五頁〕)。行動を再導入することはとりわけ、諸行為の目的が行動の過程で築かれるという事実を再導入することである。それは自分が何をしたいのかを常にあらかじめ知っている人間という抽象と縁を切ることだ。

73　Cf. R. Boyer, Y. Saillard (dir.), *La Théorie de la régulation: état des savoirs*, La Découverte, 1995.

74　コンヴァンション経済学は近年の研究で制度の問題に着手しているが、それを合意の産物の状態に還元してしまっている (R. Salais, E. Chatel, D. Rivaud-Danset, *Institutions et conventions. La réflexivité de l'action économique*, EHESS, 1998)。規制経済学もまた、法の道具的観念から抜け出すことには成功しておらず、法を諸々の「規制」の一形態とみなしてしまっている。主体の制定という問題はこれらの仕事のすべてに不在のままである。だが今日では標準の法分析からも見落とされている制度的争点の前を、経済学者たちが素通りするのを批判するのは困難だ。

75　労働における基本的原則および権利に関するＩＬＯ宣言（一九九八年）を参照。

76　Cf. B. Edelman, *La Personne en danger*, *op. cit.*, p. 277 *sq.*, et *id.*, « L'Homme dépossédé. Entre la science et le profit », in M. Fabre-Magnan, Ph. Moullier, *La Génétique, science humaine*, *op. cit.*, p. 215 *sq.* ; J.-R. Binet, *Droit et progrès scientifique. Sciences du droit, valeurs et biomédecine*, PUF, 2002.

77　M. Freedland, S Sciarra (eds.), *Public Services and Citizenship in European Law*, Oxford, Clarendon Press, 1998.

78　Cf. F. Ost, *Le Temps du droit*, O. Jacob, 1999.

79　本書第五章を参照。

80　P. Legendre, « Remarques sur la reféodalisation de la France », in *Etudes offerts à Georges Dupuis*, LGDJ, 1997, p. 201 *sq.*

81　Cf. Ph. Kourilsky, G. Viney, *Le Principe de précaution*, rapport au Premier ministre, O. Jacob/La Documentation française, 2000; K. Foucher, *Principe de précaution et risque sanitaire*, L'Harmattan, 2002; J.-P. Dupuy, *Pour un catastrophisme éclairé. Quand l'impossible est certain*, *op. cit*〔ジャン＝ピエール・デュピュイ『ありえないことが現実になるとき』、前掲書〕.

82　Cf. M. Mekki, *L'intérêt général et le contrat. Contribu-*

tion à une étude de la hiérarchie des intérêts en droit privé, LGDJ, 2004, préface de J. Ghestin.

83 Cf. C. Labrusse-Riou, « De quelques apports du droit des contrats au droit des personnes », in *Le Contrat au début du XXIe siècle. Etudes offertes à J. Ghestin*, LGDJ, 2000, p. 499 *sq*.

84 G. Virassamy, *Les Contrats de dépendance*, LGDJ, 1986.

85 ネットワークについての法的な分析に関しては、以下の根源的な論文を参照。G. Teubner, « The many-headed hydra: networks as higher-order collective actors », in J. McCahery, S. Picciotto, C. Scott, *Corporate Control and Accountability, op. cit.*, p. 41 *sq*.; F. Ost, M. van de Kerchove, *De la pyramide au réseau ?, op. cit.* フランスでは、このような分析はまだ流通部門だけに限られているようにみえる（以下を参照。L. Amiel-Cosme, *Les Réseaux de distribution*, LGDJ, 1995）。

86 以下を参照。A. Supiot (dir.), *Au-delà de l'emploi. Transformations du travail et devenir du droit du travail en Europe*, rapport pour la Commission européenne, Flammarion, 1999, spéc. p. 25 *sq*.

87 C. Del Cont, *Propriété économique, dépendance et responsabilité*, L'Harmattan, 1997.

88 本書第五章参照。

89 L. Josserand, « Le contrat dirigé », *Rec. hebdo. Dalloz*, 1933, n° 32, chr. p. 89.

90 Cf. A. Rouast, « Le contrat dirigé », *Mélanges juridiques dédiés au prof. Sugiyama*, Tokyo, Maison franco-japonaise, Assoc. fr. des juristes de langue française, 1940, p. 317–327; R. Morel, « Le contrat imposé », in *Le Droit français au milieu du XXe siècle, études offertes à Georges Ripert*, LGDJ, 1960, t. II, p. 116.

91 以下を参照。Conseil d'Etat, *L'Intérêt général*, rapport public 1999, La Documentation française, Etudes et documents du Conseil d'Etat, n° 50, 1999, p. 323 *sq*. それ以前の以下も参照。J. Caillosse, « Sur la progression en cours des techniques contractuelles d'administration », in L. Cadiet (dir.), *Le Droit contemporain des contrats*, Economica, 1987, p. 89 *sq*. ; Chr. A. Garbar, « Les conventions d'objectifs et de gestion, nouvel avatar du "contractualisme" », *Droit social*, 1997, p. 816; Y ? Fortin (dir.), *La Contractualisation dans le secteur public des pays industrialisés depuis 1980*, L'Harmattan, 1999; Association H. Capitant, *La Relativité du contrat, op. cit.*

92 M. Bloch, *La Société féodale*, Albin Michel, 1re éd. 1939, rééd. 1994, p. 618–619〔マルク・ブロック『封建社会』第二巻、新村猛、森岡敬一郎ほか訳、みすず書房、一九七七年、一六五頁〕.

93　中世史が示すところによれば、逆の動きも可能なのであり、そこでは貨幣鋳造という王権が封建領主に移譲される。以下を参照。M. Weber, *Histoire économique. Esquisse d'une histoire universelle de l'économie et de la société* [1923], trad. fr., Gallimard, 1991, p. 270〔マックス・ウェーバー『一般社会経済史要論』下巻、黒正巌、青山秀夫訳、岩波書店、一九五五年、八三頁〕.

94　*Götterdämmerung*, Prologue, trad. A. Pauphilet, in *La Tétralogie de Richard Wagner*, H. Piazza, 1938, p. 154〔リヒャルト・ワーグナー『神々の黄昏』、「プロローグ」、高橋康也、高橋迪訳、新書館、一九八四年、一九頁〕.

95　O.W. Holmes, « The path of the law », *Harvard Law Review*, vol. 10, 457, 1897. これを引用する以下には、この理論についての明快にして詳細な紹介がなされている。M. Fabre-Magnan, *Les Obligations, op. cit.* 以下の容赦のない批判も参照。D. Friedmann, « The efficient breach fallacy », 18, *Journal of Legal Studies*, 1 (1989).

96　Cf. Ph. Rémy, « La "responsabilité contractuelle": histoire d'un faux concept », *Rev. trim. dr. civ.*, 1997, p. 323 *sq.* ; Ph. Le Tourneau, L. Cadiet, *Droit de la responsabilité et des contrats*, Dalloz, 2002, n° 222.

第四章

1　Cf. A. Leroi-Gourhan, *Le Geste et la Parole, op. cit.*, t. I, *Technique et langage*, p. 245 *sq.*〔ルロワ゠グーラン『身ぶりと言葉』、前掲書、二八五頁以下〕; A.-G., Haudricourt, *La Technologie, science humaine, op. cit.*, p. 44 *sq.*

2　本書第二章参照。

3　R. Magritte, *Écrits complets*, Flammarion, 2001, p. 627.

4　A.-G., Haudricourt, *La Technologie, science humaine, op. cit.*, p. 37–38.

5　G. Bataille, *Théorie de la religion* [1948], Gallimard, 1973, p. 37〔ジョルジュ・バタイユ『宗教の理論』、湯浅博雄訳、ちくま学芸文庫、二〇〇二年、三五—三六頁〕. 技術による自然の集立（つまり理性化すること）というハイデガーの理念と比較せよ。Heidegger, *Essais et conférences*, Gallimard, 1958, rééd. «Tel », 1980, p.26 *sq*〔マルティン・ハイデッガー『技術への問い』、関口浩訳、平凡社、二〇〇九年、三二頁以下〕.

6　以下を参照のこと。M. Mauss, « Les techniques du corps » [1934], repris in *Sociologie et anthropologie, op. cit.*, p. 366–383〔マルセル・モース「身体技法」、『社会学と人類学Ⅱ』有地亨、山口俊夫訳、弘文堂、一九七六年、一二一—一五六頁〕.

7　Cf. P. Legendre, *La Pénétration du droit romain dans*

le droit canonique classique, op. cit. ; H.J. Berman, *Law and Revolution, op. cit.*, p. 85 *sq*〔ハロルド・J・バーマン『法と革命Ⅰ』、前掲書、一一一頁以下〕.

8 Cf. P. Noailles, *Du droit sacré au droit civil, op.cit* 及び A. Magdelain, « Le Ius archaïque », *op. cit.* エリー・フォールが指摘するところによれば、ローマは行政と法によって、真の宗教的精神のほぼ完全なる欠落を埋め合わせていた（Elie Faure, *Découverte de l'archipel*〔1932〕, Seuil, 1995, p. 210）。

9 Cf. P. Legendre, *La 901e Conclusion, op. cit.*, p.214 *sq.*

10 以下を参照。G. Abitbol, *Logique du droit talmudique*, Éd. des sciences hébraïques, 1993.

11 以下を参照のこと。J. Berque, *Essai sur la méthode juridique maghrébine*, Rabat, M. Leforestier, 1944; L. Milliot, F.-P. Blanc, *Introduction à l'étude du droit musulman*, Sirey, 2e éd., 1987; J. Schacht, *An Introduction to Islamic Law*, Oxford, Oxford University Press, 1964, trad. fr. *Introduction au droit musulman*, Maisonneuve et Larose, 1983.

12 人間の似姿としての機械というテーマについては、ゴーレム（創造主に歯向かった機械の奴隷）の神話と、ノーバート・ウィーナーによるその解釈を参照。Norbert Wiener, *God & Golem inc. Sur quelques points de collision entre cybernétique et religion*, Cambridge, Mass., MIT Press, 1964, trad. fr. Nîmes, Ed, de l'éclat, 2000〔ノーバート・ウィーナー『科学と神　サイバネティックスと宗教』、鎮目恭夫訳、みすず書房、一九六五年〕.

13 機械化と大工場について書かれた『資本論』第一部第一五章を見よ（K. Marx, *Œuvres. Economie*, Gallimard, « Bibliothèque de la Pléiade », 1965, t. I, p. 913 *sq*〔カール・マルクス『資本論』、第二巻、岡崎次郎訳、大月書店、一九七二年、二四五頁以下〕）。

14 Cf. Ph. Breton, *L'Utopie de la communication*, La Découverte, 1992. こうした偏向については本書第二章を参照のこと。

15 Cf. Ph. Breton, *Une histoire de l'informatique*, La Découverte, 1987, rééd. Seuil, 1990, p. 90. このような人間悟性の二元論への還元は、近代諸科学の特徴である哲学的なアプリオリに由来しているのであり、論理からテクノロジーと、規範についての普遍的な教義を同時に作り出すのがこのアプリオリである（cf. E. Husserl, *La Crise des sciences européennes et la phénoménologie transcendantale, op. cit.*, p.106 *sq*〔エドムント・フッサール『ヨーロッパ諸学の危機と超越論的現象学』、前掲書、八五頁以下〕）。

16 以下を参照。N. Wiener, *The Human Use of Human Beings* (*Cybernetics and Society*), Boston, Houghton Mifflin, 1950, trad. fr. *Cybernétique et société*, UGE-Éd. des Deux Rives, 1962〔ノーバート・ウィーナー『人間機械論

人間の人間的な利用』、鎮目恭夫、池原止戈夫訳、みすず書房、二〇〇七年〕. こうしたイデオロギーに対する批判としては以下を参照。Ph. Breton, *L'Utopie de la communication, op. cit.*, p. 124 sq. ; L. Sfez, *Critique de la communication*, Seuil, 1988: P. Thuillier, *La Grande Implosion, op. cit.*, p. 363 sq. ; C. Lafontaine, *L'Empire cybernétique. Des machines à penser à la pensée machine*, Seuil, 2004.

17　法思想におけるこの vitam instituere〔生を制定する〕の系譜については以下を参照。P. Legendre, *Sur la question dogmatique en Occident, op. cit.*, p. 106 sq.

18　ネットワークについての法学的な分析については以下を参照。G. Teubner, *Droit et réflexivité. L'autoréférence en droit et dans l'organisation, op. cit.* ; F. Ost, M. Van de Kerchove, *De la pyramide au réseau ?, op. cit.*

19　こうした変化については以下を参照。R. Chartier, *Le Livre en révolution. Entretiens avec Jean Lebrun*, Textuel, 1997; J.-Y. Mollier (dir.), *Où va le livre ?*, La Dispute, 2000; J.D. Bolter, *Writing Space: The Computer, Hypertext, and the History of Writing*, Hillsdale, New Jersey, Lawrence Erlbaum Associates, 1991〔ジェイ・デイヴィッド・ボルター『ライティングスペース　電子テキスト時代のエクリチュール』黒崎政男、下野正俊、伊古田理訳、産業図書、一九九四年〕; Ilana Snyder, *Hypertext, The Electronic Labyrinth*, Melbourne, New York, Melbourne University Press, 1996.

20　「指令は、達成すべき結果については、名宛人となっているすべての構成国を拘束するが、結果達成のための方式および手段についての権限は各国の決定機関に委ねる」（EC条約二四九条〔旧一八九条〕）。一三七条（旧一一八条）は構成国に、社会政策に関する指令の実施（国内での立法作業）について、労使双方の申し出がある場合には、労使に委ねることを認めている。

21　EC条約一三八条および一三九条（旧一一八条A及びB）。以下を参照のこと。P. Rodière, *Droit social de l'Union européenne*, LGDJ, 1998, n° 75 sq., p. 72 sq. ; B. Teyssié, *Droit européen du travail*, Litec, 2001, n° 120 sq., p. 49 sq.

22　CJCE〔欧州司法裁判所〕, 20 sept. 1988, aff. 190/87 (Moormann), *Rec.* p. 4689. この判例は、指令に垂直的直接効果を認めるにとどまる。しかし、学説の一部が認めるように、国内の裁判官は指令に水平的直接効果をも与えるように駆り立てられている。たとえば、ルクセンブルクの裁判所による指令（職業的平等に関する七六／二〇七CEE）の解釈に適合した指令の（国内法への）転換がないとして、フランスの裁判官が女性の深夜労働に関するフランスの法律の適用を拒否した事例を参照せよ。Cons. prud. Laval, 5 nov. 1998, *Droit social*, 1999, 133, ss. obs. critiques J.-Ph. Lhernould; H. Masse-Dessen, M.-A. Moreau, « A propos du travail de nuit des femmes: nouvelle contribution sur l'application des directives communautaires », *Droit social*, 1999, p. 391.

23 たとえば署名者の代表性の欠如を理由として。ＴＰＩ〔第一審裁判所〕, 17 juin 1998, aff. T-135/96（CGPME), *Droit social*, 1999, 60, ss. obs. M.-A. Moreau.

24 この改革については本書第五章を参照せよ。

25 とりわけ、十分な公益上の理由を証明せずに、従前の労働協約の内容を再検討する法律の規定を違憲と判断した憲法院二〇〇〇年一月一三日決定（九九―四二三決定）を参照せよ（以下を参照。X. Prétot, « Le Conseil constitutionnel et les trente-cinq heures » , *Droit social*, 2000, 257)。

26 以下を参照。F. Bocquillon, « Que reste-t-il du "principe de faveur " ? », *Droit social*, 2001, 255. 以下と比較せよ。A. Jeammaud, « Le principe de faveur. Enquête sur une règle émergente », *Droit social*, 1999, 119.

27 本書第三章を参照せよ。

28 Cf. M. Borrus, J. Zysman, "Globalization with borders: the rise of wintelism as the future of global competition," *Industry and Innovation*, vol. 4, 2, Dec. 1997.

29 一九七八年に公開審査を受けた以下の博士論文を参照。I. Vacarie, *L'Employeur*, Sirey, 1979.

30 とりわけ一九九四年九月二二日の欧州指令九四／九五および以下を参照。P. Rodière, *Droit social de l'Union européenne, op. cit.*, n° 252 *sq.*, p. 262 *sq.* ; B. Teyssié, *Droit européen du travail, op. cit.*, n° 730 *sq.*, p. 264 *sq.*

31 以下を参照。Cour de cassation, Chambre sociale（Dorénavant: Soc.), 5 avr.1995, *Droit social*, 1995, 487, ss. obs. Ph. Waquet; G. Lyon-Caen, « Sur le transfert d'emploi dans les groupes multinationaux », *Droit social*, 1995, p. 489; M.-A. Moreau, « La délocalisation des entreprises à l'étranger », in *Droits fondamentaux des salariés face aux intérêts de l'entreprise*, Aix-Marseille, P.U. Aix-Marseille, 1994, 1.

32 Cf. G. Couturier, « L'article L.122–12 du Code du travail et les pratiques d'"externalisation" »（les arrêts *Perrier Vittel France* du 18 juillet 2000), *Droit social*, 2000, p. 845.

33 M.-L. Morin, « Sous-traitance et relations salariales. Aspects de droit du travail », *Travail & Emploi*, 60, 1994, p. 23 *sq*.

34 Cf. F. Gaudu, M.-L. Morin, A. Coeuret, J. Savatier, P. Remy, « Les frontières de l'entreprise », *Droit social*, numéro spécial, mai 2001, p. 471–513.

35 労働的な観点からは以下を参照。Darmaisln, « L'ordinateur, l'employeur et le salarié », *Droit social*, 2000, p. 580. より一般的には以下を参照のこと。J.-M. Chevalier, I. Ekeland, M.-A. Frison-Roche, M. Kalika, *Internet et nos fondamentaux*, PUP, 2000.

36 Cf. A. Leroi-Gourhan, *Le Geste et la Parole*, *op. cit.*, t. II, p. 35 *sq*〔ルロワ＝グーラン『身ぶりと言葉』、前掲書、三七六頁以下〕.

37 パソコンにもっとも近い日用品はおそらく靴である。新しい靴はそのサイズのどんな足にも適合するが、ひとたび履かれてしまうと、ただ一つの足にしか合わなくなる。人間の脳の進化は足の変化のおかげであると、形質人類学は教えてくれてはいなかっただろうか。以下を参照。A. Leroi-Gourhan, *Le Geste et la Parole*, *op. cit.*, t. I, p. 90 *sq*〔アンドレ・ルロワ＝グーラン『身ぶりと言葉』、前掲書、一一二頁以下〕。違いがあるとすれば、靴の紛失は取り返しのつかないものではないが、コンピューターの紛失は、バックアップがなければ、所有者からその記憶の一部を決定的に奪う点である。

38 以下を参照。J. Danet, « Droit et disciplines de production et de commercialisation en agriculture », thèse, Paris-I, 1982; L. Lorvellec, « L'agriculteur sous contrat », in *Le Travail en perspectives*, ouvrage coll., LGDJ, 1998, p. 179 *sq*.

39 労働日を制限した最初の法律に関してマルクスがすでに指摘した関連性を参照のこと。K. Marx, *Le Capital*, *op. cit.*, p. 949 *sq*〔カール・マルクス『資本論』、第二巻、前掲書、三〇八頁以下〕.

40 Cf. J.-E. Ray, « Nouvelles technologies et nouvelles formes de subordination », *Droit social*, 1992, p. 525.

41 コンピューターはどこにでもあるのに、企業の生産性曲線の中には現れないという、有名なソローのパラドックスに対する答えの一つがおそらくここにある（cf. Th. K. Landauer, *The Trouble with Computers. Usefulness, Usability, and Productivity*, Cambridge, Mass, MIT Press, 1995)。

42 Cf. M. Castells, *La Société en reseaux*, *op. cit.*

43 Cf. G. Bateson *et al.*, *La Nouvelle Communication*, textes réunis et présentés par Y. Winkin, Seuil, 1981（重要な文献目録を含む）.

44 Cf. Ph. Breton, *L'Utopie de la communication*, *op. cit.*, p. 54 *sq*.

45 N. Wiener, *Cybernétique et société*, *op. cit.*, p. 31〔ノーバート・ウィーナー『人間機械論　人間の人間的な利用』、前掲書〕. 熱力学に由来する概念であるエントロピー（「進化の原因」を意味するギリシア語 entropê に由来する）は、減損を定められたあらゆるシステムが有する自発的傾向を意味する。減損が完全になされたときに、エントロピーは最大となる。つまり聖書の古い啓示が、科学的発見というやり方で繰り返されているのだ。「みな一つ所に行く。皆ちりから出て、皆ちりに帰る」（『伝道の書』三―二〇）。

46 Cf. N. Wiener, *Cybernétique et société*, *op. cit.*, chap VI, « Loi et communication », p.129 *sq*〔ノーバート・ウィーナー『人間機械論　人間の人間的な利用』、第四章、「法律と

コミュニケーション』、前掲書、一〇九頁以下〕.

47　Cf. Y. Loussouarn, P. Lagarde (dir.), *L'information en droit privé*, LGDJ, 1978; CURAPP, *Information et transparence administratives*, PUF, 1988; M. Fabre-Magnan, *De l'obligation d'information dans les contrats*, *op. cit.*

48　P. Catala, « Ebauche d'une théorie juridique de l'information », *Rec. Dalloz* 1984, p. 975; « La "propriété" de l'information », in *Mélanges Pierre Raynaud*, Dalloz-Sirey, 1985, p.97–112; textes repris in *Le Droit à l'épreuve du numérique*, PUF, 1998, p.224 *sq.* ; M.-A. Frison-Roche, « Le droit d'accès à l'information, ou le nouvel équilibre de la propriété », in *Droit privé à la fin du XXe siècle. Etudes offertes à Pierre Catala*, Litec, 2001, p. 759 *sq.*

49　Cf. N. Wiener, *Cybernétique et société*, *op. cit.*, p. 139 *sq*〔ノーバート・ウィーナー『人間機械論　人間の人間的な利用』、前掲書、一一七頁以下〕; Ph. Breton, *L'Utopie de la communication*, *op. cit.*, p. 126 *sq.*

50　とりわけオルー法の貢献については以下の博士論文を参照のこと。R. Vatinet, *Les Attributions économiques du comité d'entreprise*, Sirey, 1983. 第一部の全体が情報の義務を取り扱っている。

51　« Le progrès des Lumières dans l'entreprise », in *Les Transformations du droit du travail. Etudes offertes à Gérard Lyon-Caen*, Dalloz, 1989, p. 463–484.

52　Cf. G. Couturier, *Traité de droit du travail*, t. II, *Les Relations collectives de travail*, PUF, 2001, n° 78 *sq.*, p. 172 *sq.*

53　P.-Y. Verkindt, « NTIC et nouvelles pratiques d'expertise », *Droit social*, 2002, p. 54.

54　Cf. A. Pichot, « Sur la notion de programme génétique », *Philosopha scientiae*, 6 (1), 2002, p. 163 *sq.*

55　Cf. Ph. Breton, *Une histoire de l'informatique*, *op. cit.*, p. 93.

56　Cf. J. Habermas, *Theorie des kommunikativen Handelns*, Francfort, Suhrkamp Verlag, 1981, trad. fr. *Théorie de l'agir communicationnel*, Fayard, 2 t., 1987〔ユルゲン・ハーバーマス『コミュニケイション的行為の理論』、河上倫逸、M・フーブリヒト、平井俊彦訳、未來社、一九八五―一九八七〕; *Faktizität und Geltung. Beiträge zur Diskurstheorie des Rechts und des demokratischen Rechtsstaats*, Francfort, Suhrkamp Verlag, 1992, trad. fr. *Droit et démocratie. Entre faits et normes*, Gallimard, 1997〔ユルゲン・ハーバーマス『事実性と妥当性　法と民主的法治国家の討議理論にかんする研究』、河上倫逸、耳野健二訳、未來社、二〇〇二―二〇〇三年〕.

57　J. Habermas, *Technik und Wissenschaft als Ideologie*, Francfort, Suhrkamp Verlag, 1968, trad. fr. *La Technique et la science comme « idéologie »*, Gallimard, 1973〔ユルゲ

ン・ハーバマス『イデオロギーとしての技術と科学』、長谷川宏訳、平凡社ライブラリー、二〇〇〇年〕.

58　包括的な科学モデルとしてのシステム理論もまた、その起源はサイバネティックスにある。Cf. D. Lecourt (dir.), *Dictionnaire d'histoire et de philosophie des sciences*, PUF, 1999, *s.v.* système.

59　Cf. T. Luhmann, *Legitimation durch Verfahren* [1969], trad. fr. *La Légitimation par la procédure*, Sainte-Foy (Québec), Paris, Presses de l'université Laval-Editions du Cerf, 2001〔ニコラス・ルーマン『手続を通しての正統化』、今井弘道訳、風行社、二〇〇三年〕.

60　ラブレーがブリドワ判事に語らせた法学者の古くからの知恵がある。「さればこそわしも、ご同輩と同じく、判決をば、延期し、猶予し、遅延をおこなうのであって、それは、その訴訟につき、吟味、選別、討議がなされて、時の継起によりて、熟成するにいたり、かつまた、その後生じたる運命を、敗訴した側にも、甘んじて受けることをば容易にするためなのでござる」(Rabelais, *Gargantua-Pantagruel. Le Tiers Livre*, chap. XL〔フランソワ・ラブレー『ガルガンチュアとパンタグリュエル　第三の書』、宮下志朗訳、ちくま文庫、二〇〇七年、四四二頁〕)。

61　生体が外部環境の変化に対して一定の内的安定を保つ能力を意味する、ホメオスタシスという生物学的概念は、情報通信関連新技術（ＮＴＩＣ）の考案者たちによって、生体組織から機械や社会へと持ち込まれた（cf. N. Wiener, *God & Golem inc., op. cit.*, p. 101 *sq*）。生体組織の機械との同視は、規制の概念にとっても別の意味で作用しており、この概念は分子生物学から機械工学に取り込まれたものである。Cf. D. Lecourt (dir.), *Dictionnaire d'histoire et de philosophie des sciences, op. cit., s.v.* régulation.

62　Cf. N. Wiener, *Cybernétique et société, op. cit.*, p. 38〔ノーバート・ウィーナー『人間機械論　人間の人間的な利用』、前掲書〕, et *id.*, *God & Golem inc., op. cit.*, p. 102 *sq.*

63　団体交渉の権利を創設し企業での労働協約を促進する一九七一年七月一三日法（以下を参照。M.-A. Rotschild-Souriac, « Les accords collectifs au niveau de l'entreprise », thèse, université Paris-I, 1986, dactylographiée; M. Despax, *Négociations, conventions et accords collectifs*, Dalloz, 2e éd. 1989, p. 59 *sq*）。この改革は「新しい社会」計画の中に位置づけられていた。これは「契約的政策」が通常の社会統治法とされるような社会である。

64　Cf. A. Supiot (dir.), *Au-delà de l'emploi, op. cit.*, p. 140 *sq.*; M.-A. Souriac, G. Borenfreund, « La négociation collective entre désillusion et illusions », in *Droit syndical et droits de l'homme à l'aube du XXIe siècle. Mélanges en l'honneur de Jean-Maurice Verdier*, Dalloz, 2001, p. 181–224.

65　Cf. M.-A. Moreau, « L'implication des travailleurs dans

la société européenne », *Droit social*, 2001, p. 967.

66 本書第二章参照。

67 A. Leroi-Gourhan, *Le Geste et la Parole*, *op. cit.*, t. II, p. 259〔ルロワ＝グーラン『身ぶりと言葉』、前掲書、六二一頁〕.

68 A. Leroi-Gourhan, *Le Geste et la Parole*, *op. cit.*, t. I, p. 260〔ルロワ＝グーラン『身ぶりと言葉』、前掲書、三〇二頁〕.

69 異なる観点から展開されてきたこの考え方について以下を参照。A. Leroi-Gourhan, *Le Geste et la Parole*, *op. cit.*, t. II, p. 50〔ルロワ＝グーラン『身ぶりと言葉』、前掲書、三九二頁〕; G. Bataille, *Théorie de la religion*, *op. cit.*, p. 58 *sq.*〔ジョルジュ・バタイユ『宗教の理論』、前掲書、五五頁以下〕; E. Kantorowicz, *Mourir pour la patrie*, PUF, 1984, p. 105 *sq.*〔エルンスト・カントロヴィッチ『祖国のために死ぬこと』、甚野尚志訳、みすず書房、二〇〇六年、一頁以下〕; P. Legendre, *La 901e Conclusion*, *op. cit.*, p. 367 *sq.* 現代の自由主義モデルでは、市場獲得競争が、捕食と殺戮の欲動表現の特権的な場をなしている（cf. Ph. Thureau-Dangin, *La Concurrence et la Mort*, *op. cit.*）。

70 一九九三年一一月二三日の九三－一〇四号指令一三条。

71 A. Leroi-Gourhan, *Le Geste et la Parole*, *op. cit.*, t. II, p. 106 *sq*〔ルロワ＝グーラン『身ぶりと言葉』、前掲書、四五三—四五四頁〕.

72 この問題のバイオテクノロジーにおける興隆については以下を参照。M. Fabre-Magnan, Ph. Moullier (dir.), *La Génétique, science humaine*, *op. cit.*, avant-propos.

73 自宅でのテレワークについては以下を参照。J.-E. Ray, « Nouvelles technologies et nouvelles formes de subordination », *op. cit.*, p. 47 *sq.*

74 破毀院社会部二〇〇一年一〇月二日判決（Abram 事件）。*Droit social*, 2001, 920.

75 破毀院社会部二〇〇〇年一二月一二日判決（Baranez 事件）。*Bull. civ.*, p. 417.

76 この点について、「通信」部門の社会対話委員会が二〇〇一年一月一一日に提案したヨーロッパにおけるテレワークのための指導方針を参照（extraits commentés in J.-E. Ray, « Nouvelles technologies et nouvelles formes de subordination », *op. cit.*, p. 52–54）。

77 この点に関して以下を参照。J.-E. Ray, « NTIC et droit syndical », *Droit social*, 2002, p. 65 *sq.* 企業の情報ネットワーク上での組合活動は、労使協定の締結に準じることになる（労働法典L四一二－八第七段落、二〇〇四年五月四日法）。

78 以下を参照。« Temps de travail: pour une concordance des temps », *Droit social*, 1995, p. 947–954.

79 Cf. P.-H. Antonmattei, « Le temps dans la négociation 35 heures », *Droit social*, 2000, 305.

80 Cf. F. Favennec-Héry, « Le temps de repos: une nou-

velle approche de la durée du travail », *Revue de jurisprudence sociale*, 12/99, p. 819; Ph. Waquet, « Le temps de repos », *Droit social*, 2000, p. 288; J. Barthélémy, « Le temps de travail et de repos: l'apport du droit communautaire », *Droit social*, 2001, p. 522.

81　労働法典L二一二–四–一条以下を参照のこと。F. Favennec-Héry, « Le temps vraiment choisi », *Droit social*, 2000, p. 295.

82　労働法典L二一二–四条の二。破毀院社会部二〇〇一年四月二四日判決（*Droit social*, 2001, 727, ss. obs. J.-Ph. Lhernoud)。以下を参照。B. Acar, G. Bélier, « “Astreintes” et temps de travail », *Droit social*, 1990, p. 502; J. Savatier, « Durée du travail effectif et périodes d'inactivité au travail », *Droit social* 1998, p. 15; J.-E. Ray, « Les astreintes, un temps du troisième type », *Droit social*, 1990, p. 250.

83　Cf. N. Maggi-Germain, « A propos de l'individualisation de la formation professionnelle continue », *Droit social*, 1999, p. 692; J.-M. Luttringer, « Vers de nouveaux équilibres entre temps de travail et temps de formation? », *Droit social*, 2000, p. 277.

84　労働法典L二一二–一五–一条以下。以下を参照。P.-H. Antonmattei, « Les cadres et les 35 heures », *Droit social*, 1999, p. 159; J.-E. Ray, « Temps de travail des cadres: acte IV, scène 2 », *Droit social*, 2001, 244.

85　Cf. D. Lecat, « Le temps de travail des personnels navigants aériens », *Droit social*, 2000, p. 420.

86　Cf. M.-A. Moreau, « Temps de travail et charge de travail », *Droit social*, 2000, p. 263. 以下も合わせて参照。Y. Lasfargue, « L'ergostressie, syndrome de la société de l'information », *La Revue de la CFDT*, nov. 2000, 35, p. 17 *sq*.

87　ヨーロッパ人権条約八–一条。以下を参照。« Temps de travail: pour une concordance des temps », *op. cit.*, p. 954.

88　労働法典L二一二–四–七条（家庭生活上の必要のための労働時間の短縮の権利）。労働法典L二二五–二条以下とL二二六–一条（家族の出来事と臨終での看取りのための休暇の権利）。

89　破毀院社会部一九九九年一月一二日。*Bull. civ.*, 7（住居の選択の自由）.

90　かつてのソヴィエト反体制派が西洋のメディアに対して向けた（あまり場違いではない）まなざしを参照。A. Zinoviev, *L'Occidentisme, Essai sur le triomphe d'une idéologie*, Plon, 1995, p. 231 *sq*.

91　Cf. Ph. Breton, *L'Utopie de la communication*, *op. cit.*, p. 54. 個性とは形式（つまり情報の配列）であって実体ではないと考えたノーバート・ウィーナーは、人間存在を説明するデジタルコードの総体の解読と再暗号化により、いずれ人間存在を電送できるような技術的進歩がもたらされるとの仮説を提起した（*Cybernétique et société*, *op. cit.*, p. 127〔『人間機械論　サイバネティックスと社会』、前掲書〕）。このような幻想――要するにそれは不死の幻想である――は、今日では生物学者たちの方へと場を移し、ヒト・クローンにまつわる論争を活気づけている（Cf. H. Atlan, M. Augé, M. Delmas-Marty, R.-P. Droit, N. Fresco, *Le Clonage humain*, Seuil, 1999〔アンリ・アトラン他『ヒト・クローン未来への対話』、工藤妙子訳、青土社、二〇〇一年〕）。

92　破毀院社会部二〇〇〇年七月一八日判決。*Semaine sociale Lamy*, 996, 25/09/2000. 透明性と秘密との緊張関係については以下を参照。M.-A. Frison-Roche (dir.), *Secrets professionnels*, Autrement, 1999. 許されざる秘密については以下を参照。P. Lascoumes, *Les Affaires ou l'art de l'ombre*, Le Centurion, 1986.

93　ビデオカメラによる監視に関しては以下を参照。M. Grévy, « Vidéosurveillance dans l'entreprise: un mode normal de contrôle des salariés ? », *Droit social*, 1995, p. 329–332.

94　ＣＮＩＬの年次活動報告書における労働問題に関する章を参照のこと。フランスの法律の規定は、一九九五年一〇月二四日の共同体指令九五／四六ＣＥ（一一月二三日欧州共同体官報）の規定と合致している必要がある。以下を参照。O. de Tissot, « Internet et contrat de travail », *Droit social*, 2000, p. 150–158.

95　CNIL, *Vingtième rapport d'activité, 1999*, La Documentation française, 2000, p. 180 *sq*.

96　この報告書は以下で参照可能である。http://www.assemblee-nat.fr/dossiers/cnil.asp

97　フリッツ・ラング監督の一九六〇年の映画『怪人マブゼ博士（マブゼ博士の千の眼）』。

98　この点については一九九四年に採択された電話の自動切り換えシステムに関するＣＮＩＬの簡易規範を参照のこと（以下に収録されている。CNIL, *Vingt délibérations commentées*, La Documentation française, 1998）。

99　欧州人権裁判所一九九二年一二月一三日判決（Niemietz対ドイツ）と同裁判所一九九七年六月二五日判決（Halford対イギリス）。

100　労働法典Ｌ一二一－八条。破毀院社会部一九九一年一一月二〇日判決。*Droit social*, 1992, p. 28.

101　労働法典Ｌ四三二－二－一条。

102　労働法典Ｌ一二〇－二条およびＬ一二一－七条。

103　破毀院社会部二〇〇一年一〇月二日判決（ニコン社事件）。*Droit social*, 2001, obs. J.-E. Ray.

104　Cf. F. Ewald, *L'État providence*, Grasset, 1986.

105　法的思考に特有の帰責と、科学における因果性との相違については以下を参照。H. Kelsen, *Théorie pure du droit*, trad. fr. de la 2e éd. de la *Reine Rechtslehre*, par Ch. Eisenmann, Dalloz, 1962, p. 105 *sq*.〔ハンス・ケルゼン

『純粋法学』、長尾龍一訳、岩波書店、二〇一四年、七八頁以下〕; *id. Allgemeine Theorie der Normen* [1969], trad. fr. *Théorie générale des normes*, PUF, 1996, p. 31.

106　サイバネティックス的な観点からすればこのリスクはむしろ好機、つまり人の決定権を「知能機械」に移譲する好機である（cf. Ph. Breton, *L'Utopie de la communication, op. cit.*, p. 106 *sq*)。

107　Cf. M.-L. Morin, « Les frontières de l'entreprise et la responsabilité de l'emploi », *Droit social*, 2001, numéro spécial cité, p. 478 *sq*.

108　破毀院は契約行為が物に付随して――つまり所有権の譲渡契約の連鎖において――移転することを認めている（一九八六年二月七日大法廷。*Bull.* 2, D. 1986, p. 293, note A. Benabent)。一方でこうした「必然的に契約的性質を持つ」行為を、請負の場合（一九八八年三月八日第一民事部判決、*Bull. civ.*, I. n° 69）や、さらにはあらゆる種類の契約（一九八八年六月二一日第一民事部判決 *Bull. civ.*, I. n° 202）にまで拡大しようとする第一民事部の試みは、大法廷によって退けられた（一九九一年七月一二日大法廷判決。Besse, *Bull.* n° 5, p. 7; D. 1991, p. 549, note J. Ghestin; *JCP* 1991, éd. G, II, 21743, obs. G. Viney)。

109　「使用権ライセンス」という身分の批判については以下を参照。J. Huet, « De la "vente" de logiciel », in *Etudes offertes à Pierre Catala, op. cit.*, p. 799 *sq*.

110　物に起因する責任も欠陥商品に起因する責任もすべて排斥した以下を参照。A. Lucas, « La responsabilité des choses immatérielles », in *Etudes offertes à Pierre Catala, op. cit.*, p. 817 *sq*.

111　民法典一三八六－一条以下に置換された、商品の欠陥を理由とした責任に関する一九八五年七月二五日のEC指令（八五／三七四号)。

112　Cf. Ph. Pédrot (dir.), *Traçabilité et responsabilité*, Economica, 2003.

113　民法典一三一六条以下（二〇〇〇年三月一三日の法律第二〇〇〇-二〇〇号)。以下を参照。J. Huet, « Vers une consécration de la preuve et de la signature électronique », *D.*, 2000, chr., 95; J. Devèze, « Vive l'article 1322 ! Commentaire critique de l'article 1316-4 du Code civil », in *Etudes offertes à Pierre Catala, op. cit.*, p. 529 *sq*.

114　民法典三一八条（一九七二年一月三日の法律)。「否認がない場合においても、母は夫の父子関係について異議を申し立てることができる。ただし、母が婚姻の解消後に子の真の父と再婚した場合の準正（嫡出転化）を目的とする場合に限る」。この規定の拡大解釈を採用した判例は、たとえ子が依然として夫の子とみなされ、扱われていたとしても、この規定を適用した（一九七七年二月一六日第一民事部判決。*Bull. civ.*, I, n° 92)。

115　欧州人権裁判所二〇〇〇年二月一日判決（Mazurek 対フ

ランス事件）。以下に採録。F. Sudre *et al.*, *Les Grands Arrêts de la Cour européenne des droits de l'Homme*, PUF, 2003, n° 44, p. 389.

116　立法府によって開かれた突破口が判例によって拡大され、母の夫の父子関係推定についての異議申立ての途が多様化している（一九七六年六月九日第一民事部判決。*Bull. civ.*, I, n° 211. 民法典三三四－九条の反対解釈。一九八五年二月二七日第一民事部判決。*Bull. civ.*, I, n° 76. 民法典三二二条二段落の反対解釈）。

117　このような「民法の生物学化」については以下を参照。C. Labrusse-Riou, « Sciences de la vie et légitimité » in *Mélanges à la mémoire de D. Huet-Weiller*, LGDJ, 1994, p. 283 *sq.*

118　二〇〇〇年以来、破棄院は、「生物学的鑑定は、それを用いないことにつき正当な理由がある場合を除き、親子関係に関する当然の権利である」と判示するようになっている（破棄院第一民事部二〇〇〇年三月二八日判決。*Bull. civ.*, I, n° 103）。Add. F. Bellivier, L. Brunet, C. Labrusse-Riou, « La filiation, la génétique et le juge: où est passée la loi? », *Rev. Trim. Dr. civ.*, 1999, n° 3, p. 529 *sq.*

119　Cf. P. Legendre, *Filiation*, *op. cit.*, p. 198 *sq.*

120　親子関係に関する法権利の人類学的な争点については以下を参照。P. Legendre, *L'Inestimable Objet de la transmission. Étude sur le principe généalogique en Occident*, Fayard, 1985. 臨床的アプローチについては以下も参照のこと。A. Papageorgiou-Legendre, *Fondement généalogique de la filiation*, Fayard, 1990.

121　養子縁組については、民法典三四三条および三四三－一条を参照。医学的な補助を受けた出産については、公衆衛生法典二一四一－二条を参照（「出産に対する医学的な補助は、カップルの親になりたいという要請に応えるためのものである」）。

122　マスコミではこのような大言壮語がひっきりなしに語られており、一部の政治家にとっては、それが社会設計に取って代わっているほどである。新聞をたまに読むだけでも、事情を把握するには十分だ。とりわけマルセラ・ヤキュブ女史の数多くの著作や無数のインタビューを参照のこと。国立科学研究センター（ＣＮＲＳ）の法学者であり社会科学高等研究院（ＥＨＥＳＳ）での指導資格を持つ博士である同女史は、隙のない体系化能力を発揮しながら、こうした主張の擁護をしている。「身体とは人材が配置されたり削減されたりする制度的な土台にすぎない」と考える彼女は、「完全移植というバイオテクノロジーの地平」に自らを位置づけながら、親計画における「胚の代替可能性」や、「自らの身体を経ずに出産する女性の権利」、単なる人工出産技術とみなされた生殖型クローニングの権利の擁護を繰り広げている（とりわけ以下を参照。Marcela Iacub, *Le Crime était presque sexuel*, EPEL, 2002; *id.*, *Penser les droits de la naissance*,

PUF, 2004)。

123 この点についてはベルナール・エデルマン（Bernard Edelman）の仕事を参照のこと。

124 以下を参照。M. Corbier (dir.), *Adoption et fosterage*, De Boccard, 1999.

125 養子縁組に寛容なローマ法とて、父子関係の順序を逆転させるための利用は認めていない。以下を参照。M. Corbier, « Famille et parenté: caractères originaux de la société romaine (IIe siècle av. J.-C. - IIIe siècle apr. J.-C.) », in A. Supiot (dir.), *Tisser le lien social*, *op. cit.*, p. 73 *sq*.

第五章

1 L. Dumont, *Essais sur l'individualisme*, *op. cit.*, p. 186〔ルイ・デュモン『個人主義論考』、前掲書、二五五頁〕.

2 J. Bodin, *Les Six Livres de la République*, éd. de 1583, présentée par G. Mairet, LGF, 1993, livre I, chap. 1, p. 58.

3 H. Kelsen, *Théorie pure du droit*, *op. cit.*, p. 60 *sq*〔ハンス・ケルゼン『純粋法学』、前掲書、四三頁以下〕.

4 Cf. E. Kantorowicz, *Les Deux Corps du roi*, *op. cit*〔E・カントーロヴィチ『王の二つの身体』、前掲書〕.

5 Cf. J. Bodin, *Les Six Livres de la République*, *op. cit.*, livre I, chap. IX, p. 155.

6 G・メレ（G. Mairet）が指摘するように、福音書の神はボダンの主権論における大いなる不在であり、ボダンが準拠するのは、モーセの掟および旧約聖書の原典のみである（以下を参照。*Les Six Livres de la République*, *op. cit.*, p. 12 *sq*）。近代国家とはユダヤ＝キリスト教的起源を持つ発明なのであって、ローマ＝カノン法のみに由来するわけではないのだ。

7 J. Bodin, *Les Six Livres de la République*, *op. cit.*, livre I, chap. VIII, p. 111.

8 « Souverän ist, wer über den Ausnahmezustand entscheidet », in *Politische Theologie. Vier Kapitel zur Lehre von der Souveränität* [1922], trad. fr. J.-L Schlegel, *Théologie politique*, Gallimard, 1988, p. 15〔カール・シュミット『政治神学』、田中浩、原田武雄訳、未來社、一九七一年、一一頁〕.

9 C. Schmitt, *Théologie politique*, *op. cit.*, p. 19〔シュミット『政治神学』、前掲書、一六―一七頁〕. ジャン・ボダンの以下の言葉を思い起こそう。「神の他は剣のみに由来する者こそが絶対的に至高である」(J. Bodin, *Les Six Livres de la République*, *op. cit.*, livre I, chap. IX, p. 139)。

10 たとえばナチズム体制下で亡命を強いられた労働法学者のオットー・カーン＝フロイントやフーゴ・ジンツハイマーら。以下を参照。C. Herrera (dir.), *Les Juristes de gauche sous la République de Weimar*, Kimé, 2002.

11 「結社の自由が団結（労働組合など）、すなわちストライキやロックアウトのような特殊な社会的圧力手段を用いて対立しあう結合に達するやいなや、政治的なものは閾値を超え、もはや個人の自由という基本的権利の問題ではなくなる」(C. Schmitt, *Verfassungslehre* [1928], trad. fr. L. Deroche, *Théorie de la constitution*, PUF, 1993, p. 303〔カール・シュミット『憲法論』、阿部照哉、村上義弘訳、みすず書房、一九七四年、一九七頁〕)。

12　Cicéron, *De Republica*, II, 33, trad. fr. C. Appuhn, *De la République. Des Lois*, Garnier-Flammarion, 1965, p. 68〔キケロー「国家について」、『キケロー選集8』、岡道男訳、岩波書店、一九九九年、九八―九九頁〕. ポリュビオスによるローマの国制の特徴をなす三権力についての記述も参照のこと。Polybe, *Histoire*, livre VI, chap. V, Gallimard, « Quarto », 2003, p. 562 *sq*〔ポリュビオス『歴史2』、城江良和訳、京都大学学術出版会、二〇〇七年、三〇六頁以下〕.

13　ローマの都市国家の異なる諸機関が階層的に配置されておらず、一つの至高な審級のもとに統合や統一もされていないことを明らかにした、以下の緻密な考察を参照。Y. Thomas, « L'institution civile de la cité », *Le Débat*, 74, mars-avr. 1993, p. 23 *sq*. 同様に以下も参照。A. d'Ors, *Une introduction à l'étude du droit*, trad. et présenté par A. Sériaux, Aix-Marseille, PU Aix-Marseille, 1991, n° 82, p. 113 *sq*.

14　シエナのプブリコ宮殿の有名なフレスコ画（一三四〇年）の中でアンブロージョ・ロレンツェッティが描いた善政の表象に対して、キケロの影響が大きいことからもわかるように、これには「前人文主義者たち」も含まれる。Cf. Q. Skinner, *L'Artiste en philosophe politique. Ambrogio Lorenzetti et le Bon gouvernement*, Raisons d'agir, 2003.

15　本書第四章参照。

16　この点についてのさらなる発展は以下の拙著を参照。*Critique du droit du travail, op. cit.*

17　とりわけ以下を参照。M. Foucault, *La Volonté de savoir*, Gallimard, 1976, p. 189 *sq*〔ミシェル・フーコー『知への意志』、渡辺守章訳、新潮社、一九八六年、一八一頁以下〕. フーコーの著作における法の扱いの変化については以下を参照。M. Alves da Fonseca, *Michel Foucault e o direito*, Sao Paulo, Max Limonad, 2002, et *id.*, « Michel Foucault et le droit », in A. Supiot (dir.), *Tisser le lien social, op. cit.*, p. 163 *sq*.

18　このように二つの世界戦争を一つの単位とする観点については以下を参照。G. Steiner, *In Blue-beard's Castle. Some Notes towards the Redefinition of Culture* [1971], trad. fr. *Le château de Barbe-Bleue. Notes pour une redéfinition de la culture*, Gallimard, 2000, p. 39 *sq*〔ジョージ・スタイナー『青ひげの城にて　文化の再定義への覚書』、桂田重利訳、みすず書房、二〇〇〇年、三一頁以下〕.

19　M. Castells, *La Société en réseaux, op. cit.*

20　以下を参照。F. Mayer (dir.), *Certifier la qualité ?*, Strasbourg, Presses universitaires de Strasbourg, 1998.

21　本書第二章参照。

22　Cf. H. Arendt, *Le Système totalitaire, op. cit.*, p. 205 *sq*〔アーレント『全体主義の起原3　全体主義』、前掲書、二八七頁〕.

23　この地位の歴史的な発展については以下を参照。R. Castel, *Les Métamorphoses de la question sociale. Une chronique du salariat*, Fayard, 1995〔ロベール・カステル『社会問題の変容　賃金労働の年代記』、前川真行訳、ナカニシヤ出版、二〇一二年〕.

24　このような産業社会の本質的な対立については以下を参照。E. Durkheim, *De la division du travail social*, préface de la première édition [1893], PUF, 10e éd. 1978, p. XLIII〔E・デュルケム『社会分業論』、井伊玄太郎訳、講談社学術文庫、一九八九年、七九頁〕.

25　世界銀行の元チーフエコノミストでノーベル経済学賞受賞者のスティグリッツによる意義深い証言を参照。J. Stiglitz, *La Grande Désillusion, op. cit*〔ジョセフ・E・スティグリッツ『世界を不幸にしたグローバリズムの正体』、前掲書〕.

26　アメリカの場合については以下を参照。M. Piore, *Beyond Individualism*, Cambridge, Mass., Harvard University Press, 1995.

27　P. Noailles, *Du droit sacré au droit civil, op. cit.*, p. 250, et *id.*, *Fas et Jus, op. cit.*, p. 223 *sq.*, spéc. p. 274. アウクトーリタースという概念の様々な用法は、それ自体では不十分な何らかの操作に法的な価値を授けるという共通点を持つことを指摘した、以下も参照のこと。A. Magdelain, *Jus imperium auctoritas, op. cit.*, spéc. p. 385 *sq*. この概念の起源については以下を参照。E. Benveniste, *Vocabulaire des institutions indo-européennes*, Minuit, t. II, 1969, p. 148-151〔バンヴェニスト『インド＝ヨーロッパ諸制度語彙集2』、前掲書、一四三―一四六頁〕. これによればアウクトーリタースはアウゲーオ（増える、増やす）から派生し、一部の人間にのみ限定された贈与や、何かを出現させること、何かを生み出して存在させることという理念をもたらしている。

28　この点については、四九四年に教皇ゲラシウス一世が東ローマ皇帝に宛てた有名な書簡を参照のこと。その中で「司祭の聖なる権威（auctoritas sacralis pontificum）」と「王の権力（regalis potestas）」は区別された（以下に収められた書簡全文の翻訳を参照。G. Dagron, *Empereur et prêtre*, Gallimard, 1996, p. 310 *sq*）。

29　文献は豊富である。比較法学については以下を参照。N. Longobardi, « Autorités administratives et position institutionnelle de l'administration publique », *Revue française de droit administratif*, 1995, p. 171 et 383. フランスについては国務院が公刊した二〇〇一年の報告書を参照。Conseil d'Etat, *Les Autorités administratives indépen-*

dantes, La Documentation française, 2001, p. 253–452; C.-A. Colliard, G. Timsit, *Les Autorités administratives indépendantes*, PUF, 1988; J.-L. Autin, « Du juge administratif aux autorités administratives indépendantes: un autre mode de régulation », *Revue de droit public*, 1988, p. 1213 *sq.* ; M. Jodeau-Grymberg, C. Bonnat, B. Pêcheur, « Les autorités administratives indépendantes », *Cahiers de la fonction public et de l'administration*, 190, mai 2000, p. 3–14.

30　以下を参照。M.-A. Frison-Roche (dir.), *Les Régulations économiques: légitimité et efficacité*, Presses de Sciences po et Dalloz, 2004.

31　こうして経済分析審議会や国立倫理諮問委員会（他にも例はいくらでも挙げることができる）は、たとえばイギリスにおける衡平（equity）を担うチャンセラーのような、君主に対する教会の助言者たちがかつて占めていた地位を、公権力に対して占めるようになった。こうした助言者たちは、王が市民法と神法を調和させ、市民法に十全なる正当性を付与する手助けをしていた。

32　破毀院商事部一九九六年六月一八日判決（Conso）。*Bull. civ.*, n° 179. 破毀院大法廷一九九九年二月五日判決（Oury）。*Bull. civ.*, n° 1. 国務院（コンセイユ・デタ）の立場は非常に後退している。Conseil d'Etat, Ass., 3 déc. 1999 (Didier). 以下を参照。J. Ribs et R. Schwartz, « L'actualité des sanctions administratives infligées par les autorités administratives indépendantes », *Gaz. Pal.*, 28 juil. 2000, p. 3–11; J.-F. Brisson, « Les pouvoirs de sanction des autorités de régulation et l'article 6 § 1 de la Convention européenne des droits de l'Homme », *L'Actualité juridique du droit administratif* (dorénavant *AJDA*), 1999, p. 847–859.

33　以下を参照。P. Laroque, « Contentieux social et juridiction sociale », *Droit social*, 1954, p. 271–280.

34　欧州共同体が採択したチョコレートの定義（製造者が植物性脂肪質をカカオの代わりに用いることを認めた二〇〇〇年六月二三日の指令2000/36/CE）はこうした決定の典型であり、これは〈権威〉の行使というよりは歯止めなき貪欲の帰結である（北半球の消費者と南半球のカカオ生産者を犠牲にして北半球の業者を潤わせる）。

35　人間と市民の権利の宣言、一七八九年、第六条。

36　一九四八年の世界人権宣言第二一条三項を参照。「人民の意思は、統治の権力の基礎とならなければならない。この意思は、定期のかつ真正な選挙によって表明されなければならない。この選挙は、平等の普通選挙によるものでなければならず、また、秘密投票又はこれと同等の自由が保障される投票手続によって行われなければならない」。

37　Cf. B. Main, *Principes du gouvernement représentatif*, Flammarion, 1996, p. 20 *sq.*

38　選挙による代表の中世的起源については以下を参照。L. Moulin, « Les origines religieuses des techniques électorales et délibératives modernes », *op. cit.* ; *id.*, « Sanior et maior pars. Etudes sur l'évolution des techniques électorales et délibératives dans les ordres religieux du VIe au VIIIe siècle », *op. cit.* ; G. de Lagarde, *La Naissance de l'esprit laïc à la fin du Moyen Age*, Louvain, Nauwelaerts, 1956; M. Clark, *Medieval Representation and Consent*, New York, Longmans, Green, 1964; A. Monahan, *Consent, Coercion and Limit. The Medieval Origins of Parliamentary Democracy*, Kingston, Canada, McGill-Queen's University Press, 1987; Y. Congar, *Droit ancien et structures ecclésiales*, Londres, Variorum Reprints, 1982, p. 210-259; G. Post, *Studies in Medieval Legal Thought*, Princeton, Princeton University Press, 1964, p. 123-238.

39　Cf. P. Rosanvallon, *Le Sacre du citoyen*, *op. cit.*

40　A. de Tocqueville, *Considérations sur la Révolution*, I, 5, in *Œuvres*, Gallimard, « Bibliothèque de la Pléiade », t. 3, 2004, p. 492.

41　一九五八年のフランス共和国憲法第三条を参照。「国民主権は人民に帰属し、人民はそれを自らの代表及び国民投票によって行使する。いかなる人民の部分も、いかなる個人も、その行使を自分のものとすることはできない」。

42　一七八九年の人間と市民の権利の宣言第三条。

43　フランス共和国憲法第四八条。「議会の議事日程は、政府が定めた優先と順番により、政府が提出した法案についての議論と、政府が承認した法案の議論が含まれる」。

44　フランス共和国憲法第三七条。「法律の領域とは異なる案件は規制という性質を持つ」。

45　Cf. P. Bourdieu, *La Noblesse d'État*, Minuit, 1989〔ピエール・ブルデュー『国家貴族』、立花英裕訳、藤原書店、二〇一二年〕.

46　参加原則に関する憲法解釈の変化については以下を参照。X. Prétot, « Les sources du droit du travail au regard du droit public », in B. Teyssié (dir.), *Les Sources du droit du travail*, PUF, 1998, n° 209 *sq.*; V. Ogier-Bernaud, *Les Droits constitutionnels des travailleurs*, Aix-Marseille, Paris, PU Aix-Marseille et Economica, 2003.

47　以下の先駆的な論文を参照。J.-M. Verdier et Ph. Langlois, « Aux confins de la théorie des sources du droit: une relation nouvelle entre la loi et l'accord collectif », *Rec. Dalloz*, 1972, chr., p. 253.

48　この方法は労働法の幅広い部門の再編のために繰り返し用いられてきた。職業教育、労働時間、雇用、月給制、一時的契約などについてである。

49　共和国憲法第四四条三項「政府が望む場合は、議会は審議中の法案の全体もしくは一部について、政府が提案もしくは合意した修正のみを取り入れて、ただ一回の投票により議決する」。

50　議会の審議により自らの合意の規定が修整された場合の、合意の「自動消滅」を定めた条項の導入によりこれがなされている。

51　この手法はとりわけ一九八二年に労働者の直接表明権を導入するために（一九八二年八月四日の法律第八二－六八九号および一九八六年一月三日の法律第八六－一号。以下を参照。C. trav., art. L.461-1 *sq*）、次いで一九八七年に経済的解雇の行政による事前許可の廃止のために（一九八六年七月三日の法律、一九八六年一〇月二〇日の職種間共通合意および一九八六年一二月三〇日の法律。Cf. M. Despax, « De l'accord à la loi », *Droit social*, 1987, p. 184 *sq*）用いられた。

52　憲法院、一九九六年一一月六日の決定第九六－三八三ＤＣ。この決定については以下を参照。B. Mathieu, « Précisions relatives au droit constitutionnel de la négociation collective », *Rec. Dalloz* 1997, chr. p. 152. その立法的実験については以下を参照。C.-A. Morand (dir.), *Evaluation législative et lois expérimentales*, Aix-Marseille, PU Aix-Marseille, 1993.

53　国務院（コンセイユ・デタ）、二〇〇一年七月二七日。Fédération nationale des transports Force Ouvrière, *Revue de jurisprudence sociale*, 1/02, n° 107（明示的な立法権の付与がないままに、団体協定が雇用者に不利益な規定違反を行う可能性を予見した命令《デクレ》の無効性）.

54　たとえば多国籍企業における情報提供と協議の義務の実施のために、ＥＣ指令第九四／四五号は、こうした企業内でこの義務の具体的内容について定めるための「特別交渉グループ」の設置を命じているが、協議のシステムについては、交渉が失敗した場合の一時しのぎとして、補足的に予見しているにすぎない。

55　全国雇用基金（ＦＮＥ）の財源を活用する法律の大半をこのカテゴリーに分類することができるだろう。この財源へのアクセスは、様々な結びつきに従って互いに組み合わされている以下のような一連の契約に従属することになる。国家と企業との協約（いわゆるＦＮＥ協約）、雇用者と組合との合意、当該の措置の主客である雇用者と賃金労働者との個別契約（cf. J. Pélissier, A. Supiot, A. Jeammaud, *Droit du travail, op. cit.*, n° 223 *sq*）。

56　国家と雇用者ないし職業団体や異業種団体との間の「職業上の平等のための契約」の締結を準備する労働法典Ｌ一二三－四－一条およびＤ一二三－一条から一二三－五条、一九八三年七月一三日法一八条（二〇〇一年五月九日の法律二〇〇一－三九七号により改正）およびＤ一二三－六条以下を参照。

57　近年ではいわゆるファビウス法によって導入されたインセンティブのメカニズムを参照。二〇〇一年二月一九日の法律二〇〇一－一五二号（*J. O. du* 20）。以下を参照のこと。Y.

Saint-Jours, *D.* 2001, chr. p. 1179; G. Iacono, *D.* 2001, chr. p. 1259; F. Favennec-Héry, *Revue de jurisprudence sociale*, 1/02, chr. p. 2.

58　三五時間への移行に関する法律の財政についての規定を参照（cf. J. Pélissier, A. Supiot, A. Jeammaud, *Droit du travail, op. cit.*, n° 920）。

59　「労働条件や労働関係をめぐる法律と義務を定めた後で、雇用者や賃金労働者、あるいは彼らを代表する機関に、適切な協議を経て、自らの発布した規範の具体的な施行方法を確定する作業を委ねるのは、立法府の自由である」（憲法院一九八九年七月二五日の決定八九－二五七。*Droit social*, 1989, p. 81, note X. Prétot, *AJDA*, 1989, p. 796, note Benoit-Rhomer）。

60　示唆的な逸話がある。欧州憲法制定条約の前文案には、民主主義を最大多数の権力と定義したトゥキディデスからの引用が含まれていた。この定義は国家間の平等原則に反するとみなされ、二〇〇四年六月の政府間会議で採択された文言からは削除された（cf. C. Barbier, « Un traité constitutionnel en quête de ses ultimes auteurs », *Demain Europe*, 23, juillet 2004, p. 2）。

61　欧州共同体条約一三八－一三九条によって今日では「補強されて」いる規定。委員会が社会領域において指令を作成する際には、労使代表が問題を引き取って、合意を取り付けることができるのであり、理事会はその合意に法的な効力を付与する。

62　「欧州連合の拠り所である民主主義原理を尊重するためには、立法行為の採択プロセスに欧州議会が不参加の場合、このプロセスへの人民の参加が代替的方法によって、当該の場合には労使代表の介在によって、保証される必要がある」（欧州共同体裁判所、一九九八年六月一七日。Aff. T-135-96, CGPME, *Droit social*, 1999, 53, obs. M.-A. Moreau, voir § 89）。欧州連合憲法制定条約はこの歩みをさらに進めて、代表的民主主義（I－四六条）と「自律的」社会対話（I－四八条）に並ぶ第三の民主主義（参加型民主主義。I－四七条）に場を与えた。

63　Cf. M. Bloch, *La Société féodale, op. cit*〔マルク・ブロック『封建社会』、前掲書〕. 近代的契約の中世的な起源については本書第三章を参照。

64　本書第三章参照。

65　本書第二章参照。

66　L. Vandermeersch, "An inquiry into the Chinese conception of the law," in S.R. Schram (ed.), *The Scope of State Power in China, op. cit.*

67　程頤。引用は以下による。L. Vandermeersch, "An inquiry into the Chinese conception of the law," *loc. cit.*

68　出版社曰く「マネージメントの法王」による「最初の回勅」である書物の中で、ピーター・ドラッカーは次のように記している。「伝統的な多国籍企業においては、経済の現実と政治の現実は一致していた。国は利益の中心あるいはビジネスユニットを構成していた。今日の超国家的企業において、および変身中の古い多国籍企業においては、国は単なる「コスト・センター」である。国は組織・労働・戦略・生産その他のユニットであるよりは、ことを複雑にする原因である」(P. Drucker, *Management Challenges for the 21th Century*, New York, HarperCollins, 1999, trad. fr. *L'Avenir du Management*, Ed. Village Mondial, 1999, p. 43〔P・F・ドラッカー『明日を支配するもの 21世紀のマネジメント革命』、上田惇生訳、ダイヤモンド社、一九九九年、四一―四二頁〕)。この種の著作の元祖である以下も参照。R. Reich, *L'Economie mondiale, op. cit*〔ライシュ『ザ・ワーク・オブ・ネーションズ』、前掲書〕.

69 Cf. Y. Mény, *La Corruption de la République*, Fayard, 1992〔イヴ・メニイ『フランス共和制の政治腐敗』、岡村茂訳、有信堂高文社、二〇〇六年〕.

70 本書第三章参照。

71 Cf. E. Orban, *Services publics ! Individu, marché et intérêt public*, Syllepse, 2004, p. 47.

72 こうした規範の中には多くの企業で大成功しているものもある。たとえば職務評価のヘイメソッドは、労働者に必要とされる「創造的イニシアチブ」の（数量化された！）度合を、評価ファクターの中に組み入れている。Cf. C.-H. Besseyre des Horts, *Gérer les ressources humaines dans l'entreprise*, Les Editions d'organisation, 1990, p. 52 *sq*.

73 Cf. B. Raynaud, *Le Salaire, la règle et le marché*, C. Bourgois, 1992.

74 Cf. Ph. Waquet, « Les objectifs », *Droit social*, 2001, p. 120.

75 破毀院社会部一九九八年六月一六日（Soc., 16 juin 1998, Société Hôtel Le Berry）。*Droit Social*, 1998, p. 803, rapp. Ph. Waquet. 以下を参照。Chr. Radé, « À propos de la contractualisation du pouvoir disciplinaire de l'employeur: critique d'une jurisprudence hérétique », *Droit social*, 1999, 3; M. Morarnd, « Le contractuel pourchasse le disciplinaire », *JCP*, éd. E, 1998, p. 2058.

76 公益奉仕労働や、電子的監視下に置くことなどの処罰の広まりを参照のこと。その宣告は受刑者の合意を前提としている（P. Poncela, *Droit de la peine*, PUF, « Thémis », 2e éd., 2001, p. 126 *sq*）。

77 ヨーロッパにおける比較的な分析については以下を参照。A. Supiot (dir.), *Au-delà de l'emploi, op. cit.*, p. 25 *sq*.

78 Cf. L. Lorvellec, « L'agriculteur sous contrat », *op. cit.*, repris in *Ecrits de droit rural et agroalimentaire*, Dalloz, 2002, p. 331 *sq.* ; L. Amiel-Cosme, *Les Réseaux de distribution, op. cit.* ; J. Beauchard, *Droit de la distribution et de la consommation*, PUF, 1996; M. Behar-Touchais, G. Virassamy, *Les Contrats de la distribution*, LGDJ, 1999.

79 Cf. « Les nouveaux visages de la subordination », *Droit social*, 2000, p. 1313.

80 この仕組については以下の雑誌の特集号に寄せられた考察を参照のこと。*Droit social* (juillet-août 1989); *Revue de droit sanitaire et social* -1989, n° 4).

81 Cf. J. Carby-Hall, « La fonction et l'effet du droit social britannique dans le contexte du débat emploi/chômage », *Rev. interna. dr. comp.*, 1997, 1, 75.

82 二〇〇一年一月一日の協約第一条の付帯規則。

83 全体像の紹介については以下を参照のこと。J. Pélissier, A. Supiot, A. Jeammaud, *Droit du travail*, *op. cit.*, n°158 *sq*. 改革の詳細な分析については以下を参照。« La nouvelle assurance-chômage », *Droit social*, numéro spécial, avr. 2001.

84 たとえば刑務所問題であれば、囚人の社会復帰計画の追跡調査を担当する、進路指導と保護観察の部局の任務を参照のこと（刑事訴訟法D.460条以下。以下を参照。P. Poncela, *Droit de la peine*, *op. cit.*, p. 298 *sq*）。

85 国務院（コンセイユ・デタ）、二〇〇一年七月十一日。*Revue de jurisprudence sociale*, 10/01, n° 1157 et 1168.

86 Chr. Willmann, « Le chômeur cocontractant », *Droit social*, 2001, p. 384; A. Supiot, « Un faux dilemme: la loi ou le contrat ? », *op. cit.*, p. 68.

87 TGI Marseille, 15 avr. 2004; voir A. Supiot, « La valeur de la parole donnée (à propos des chômages "recalculés") », *Droit social*, 2004, p. 541.

88 Cf. « Les nouveaux visages de la subordination », *op. cit.*

89 Cf. F. Mayer (dir.), *Certifier la qualité ?*, *op. cit.*

90 Cf. Ph. Minard, « Contrôle économique et normes de production dans la France des Lumières », in Istituto Datini, *Poteri economici e poteri politici* (*secc. XIII-XVIII*), Firenze, Le Monnio, 1999, p. 641 *sq.*

91 一九八〇年代末に『コーポレート・ガバナンスの諸原則（*Principles of Corporate Governance*）』と題された報告がアメリカ法律協会（American Law Institute）により刊行され、その数年後に英国でキャドベリー委員会の研究をまとめた『ベストプラクティスの規則（*Code of Best Practice*）』が刊行された。以下に収められたこれらの文書の紹介を参照のこと。A. Tunc, « Le gouvernement des sociétés anonymes. Le mouvement de réforme aux Etats-Unis et au Royaume-Uni », *Rev. interna. dr. comp.*, 1994, vol. 1, p. 59-72. 以下も参照されたい。N. Decoopman, « Du gouvernement des entreprises à la gouvernance », in *La Gouvernabilité*, ouvrage coll., PUF, 1996, p. 105 *sq.* ; B. Brunhes, « Réflexions sur la gouvernance », *Droit social*, 2001, p. 115.

92 一方では財務会計基準審議会（Financial Accounting

Standards Board）の基準（米国会計基準）がアメリカの企業により遵守され、他方では国際会計基準委員会（International Accounting Standards Committee）の国際会計基準審議会（International Accounting Standards Board）が、国際的な射程を持つ国際会計基準（International Accounting Standards）を作成している。ＩＡＳＣはロンドンに本部を持つ私法上の財団であり、現在はアメリカ連邦準備制度理事会元議長が会長を務めている。Cf. Y. Lemarchand, « Le miroir du marchand. Une histoire de la norme comptable », in A. Supiot (dir.), *Tisser le lien social, op. cit.*, p. 213.

93　二〇〇二年三月一二日、欧州議会は上場企業に二〇〇五年からＩＡＳの基準の採用を義務づける欧州委員会規則案をほぼ全会一致で採択した。この共通規則は将来的には「国際財務報告基準（International Financial Reporting Standards）」と呼ばれることになっている。

94　二〇〇六年に施行される二〇〇一年八月一日法二〇〇〇－六九二号。この法律を特集した以下を参照のこと。*Revue française de finances publiques*, 76, nov. 2001, et 82, juin 2003. 以下も参照されたい。M. Bouvier, « La loi organique du 1er août 2001 relative aux lois de finances », *AJDA*, 2001, p. 876; L. Tallineau, *Rev. fr. dr. adm.*, 2001, 6, p. 1205; L. Philip, *Revue française de droit constitutionnel*, 2002, 49, p. 199; S. Damarey, « L'administration confrontée à la mise en œuvre de la LOLF », *AJDA*, 2003, p. 1964.

95　以下を参照。L. Levoyer, « Fondements et enjeux de la réforme de la comptabilité de l'État », *La Revue du Trésor*, janv. 2003, 1, p. 3.

96　二〇〇一年七月に労使が採択した「団体交渉の進展の手段と方法についての共通の立場（*Liaisons sociales*, 1er août 2001, C1, n° 74）は、二〇〇四年に持ち上がった団体交渉法改革において立法府でも問題にされることになった。以下を参照。M.-L. Morin, « Principe majoritaire et négociation collective: un regard de droit comparé », *Droit social*, 2000, p. 1083 *sq.*; G. Borenfreund, « L'idée majoritaire dans la négociation collective », *Mélanges M. Despax*, Toulouse, Presses universitaires de Toulouse, 2002, p. 429-444.

97　以下を参照。欧州第一審裁判所、一九九八年六月一七日(aff. T-135-96)。CGPME, *Droit social*, 1999, p. 53.

98　二〇〇二年三月一一日の指令二〇〇二／一四／ＣＥの第四条を参照。そこで定められているのは、「合意に到達するために」審議会が開かれなければならないこと、審議されるのは「労働組織や労働契約への重要な修正を伴うような決定」であることである。これほど一般的な定義にはどんな重要な決定も当てはまるだろう……。

99　ヨーロッパに関心を持つアメリカの法学者たちは、このようなソフト・ローの新形態を、今日ではこの総称で名指している。EC条約（第三〇条と四〇条）におけるこの表現の使用はより限定的である。Cf. Ch. Sabel, « L'Europe sociale vue des États-Unis », in *Le Droit social vu d'ailleurs*, *Semaine sociale Lamy*, numéro spécial, 2002.

100　Cf. P. Rodière, *Droit social de l'Union européenne*, *op. cit.*, n° 18.

101　この点については以下の見事な論証を参照のこと。R. Salais, « La politique des indicateurs. Du taux de chômage au taux d'emploi dans la stratégie européenne pour l'emploi », *op. cit.*

102　これを特徴づけるのに最適な概念とはおそらく、ギールケが一九世紀にローマ法学派の伝統に対抗して作り上げ、ナチス体制下のドイツの学説においてある種の繁栄を味わった、以下の概念である。それはつまり「人格法的共同体関係 das personenrechtliches Gemeinschaftsverhältnis」（「個人的な法的共同体帰属関係」と訳すことができるだろう）という概念であり、これは共同体関係の主観的側面を言い表したものである。

103　「我々の法はすべて人・物・行為のいずれかに関係している（Omne autem ius quo utimur vel ad personas pertinet vel ad res vel ad actiones）」（ガイウス『法学提要』一・八）。

104　Cf. A. Supiot, « Revisiter les droits d'action collective », *Droit social*, 2001, p. 687.

第六章

1　F. Scott Fitzgerald, *La Fêlure*, Gallimard, 1963, p. 341〔フィッツジェラルド「崩壊」、宮本陽吉訳、『崩壊　フィッツジェラルド作品集3』、荒地出版社、一九八一年、一八四頁〕.

2　S. Weil, « À propos de la question coloniale dans ses rapports avec le destin du peuple français », in *Œuvres*, *op. cit.*, p. 429〔シモーヌ・ヴェイユ「フランス国民の運命との関連における植民地問題について」、『シモーヌ・ヴェイユ著作集2』、橋本一明ほか訳、春秋社、一九六八年、四七五頁〕.

3　Cf. Tocqueville, *De la démocratie en Amérique*, II, I, chap. II, « De la source principale des croyances chez les peuples démocratiques », *op. cit*〔トクヴィル『アメリカのデモクラシー』、第二巻（上）、「民主的国民における信仰の主要な源泉について」、前掲書、二六頁〕.

4　二〇〇一年二月一一日に『ネイチャー』と『サイエンス』の両誌において同時になされたヒトゲノム配列の発表に伴う、多くの宣言文を参照のこと。それによればこの「偉大なる生命の書物」（原文ママ）の読解は人種の不在を確証してくれるだろう（« Les bouleversants révélations de l'exploration du génome humain », *Le Monde*, 13 fév. 2001)。

5　男女の未分化を主張する者たち（いわゆるジェンダー理論）が、自らの正当性を科学に求めた結果、両性の脳の組織の違いを立証する新たな「科学的真理」に直面しなければならなくなるというのが、こうした反転の例である（cf. M. Lasky, « Du genre, des femmes et de tout le reste », *Revue internationale du travail*, vol. 139, 2000/4, spéc. p. 443 *sq*）。

6　「人間と神の交代は完了する、その一時的な役割も含めて」。コントは『実証主義者の教理問答』の結論でこのように記している（A. Comte, *Catéchisme positiviste*, *op. cit.*, p. 299）。これに呼応したのはルナンであり、彼は『科学の未来』の結論で、神に向かってこう投げかけた。「さらば！　君が私を裏切ったとしても、私は君をまだ愛している！」（Ernest Renan, *L'Avenir de la science*, 1890, GF-Flammarion, 1995, p. 491）。

7　私がここで念頭に置くのは一九四八年一二月一〇日に国連総会で採択された世界人権宣言のテキストである。

8　本書第一章参照。

9　世界人権宣言の第一六条は夫婦と家族にも個人としての権利を認めている。

10　世界人権宣言前文の初文。

11　世界人権宣言第一条。

12　この尊厳の承認は世界人権宣言前文が最初に明示しているものである。この概念の君主制的起源については本書第一章を参照。

13　世界人権宣言第一条。

14　世界人権宣言第七条以下および第二九条の二。

15　世界人権宣言第二七条（科学の進歩に参画しその恩恵にあずかる権利）。

16　世界人権宣言第一七条（所有権）および第二三条（労働権）。

17　世界人権宣言第二一条の三。

18　世界人権宣言第二一条の一および第二一条の三。

19　Cf. O. Nishitani, « La formation du sujet au Japon », *op. cit.*, spéc. p. 70.

20　本書第一章を参照。

21　世界人権宣言第二二、二六、二九条。

22　世界人権宣言第二七条の二。「自らが創作した科学的・文学的・芸術的作品から生ずる精神的・物質的利益を保護される権利」。

23　世界人権宣言第二二条および第二五条（社会保障）、第二二条および第二四条（労働の権利）、第二六条（教育）、第二七条（文化）。

24　Maïmonide, *Le Livre de la connaissance*, PUF, 2e éd. 1990, p. 178.

25　本書第二章参照。

26　本書第三章参照。

27　本書第四章参照。

28　Cf. H.J. Berman, *Law and Revolution*, *op. cit.*〔ハロルド・J・バーマン『法と革命I』、前掲書〕; P. Legendre, *La pénétration du droit roman dans le droit canonique classique*, *op. cit.*; *id.*, *Les Enfants du texte*, *op. cit.*, spéc. p. 237 *sq.*

29　Elie Faure, *Découverte de l'archipel*, *op. cit.*, p. 217.

30　この概念の変遷については以下を参照。A. Wijffels, « Aux confins de l'histoire et du droit: la finalité dans le débat sur la formation d'un nouveau *ius commune* », *Revue d'éthique et de théologie morale*, « Le Supplément », 207, déc. 1998, p. 33-66; *id.*, « Qu'est-ce que le ius commune ? », *op. cit.* フランスにおけるその現代的な表出については以下を参照。M. Delmas-Marty, *Pour un droit commun*, Seuil, 1994; *id.*, *Trois défis pour un droit mondial*, Seuil, 1998.

31　周知のようにこの表現はサミュエル・ハンチントンの書物に由来する（英語のタイトルは *The Clash of Civilizations and the Remaking of World Order*（文明の衝突と世界秩序の再編）(trad. fr. *Le Choc des civilisations*, O. Jacob, 1999〔サミュエル・ハンチントン『文明の衝突』、鈴木主税訳、集英社、一九九八年〕）という、さらに先を見越したものだった)。ハンチントンがアメリカで最初に提起した問いを、ピエール・ルジャンドルはそのおよそ一〇年前に、以下のような明解な言葉ですでに提起していた。「マネージメントやそれを助長する知の世界拡大によって、それと競合する諸宗教が消滅することはありえない［…］。管理経営的な平和とは戦争、それも宗教的征服という強い意味での戦争なのである［…］。産業諸国が遭遇するのは経済学者が国際競争と呼ぶものだけではなく、とりわけイスラームのような、産業的ではない諸宗教にも出くわすのだ」(P. Legendre, *L'Empire de la vérité*, *op. cit.*, p. 41-42〔ピエール・ルジャンドル『真理の帝国』、前掲書、七一―七三頁〕)。

32　『ガラテヤ人への手紙』三・二八。

33　Le Deuxième Sexe [1949], Gallimard, « Folio », 1986〔シモーヌ・ド・ボーヴォワール『第二の性』、井上たか子ほか訳、新潮文庫、一九九七年〕.

34　民法典第一二四六、一二九一条。「特定物」に対置される「種類物」は、種類によってのみ定められるため、代替可能である。Cf. J. Carbonnier, *Droit civil*, t. III: *Les Bien*, PUF, 12e éd. 1988, n° 20, p. 88 *sq.* ; P. Jaubert, « Deux notions du droit des biens: la consomptibilité et la fongibilité », *RT civ.*, 1945, p. 75-101.

35　こうした荒唐無稽にご関心がおありならば本書第一章注122～126ですでに挙げた文献にあたってみるとよい。「狂うことへの譲渡不能な権利」は、今日では傑出した法学者たちによって主張されており（O. Cayla, Y. Thomas, *Du droit de ne pas naitre*, *op. cit.*, p. 65 *sq*)、ここに報告した他の諸解釈の多くもその表れであるが、このような「権利」はかつてヘンリー・サムナー・メインが以下のように指摘した西洋法文化の進展の、限界を突き抜けようとするものである。「数多くの場合で古代法は人間の立場を誕生の直後から撤回できない形で定めていたのに対し、現代法は人間にその立場を自分で作り出すことを協定により認めている。このような規則に対する例外はわずかながら残っているが、そのような例外は日々激しい義憤によって糾弾されている」(Henry Sumner Maine, *L'Ancient droit, op. cit.*, p. 289 *sq.*〔ヘンリー・サムナー・メイン『古代法』、前掲書、二二四頁以下〕)。

36　たとえばアフリカの研究者を支援する西洋のプログラムにおいてジェンダー・スタディーズが占める優位を参照のこと。ジェンダー・スタディーズはこの点で、かつて宣教師たちにより課されていた性的規範化を引き継いでいるのである。社会科学のパラダイムからの離脱の必要性については以下を参照。I. Wallerstein, *Unthinkng Social Sciences. The Limits of Nineteenth-Century Paradigmes*, Cambridge, Polity Press, 1991, trad. fr. *Impenser les sciences sociales*, PUF, 1995〔I・ウォーラーステイン『脱=社会科学　一九世紀パラダイムの限界』、本多健吉、高橋章監訳、藤原書店、一九九三年〕. とりわけ「発展」概念を批判した仏訳五一頁以下を参照のこと。

37　CEDH〔欧州人権裁判所〕, 31 juillet 2001, aff. Refah Partisi c/Turquie, point 71. 同じ判決事由書は原告たちの宣言にも言及している。それらの宣言は「「正しい秩序」や「正義の秩序」あるいは「神の秩序」を定めるという希望に関係しており、それぞれの文脈で読まれれば多様な解釈への余地を残すものの、宣言者たちが望む政治体制に関しては、宗教的で神的な規則に言及するという共通点を持っている」。このような判決理由は、アメリカの秩序の神的な基盤を宣言していると言って、民主的に選ばれたアメリカの大統領を罷免する正当化にも用いうるということを記しておこう。

38　Cf. P. Anderson, « Réflexions sur le multiculturalisme », in A. Supoit (dir.), *Tisser le lien social, op. cit.*, p. 105 *sq.*

39　西洋人が他者に向ける眼差しを述べるためのフマニタス／アントロポスという示唆的な二項対立の使用は西谷修に負うものである。Cf. O. Nishitani, « Deux notions de l'homme en Occident: Anthropos et Humanitas », in A. Supoit (dir.), *Tisser le lien social, op. cit.*, p. 15 *sq.* エドワード・サイードによる他者イメージとしての東洋の構築についての批判も思い出しておこう。E. Saïd, *Orientalism* [1978], trad. fr. Ch. Malamoud, *L'Orientalisme. L'Orient créé par l'Occident*, Seuil, 1997〔エドワード・W・サイード『オリエンタリズム』、今沢紀子訳、平凡社、一九八六年〕.

40　二〇〇三年に初めて「イスラーム系知事」の指名を鳴り物入りで宣言することで、フランス政府は共和国知事になったフランス市民に言わば初めから烙印を押したのである。この指名の真の新しさ（商業学校長が国を代表するという選択）は、メディアには伝えらぬままだった。

41　Cf. A. Gokalp, « Palimpseste ottoman », in A. Supiot (dir.), *Tisser le lien social, op. cit.*, p. 93 *sq*. ミレット制については以下も参照のこと。R. Mantran, « L'Empire ottoman », in Centre d'analyse comparative des systèmes politiques, *Le Concept d'empire*, PUF, 1980, p. 231 *sq*.

42　本書第二章参照。

43　この学派は常にアリストテレスを引き合いに出して、プラトンが隷従の理論家であると批判する。しかし奴隷を自然権に基づかせようとしたのはプラトンではなくアリストテレスであることを思い起こせば、これは非常に奇妙なことだ。アリストテレスの主張によれば（『政治学』一二五四b、二一―二四）、奴隷とは人間と動物の間に本来的に存在するものである。なぜなら「彼らが理性の仲間入りをするのは、彼らが理性を知覚できる限りのことであって、彼らは理性を所有するわけではない」からである（cf. P. Garnsey, *Conceptions de l'esclavage d'Aristote à saint Augustin* [1996], trad. fr. Les Belles-Lettres, 2004, p. 151 *sq*.）。奴隷制を刑罰や戦争の結果とみなしていたプラトンにはまるでないことである（*Le Politique*, 307–309, in *Œuvres complètes, op. cit.*, t. II, p. 422–425〔プラトン「ポリティコス（政治家）」、水野有庸訳、『プラトン全集』、第三巻、前掲書、三六八―三七二頁〕）。

44　以下を参照。F.A. Hayek, *Droit, législation et liberté. Une nouvelle formulation des principes de justice et d'économie politique*, vol. 2: *Le Mirage de la justice sociale* [1976], trad. fr. R. Audouin, PUF, 1981, p. 123 *sq*〔F・A・ハイエク『法と立法と自由Ⅱ　社会正義の幻想』、篠塚慎吾訳、春秋社、二〇〇八年、一四三頁〕.

45　ハイエクを主導者の一人とする進化論的経済学によれば、人間の行動とは行為者の理性ではなく諸々の慣行《ルーチン》に依拠しており、この慣行が生物学における遺伝子の役割を果たす。歴史とは環境にもっとも適した行動の淘汰のプロセスであるので、法律はこの自然淘汰を妨げるのではなく促さなければならないというのである（これらの諸理論の違いを明瞭かつ簡潔に紹介した以下を参照。F. Eymard-Duvernay, *Économie politique de l'entreprise*, La Découverte, 2004〔フランソワ・エイマール＝デュヴルネ『企業の政治経済学』、海老塚明ほか訳、ナカニシヤ出版、二〇〇六年〕）。

46　労働における基本的原則および権利に関するＩＬＯ宣言〔一九九八年〕を参照。この宣言の目標は一九四八年の世界人権宣言のそれに比べれば大きな後退である上に、第五条は「労働基準は保護主義的な貿易上の目的のために利用されるべきではなく、この宣言及びそのフォローアップはそのような目的のために援用され又は利用されるべきではないこと、さらに、この宣言及びそのフォローアップによって、いかなる方法においても、どの国の比較優位も問題とされるべきではないことを強調する」。文字通りに適用されればこの留保は宣言の意味を骨抜きにするだろう。たとえば組合活動の自由の禁止や、強制労働の援用が、「いかなる方法においても問題とされるべきではない」比較優位ともなりうるのだ。

47　F.A. Hayek, *Le Mirage de la justice sociale*, *op. cit.*, p. 126〔F・A・ハイエク『社会正義の幻想』、前掲書、一四五頁〕。周知のように組合活動の自由は一九四八年の世界人権宣言が確立し、ハイエクが批判する主要な社会的権利の一つである。ピノチェトのチリ（これらの経済理論の実施モデル）が組合活動家たちに用意した仕打ちや、組合活動の自由がポーランドのような国々の共産主義の転覆に果たした役割を思い起こせば、このような人権の経済的分析の価値と射程について、より正しい観点を得ることができる。ハイエク（並びに数多くの似た者たち）がノーベル経済学賞で列聖されたことは、西洋内部のドグマ的抗争におけるこの制度の役割を示唆するものであり、科学はほとんど関係がない（アルフレッド・ノーベルの名誉のためにこの賞の正確な名称を思い起こしておこう。アルフレッド・ノーベル記念スウェーデン銀行経済学賞である）。

48　破毀院商事部二〇〇三年九月二四日の判決を参照（*Bull. civ.*, IV, n° 147, p. 166）。詐欺や過失が証明されなかったために偽造の衣料品の販売停止を拒んだ控訴院判決が批判された後、民法典第一一二八条および一五九八条が適用され、「偽造品は販売対象となりえない」ことが言い渡された。

49　世界貿易機関（ＷＴＯ）を設立するマラケシュ協定の附属書１Ｃ（知的所有権の貿易関連の側面に関する協定。通称ＴＲＩＰＳ）の条項は、「既存の条約によりカバーされている知的所有権を侵害するようなあらゆる行為に対して効果的な処置を取るための」手はずを整えることを各国に義務づけている（ＴＲＩＰＳ第四一－一条）。

50　この後の議論を参照。

51　"If the stakes are high enough, torture is permissible," R.A. Posner, « The best offense », *The New Republic*, 2 sept. 2002.

52　このような平等原則の解釈については前述の二三七頁を参照。

53　女性同性愛者の子育ての権利を認め、「他人の遺伝子的な力添えを得て」宿された子供に二人の母親を割り当てることを認めたばかりのケベック民法典が想定しているのはこれである。父と母という概念が他の法から削除されたわけではないので、民法典第五三一・一条は二人の母のうちのどちらが父とみなされるかを明記している。「両親がいずれも女性の場合、法が父に割り当てている権利や義務のうちで、母のそれと区別されるものは、二人の母のうちの出産しなかった方に割り当てられる」。

54　「遺伝子的な力添えを得て他人の親子計画のために」宿された子供の場合に、その「遺伝子的な力添え」をした者との親子関係を結ぶことを禁じた、ケベック民法典第五三八・二条を参照。つまり同法典が認める女性同性愛者の子育て計画により生まれた子供は、父を持つ権利が禁じられるのである。

55　以下の記事につけられたサブタイトル。J.-C. Kaufmann, « Le mariage n'est plus ce qu'il était », *Le Monde*, 28 mai 2004 ou 20 août 2004（性差に信を置き続ける人々の「反復的で少しばかり退屈な言説」を告発するこの同じ記事が、数カ月の間隔を空けて同じ新聞に間違いなく二回も掲載されたのである）. 社会学者でありＣＮＲＳ〔国立科学研究センター〕の研究ディレクターであるという自らの肩書を拠り所に、「科学的な証拠をいくつか調書に」付け加えるのだと意気込む著者によれば、二つの性の区別が子供の心理の構築に役割を持つという考え方は、「純粋なイデオロギーであり、集団的信仰という形の根拠なきエビデンス」の一種で、「前時代の精神分析から汲み上げられたもの」だという。

56　J.-C. Kaufmann, « Le mariage n'est plus ce qu'il était », *op. cit.*

57　本書第二章参照。

58　たとえば被害者面《づら》をしたい死刑執行人のように、根本的に間違った立場というのはいずれも、被害者の叫びをかき消すくらい鋭い叫び声を上げなければ優位に立つことはできない。そのためにはメディア的プロパガンダの主たる手段をコントロールすれば十分である。

59　人類にとっての資源としてのこの多様性については以下を参照。G. Steiner, *After Babel. Aspects of Language and Translation*, Oxford, Oxford University Press, 3rd ed. 1998, trad. fr. L. Lotringer et P.-E. Dauzet, *Après Babel. Une poétique du dire et de la traduction*, Albin Michel, 1998〔ジョージ・スタイナー『バベルの後に　言葉と翻訳の諸相』、亀山健吉訳、法政大学出版局、一九九九―二〇〇九年〕.

60　この概念については手始めに以下を参照のこと。L. Gardet, *La Cité musulmane*, Vrin, 1954, p. 121 *sq.*; J. Schacht, *Introduction au droit musulman*, *op. cit.*, spéc. p. 88 *sq.*; M. Charifi, *Islam et liberté*, Albin Michel, 1998.

61　近代を自分のものにするという考え方については以下を参照。J. Berque, *L'Islam au temps du monde*, Arles, Sindbad-Actes Sud, 2e éd. 1984, p. 87.

62　これら三つの大文明についての洞察力ある未来予測的な分析が、一九二〇年代に提案されている。Liang Shuming, *Les Cultures d'Orient et d'Occident et leurs philosophies*, PUF, 2000, préface de L. Vandermeersch〔梁漱溟『東西文化とその哲学』、長谷部茂訳、農山漁村文化協会、二〇〇〇年〕.

63　Cf. A. Cissé-Niang, « L'interdiction internationale du travail des enfants vue d'Afrique », *Semaine sociale Lamy*, numéro spécial: « Regards croisés sur le droit social », 1095, 2002, p. 9-13.

64　ＩＬＯ総会（第八七回、一九九九年）の国際労働事務局長報告「ディーセント・ワーク」を参照。

65　文面は以下に採録されている。Ph. Ardant, *Les textes sur les droits de l'Homme*, PUF, 2e éd. 1993, p. 92. 要約的紹介は以下。F. Sudre, *Droit international et européen des droits de l'homme*, PUF, 5e éd. 2001, n° 76 *sq.*

66　この義務は人の権利および義務についての汎アメリカ宣言〔米州人権宣言〕に明記されている（第三五、三六条。この先の引用参照）。

67　民法典第一一九七条以下参照。「債権の全額の支払いを求める権利が各債権者に明白に与えられており、かつ債権者の一人に支払いがなされれば債務者は自由になる場合、そして債務の恩恵は多数の債権者の間で共有・分割可能である場合はなおさら、債務は複数の債権者の間での連帯となる」。

68　共同体法に採用された連帯原則の定義を参照。ＣＪＣＥ〔欧州共同体司法裁判所〕, 17 fév. 1993, aff. n° C-159/91 et C-160-91, Poucet et Pistre, *Droit social*, 1993, p. 488, note Laigre et obs. J.-J. Dupeyroux.

69　この点については以下の基本文献を参照。J.-J. Dupeyroux, « Les exigences de la solidarité », *Droit social*, 1990, p. 741.

70　「トンチン」とはアフリカの一部の国に広く普及する制度の法律上の不正確な訳である。バミレケ語でチャウ（tchaw）やジャンギ（djangui）（一緒に入れる、分担金を払う）と呼ばれるのは「多くの場合一つの共通点（同じ家族、同じ地区、あるいは同じ部族のメンバー）によって結びついた人々のアソシエーションであり、現物や金銭による定期的な振り込みを行い、総額が順番にアソシエーションのメンバーに配分される」（cf. J. Nguebou-Toukam, M. Fabre-Magnan, « La tontine: une leçon africaine de solidarité », in Y. Le Gall *et al.*, *Du droit du travail aux droits de l'humanité. Etudes offertes à Philippe-Jean Hesse*, Rennes, Presses universitaires de Rennes, 2003, p. 299 *sq.* この主題は経済学や人類学では多く扱われているが、法学的研究としてはこれが貴重である）。

71　社会保障法典Ｌ一一一‐一条。この原則は、フランス領内に暮らすすべての人が義務的な社会保障制度のどれかに、さもなくば個人保険制度に加入しなければならないことを意味する。

72　課税によって賄われる収入の保有者（公務員、医師、農家）が、一方で収入の増加を要求しつつ、他方でそうした課税の減額を求めるという分裂症がしばしば生じるのはこのためである。

73　公的な連帯制度の管理者たちがしばしば、それを誰にも属さない共同積立とみなして、だから自分や自分が世話になった人のために引き出せると思ってしまう。

74　この関係は一部の宣言に明示されている。たとえば人の権利および義務についての汎アメリカ宣言〔米州人権宣言〕（一九四八年）によれば、あらゆる人間は「可能性と状況に応じて、相互扶助と社会保障のために、国や共同体と協力する義務を負い」（第三五条）、「自国の公共サービスの支援のために、法で定められた税金を支払う義務がある」（第三六条）。

75　二〇〇〇年にニースで採択された欧州連合基本権憲章、第四編第二七条以下を参照。

76　このように国境を超えた行動的な連帯への法的基盤は与えられているのであり、諸々の労働組合もそれを掌握することができるはずだ。英国を筆頭とする一部の政府が、共同体判事に憲章の規程を自由に解釈させせないように、断固たる態度を示しているのもこれで説明がつく。同じ政府は憲法条約の本文で労働者の国際的団体活動権を認めることに反対し、それは首尾よく成功した（cf. C. Barbier, « Un traité constitutionnel en quête de ses ultimes auteurs », *op. cit.*）。

77　このような「社会的引き出し権」については以下を参照。A. Supiot (dir.), *Au-delà de l'emploi*, *op. cit.*

78　本書第四章参照。

79　それが不良品の責任についての一九八五年七月二五日の欧州指令によって採用された解決手段である。不良品を「正当に期待されるべき安全を提供しない」商品と定義したこの指令は、被害者と契約により直接結びついているか否かにかかわらず、製造者を、この欠陥によって人や財にもたらされた損害の責任者としている。この解決策は、エクソン・ヴァルディーズの原油流出に際しても、米国によって有益に用いられた。以後米国法は運送に大なり小なり関わった者すべてに対して責任の追求を認めている。一九九〇年の石油汚染法令（Oil Pollution Act）によれば、船舶による汚染の責任があるのは所有者、船主、用船者である（"any person owning, operating, or demise chartering the vessel"）。

80　民法典第一二〇〇条参照。「同じ一つのものに対して義務を持つとき、債務者たちの側には連帯があり、各人は全体のための拘束を受け、債権者に対するただ一人の支払いが、残りの者を自由にする」。契約に関する連帯原則に新たな射程を与える理論の動きが、民法において見え始めている。以下を参照。D. Mazeaud, « Loyauté, solidarité, fraternité: la nouvelle devise contractuelle ? », in *L'Avenir du droit. Mélanges en hommage à François terré*, PUF, Dalloz et Juris-classeur, 1999, p. 603 sq. ; Chr. Jamin, « Plaidoyer pour le solidarisme contractuel », in *Le Contrat au début du XXIe siècle*, *op. cit.*, p. 441 sq. ; Chr. Jamin, D. Mazeaud (dir.), *La Nouvelle Crise du contrat*, Dalloz, 2003.

81　ＯＥＣＤ多国籍企業行動指針（一九七六年、二〇〇〇年改訂）に借りた表現。

82　石油汚染法令の規定による効果の一つは、石油大手が運送業者を選択する際に安全の保証にうるさくなったことである。このために船主たちは老朽化した船舶の使用を残りの世界に——つまりＥＵに——移すようになった。

83　本書第四章を参照。二〇〇一年九月一一日の襲撃が示したのは、技術制御と法文化との絶縁が何を意味しうるのかということである。犯人たちは「遅れた者」であるどころか、西洋の技術を、マスコミによる洗脳キャンペーン技術までをも含めて、完璧に使いこなす者たちだった。

84　P. Legendre, *Le Désir politique de Dieu, op. cit.*, p. 183.

85　この条項に関する議論の概要については以下を参照。J.-M. Servais, *Normes internationales du travail*, LGDJ, 2004, p. 17-27.

86　国際労働機関の庇護のもとにこの主題のために集められた国際委員会に与えられた名前。以下の報告書を参照。*Une mondialisation juste. Créer des opportunités pour tous*, Genève, BIT, 2004 (http://www.ilo.org/public/french/wcsdg/docs/report.pdf).

87　近代国家創設に関わるこのエピソードについては以下を参照。P. Gueniffey, *La Politique de la Terreur. Essai sur la violence révolutionnaire*, Fayard, 2000.

訳者あとがき

本書はアラン・シュピオ（Alain Supiot）著、*Homo juridicus. Essai sur la fonction anthropologique du Droit*, Seuil, 2005 の全訳である。翻訳の底本には二〇〇九年の文庫版を用いた。本書は二〇〇七年にサスキア・ブラウン（Saskia Brown）の訳により英訳が刊行されている（*Homo Juridicus: On the Anthropological Function of the Law*, Verso, 2007）。邦訳にあたってはこの英語版も適宜参照した。

本書の著者であるアラン・シュピオは、労働法・社会法を専門とするフランスの法学者である。一九四九年にフランスのナントにて生まれた同氏は、一九七九年にボルドー第一大学にて国家博士号（法学）を取得し、早くも翌年には私法および刑事学の教授資格を取得している。以後、ポワチエ大学教授（一九八〇年〜一九八二年）、ナント大学教授（一九八二年〜二〇一二年）として労働法の研究・教育に携わる傍ら、ナントにて学際的研究組織であるアンジュ・ゲパン人間科学研究所（la Maison des sciences de l'Homme Ange Guépin）およびナント先進研究機構（l'Institut d'études avancées de Nantes）をそれぞれ一九九五年、二〇〇八年に創設し、ナント先進研究機構については所長職を二〇一三年まで務めた。二〇一二年に同氏は、コレージュ・ド・フランスの教授に就任し、「社会国家とグローバル化：連帯の法的分析」との講座を担当している。

『法的人間』と訳した本書のタイトル『ホモ・ジュリディクス』が、フランスの人類学者ルイ・デュモンの『ホモ・ヒエラルキクス（階層的人間）』（一九六六年。邦訳二〇〇一年）と、その続編である『ホモ・エクアリス（平等的人間）』（一九七七―一九九一年。未邦訳）を念頭に置いたものであることは、シュピオが本書でしばしばデュモンを引いていることを指摘するまでもなく明らかである。デュモンの著作は、カースト制や個人主義を手がかりに「人類とは何か」を問おうとした大著であったが、本書もまた、一読していただければおわかりのように、西洋的人間と法との本質的な関係を、時にアジアやアフリカとの比較を交えながら解き明かそうとした、壮大なプロジェクトである。

一方でアラン・シュピオは、労働法の専門家として、実務的な仕事も多く手がけてきた。かつて序論と第一部のみが日本語にされたこともある（財団法人日本ＩＬＯ協会訳編『フランス労働法研究』、一九九六年）主著の『労働法批判』（*Critique du droit du travail*, PUF, 1994）は、版を重ねて読み継がれているほか、入門書『労働法』（*Le droit du travail*, PUF, « Que sais-je ? », 2004）も、二〇一六年には第六版が刊行され、フランスで労働法を学ぶ者がまず初めに手に取る一冊であり続けている。またシュピオを中心に編纂された報告書『雇用を超えて』（*Au-delà de l'emploi. Transformations du travail et devenir du droit du travail en Europe*, Flammarion, 1999）は、欧州委員会の依頼により、今後の労働政策・社会政策のあり方を提言した報告書であり、欧州のみならず世界的に注目されたこの報告書は、二〇一六年に第二版が刊行されている。近年フランスではマクロン大統領が遂行を目指す労働法改革が政治的な火種となっており、改革の是非についてシュピオが新聞等でコメントを求められる機会も少なくない。

このような実務家としての仕事と、本書のような法哲学的・法人類学的な仕事は、一見すると乖離しているかのようにも思われる。しかし本書の議論はシュピオが労働法学者であるからこその知見に満ちている。労働法という観点を常に視野に入れておかなければ、本書の議論の争点を見誤る恐れもあるだろう。だが労働法とは、そもそもどのような法律なのだろうか。

ヨーロッパで一九世紀末に誕生した労働法は、刑法や民法などと比べて、比較的新しい法分野であると言える。なぜこの時期に労働法という新たな法が必要とされたのだろうか。シュピオが本書で説明しているように、それは産業の機械化に伴う労働条件の変化と関係している。たとえば「機械が筋力の必要を減じることで、女性や子供の労働搾取が可能になった」（本書第四章）。あるいは「疲労や日周期とは無縁の馬力が、労働日を無限に延長することを可能にした」（同上）。こうした事態を前にして、労働法は、労働時間を制限することにより、「労働者の身体を保護」（同上）したのである。

つまり労働法の誕生において問題となっていたのは、労働者の「身体」である。機械化の進展に伴う「身体」の出現は、フランス革命によって成立した平等の原則に対する脅威であった。人権宣言において「生まれながらにして平等」と謳われた法主体は、たとえば所有権を与えられることによって、封建的な関係から解放される。しかし個人と同様に法人もまた所有権を有していることからも明らかなように、法主体とは擬制《フィクション》であり、それは身体を持たない。このような虚構的な主体と、実際に生まれてくる身体との間には、当初からズレが存在したのだが、このズレはひとまず無視することができた。ところが機械の発達によりこのズレは見過ごすことのできないほど大きくなる。たとえば工場の大型機械が事故を起こせば、操作する人間が責任を負いきれないほどの大きな暴力をふるうこともある。労働法は「事物の所為による責任」という概念を導入し、労働者の身体を客体化することで、その人格を保護したのである（詳しくは、前掲『労働法批判』第二章参照）。より法学的に表現すれば、労働法は、自由・平等と観念される法主体の間で妥当する契約自由の原則を、現実の労使間の不平等と産業の機械化による労働者の身体への侵襲とに照らして修正し、労働者保護のための国家介入を組み込むことで、労使間の実質的な平等を実現しようとしているのである。

機械化が明らかにしたのは、ただ生まれてくるだけでは、平等は担保されないという事実である。法は雇用者と労働者の間に立ち、両者の平等という建前を見守らなければならない。それこそが本書で「ドグマ的機能」と呼ばれる、法の役割である。ドグマとは正当性を保証するもののことである。西洋では、かつて神により担われていたドグマの役割は、国家により引き継がれた。労働法の理念を体現する国家とは福祉国家であり、この新たな国家は、個人と個人の間に介在する〈第三項〉として、「生まれながらにして平等」という理念の後ろ盾の役割を果たすのである。

このように労働法の発明とは、一九世紀末に訪れた人権の危機に際して、法のドグマ的な役割を再確認するものだった。しかしながら、生まれるだけでは平等が担保されないという事態を前にして、導き出された解決法は、残念ながら福祉国家の創設だけではなかった。むしろ逆に、ドグマ的なものを解体しようとする動きも生み出されたのである。それはつまり、生まれながらの身体を、制度的な場面においても基盤とみなし、生物学的な法則に、法律を従わせようとする立場である。こうした立場の嚆矢である優生学が、労働法の発明とちょうど同じ頃に出現したのは決して偶然ではない。このような立場はやがてナチス的な発想に結びつくことになる。本書に引かれる（第二章）ヒトラーの言葉のように、そこにおいて国家は「種の保存」という目的のための手段でしかない。

ハンナ・アーレントに依拠しながら、本書でシュピオがナチスの批判を執拗に繰り広げるのは、ナチス的な発想が今日でも形を変えて、その勢力をますます強めているからである。各個人を素粒子状の存在とみなし、そうした個人の自由な取引により市場が形成されていると考える、新自由主義的な立場がそれである。こうした立場がナチスと共通するのは、生物学であれ経済学であれ、いずれも「科学」の法則を基盤とみなし、国家のようなドグマ的な機能の介入を最小限にとどめようとするからである。一部の経済学に由来するこうした発想の影響が、法学にまで及んでいる現状に、シュピオは強い懸念を抱く。

生物学主義であれ、市場中心主義であれ、問題はそれが「ドグマを否定するドグマ」として機能してしまうことである。国家が果たしてきたドグマ的機能は、「非科学的」なものとして退けられる。一方でドグマとは、人間が人間である限り取り除くことのできないものである。なぜなら言語がすでにドグマ的な構造を備えているからである。ある表現が正しく、別の表現がそうではない理由は、必ずしも合理的に説明できるものではなく、最終的には「そう決まっているから」としか答えられないことも多い。西洋においては法が担ってきた「禁止」の機能も、典型的なドグマである。こうしたドグマ性を科学主義が否定しても、代わりに自らがドグマの位置につくという結果を導くだけである。

その帰結によりもたらされる「破壊的効果」の被害は甚大である。

シュピオが本書で「契約主義」と呼ぶ、あらゆる対人関係を契約に還元するような態度がその一例である。互いに交わした約束が法律としての効果を発揮する、契約という制度は、西洋の特殊な発明品であり、日本がいまだに契約社会になりきれずにいることは、本書が指摘するとおりである。このような契約という制度が機能するためには、国家のような〈第三項〉が当事者同士の間に介在し、両者の対等性を保証しなければならない。ところが「契約主義」は、世界全体を均質な市場とみなし、そこにおいて各個人が自由に契約を結び合うことができると考える。しかしすでに見たように、個人の平等性は生物学的に生まれるだけでは確保されない。結果として群雄割拠することになるのは、かつての封建制を思わせるような、主従関係の数々である。

ただしそれはかつてのようにあからさまな従属を強いるものではない。マネージメントやガバナンスと呼ばれる新たな管理のシステムにおいて、人々が従うのは上司の命令ではなく、到達目標や効率や評価などの「合理的」な基準である。「封建的な色合いを取り戻した契約は、新たな種類の忠誠関係を結ぶために用いられ、命令を下すことなく行動を指図することを可能にする「客観的」な評価基準に人々を従わせる」（第五章）。こうした基準によって部下を評価する上司もまた、別の基準によって縛られている。私的な領域で発達するこのような忠誠関係は、近年では公的な領域にも進出している。このような「契約主義」に共通する特徴は、「形式的には平等原則を侵害することなく」、人々を「他人の権力の行使領域に導き入れること」である（第三章）。こうして「新たな圧制」（第五章）への道が開かれる。

こうした危機を前にして、「人類の共通資源」としての人権の価値の再評価を唱えるシュピオの主張は、穏当すぎるものに聞こえるだろうか。もちろんシュピオは「人権」が人類に普遍的な価値であるとして、あらゆる文化がそれを受け入れることを求めているわけではない。そのような態度は「契約主義」と大差がないだろう。人権とは、「人格」という法主体を単位とする、西洋的な価値観にすぎず、他の文化がそれを受け入れるのは自明のことではない。それでもなお、「ドグマを否定するドグマ」による圧制が差し迫るなか、人類にとっての「共通のドグマ的源泉」（第六章）となりうるものとして、私たちは人権しか持ち合わせていないのである。このような人権を原理主義的に振りかざすのではなく、他の文化にも「解釈の扉」を開いて、来るべき「破壊的効果」の備えとするのが、シュピオの目指す道である。

　人権の価値を保証するのが、目下のところは国家である以上、ドグマ的機能を果たす限りでの国家を、シュピオが擁護するのは当然である。こうしたシュピオの立場を「保守的」だとみなせば、本質を見誤ることになるだろう。労働法を発明し、福祉国家を創設し、二度の大戦の反省の上に立つ国家とは、今日の私たちにとっての到達点である。これに対し、国家のドグマ的機能を否定する市場中心主義がもたらすのは、封建的な主従関係であることは、すでに見たとおりだ。つまりシュピオの国家擁護は、封建時代を回帰させるような反動的な流れに対する抵抗である。どちらが「保守的」であるかは明らかであろう。

　シュピオが本書の次に出した単著である『フィラデルフィアの精神』（*L'esprit de Philadelphie,*

Seuil, 2010）は、経済活動を社会正義に従属させることを宣言した、一九四四年の「フィラデルフィア宣言（国際労働機関の目的に関する宣言）」の精神が、戦後の市場中心主義によって後退させられていく経緯を分析し、社会正義の復権のための新たな道筋を探った書物である。『ホモ・ジュリディクス』が理論編であるとすれば、こちらの書物は実践編であると言えるだろう。この書が日本の読者にとっても重要であるのは、日本国憲法もまた、とりわけ労働法規に関して、「フィラデルフィアの精神」を受け継いでいることが明らかであるからだ。つまり昨今の改憲の動きは、市場中心主義を前にしての社会正義の後退というグローバルな流れの中に位置づけられるのである。とかくドメスティックな議論に終始しがちな改憲論議に、新たな観点を導入するためにも、理論編である本書に引き続いて、『フィラデルフィアの精神』が日本の読者に届けられることが急務である。

訳語に関して一言記しておく。本書におけるキー概念である「法（Droit）」は、日本語でいう「法」や「権利」の意味を合わせ持つとともに（とりわけ、droits と複数形になった場合には「権利」の意味であることが多い）、本書では上記の通り西洋的ドグマとして意識的に位置づけられている。こうしたことから、本書では、西洋的固有性を強調すべきと思われる箇所では、Droit の訳語としてあえて、日常語としても法律用語としても耳慣れない語ではあるが、〈法権利〉の語を当てている。また、légitimité には法学の分野では「正統性」の語が当てられることが多いが、宗教的な文脈で用いられる orthodoxie と区別するため、本書では「正当性」とした。

翻訳はプロローグおよび第Ⅰ部を橋本が、第Ⅱ部を嵩がまず訳出し、橋本が全体を整えた。本書の邦訳書の刊行にあたっては、企画開始の時点から実に一〇年近くの歳月がかかった。原著の難解さから遅々として進まぬ翻訳作業を辛抱強く待ち支えてくださった、勁草書房編集部の鈴木クニエ氏に厚く御礼申し上げる。また、邦語訳の確認、原著者とのやり取り等をしていただいた西谷修先生（東京外国語大学名誉教授、立教大学特任教授）にもこの場を借りて感謝申し上げる。

二〇一八年一月

訳　者

著者
アラン・シュピオ（Alain Supiot）
1949 年生まれ、ボルドー大学で法学博士号取得後、1980 年に法学の教授資格取得。ポワチエ大学教授、ナント大学教授を経て、2012 年よりコレージュ・ド・フランス教授、2019 年より同名誉教授。社会法体系のあり方の議論などが、フランスのみならず全世界の社会法学者に影響を与える当代屈指の労働法学者。

訳者
橋本一径　早稲田大学文学学術院教授。専門は表象文化論。2010 年、東京大学大学院総合文化研究科博士課程修了。著書に『指紋論』（青土社、2010 年）、訳書にピエール・ルジャンドル『同一性の謎』（以文社、2012 年）、ミサ／ヌーヴェル編『ドーピングの哲学』（新曜社、2017 年）などがある。

嵩さやか　東北大学大学院法学研究科教授。専門は社会保障法。1998 年東京大学法学部卒業。著書に『年金制度と国家の役割』（東京大学出版会、2006 年）、編書に『ジェンダー法・政策研究叢書第 9 巻　雇用・社会保障とジェンダー』（共編、東北大学出版会、2007 年）などがある。

人名索引

サ 行

タ 行

ナ 行

ハ 行

マ 行

ヤ 行

ラ 行

ワ 行

法的人間　ホモ・ジュリディクス
法の人類学的機能

2018年3月20日　第1版第1刷発行
2021年1月10日　第1版第2刷発行

著　者　アラン・シュピオ
訳　者　橋《はし》本《もと》一《かず》径《みち》
嵩《だけ》　さやか
発行者　井　村　寿　人

発行所　株式会社　勁《けい》草《そう》書　房

112-0005　東京都文京区水道2-1-1　振替　00150-2-175253
（編集）電話　03-3815-5277／FAX　03-3814-6968
（営業）電話　03-3814-6861／FAX　03-3814-6854
理想社・松岳社

ISBN978-4-326-45112-8　Printed in Japan

https://www.keisoshobo.co.jp

ミシェル・トロペール
南野　森　編訳
リアリズムの法解釈理論
ミシェル・トロペール論文撰
A5判　四二〇〇円

P・ロザンヴァロン
北垣　徹　訳
連帯の新たなる哲学
福祉国家再考
四六判　三三〇〇円

パトリック・ロレッド
西山雄二・桐谷　慧　訳
ジャック・デリダ動物性の政治と倫理
四六判　二二〇〇円

M・ロスバード
森村　進ほか　訳
自由の倫理学
リバタリアニズムの理論体系
A5判　五七〇〇円

木庭　顕
新版ローマ法案内
現代の法律家のために
A5判　三四〇〇円

＊表示価格は二〇二一年一月現在。消費税は含まれておりません。

勁草書房刊